Kennziffermodell zur Beurteilung von Immobilieninvestitionen

Kennziffermodell zur Beurteilung von Immobilieninvestitionen

Dr. Beat Schütz

Verlag Rüegger

Das Beste im Neuen
entspricht einem alten Bedürfnis

Paul Valéry

© Verlag Rüegger AG • Chur / Zürich
2. ergänzte Auflage 1995
ISBN 3 7253 0507 2
(1. Auflage 1991 / ISBN 3 7253 0384 3)
Gestaltung Einband: Büro R. Rüegg, Zürich
Druck: Condrau SA, Chur

5044-03

Gedanken zur zweiten Auflage

Nur vier Jahre sind seit dem Redaktionsschluss der ersten Auflage dieses Buchs vergangen. Für Immobilien eigentlich kein Zeitraum. Oder vielleicht doch? Die rezessionsbedingten Korrekturen auf dem Immobilienmarkt sind nicht zu übersehen. Wenn fünf Millionen Quadratmeter Büro- und Geschäftsflächen leer stehen, potentielle Mieter mit Phantasiepreisen angelockt werden und Preiskorrekturen in der Grössenordnung von vierzig Prozent an der Tagesordnung sind, wird offensichtlich, dass dieser kurze Zeitabschnitt die Mär der grenzenlosen Wertvermehrung von Immobilienanlagen relativiert hat.

Die Euphorie der achtziger Jahre, getragen von einer überproportionalen Preiseskalation, ist einer kühleren Betrachtungsweise gewichen. Die lapidare Feststellung, dass der Phase des Booms eine Phase der Baisse folgt, geht einher mit der bestärkten Überzeugung jener, die sich der Philosophie, echte Nutzwerte zu schaffen, bereits seit geraumer Zeit verschrieben haben.

Die positive Aufnahme der Erstauflage dieses Buch bestätigt die zunehmende Sensitivität von Investoren und Entscheidungsträgern für praxisbezogene Instrumente zur Beurteilung von Immobilieninvestitionen. Dieses Bedürfnis gründet nicht in einem übertriebenen Perfektionismus, sondern ist eine Konsequenz des stark veränderten Marktgefüges. Das Immobiliengeschäft ist - einfach gesagt - härter geworden. Neue Konzepte sind gefordert. Nicht nur beim Angebot, sondern auch bei der Beurteilung.

Ich danke all jenen, die in unzähligen Diskussionen und Fachgesprächen zu dieser zweiten, ergänzten Auflage einen Beitrag geleistet haben.

Beat Schütz

Erlenbach, im Januar 1995

Vorwort

Die vorliegende Arbeit konnte nur durch die vielseitige Unterstützung von Wissenschaftern, Praktikern und Freunden entstehen. Es ist mir ein Anliegen, all jenen zu danken, welche direkt oder indirekt einen Beitrag zum Gelingen dieses Projekts geleistet haben. Besonderen Dank spreche ich meinem akademischen Lehrer, Herrn Prof. Dr. R. Volkart aus. Seine Unterstützung hat die Realisation dieses Vorhabens erst ermöglicht.

Speziellen Dank möchte ich Herrn dipl. Arch. ETH/SIA Ch. Ackeret und seinen dynamischen Mitarbeitern aussprechen, die mir in unzähligen Gesprächen und Diskussionen manche wertvolle Anregung für diese Arbeit gegeben haben. Die breite Abstützung der vorliegenden Dissertation auf praktischen Grundlagen konnte nur aufgrund ihrer grosszügigen Mitwirkung realisiert werden.

Für die kritische Durchsicht des Manuskripts bedanke ich mich bei Herrn lic. phil I. Peider Andri Parli sowie Herrn Dr. iur. Michael Ritscher.

Meiner lieben Freundin Nanni danke ich für die stete und unermüdliche Unterstützung bei der Verwirklichung dieser Publikation. Neben der tatkräftigen Mithilfe bei Durchsicht und Redaktion gab sie mir den notwendigen Ausgleich in gemeinsamen Stunden der Geruhsamkeit.

Beat Schütz

Küsnacht, im Juni 1990

Inhaltsübersicht

Inhaltsverzeichnis

DRITTER TEIL:
Praktische Realisation und Einsatz des Kennziffermodells

ERGÄNZUNGSTEIL
Investitionsvorschau

Abkürzungsverzeichnis

a.o.	ausserordentlich
AZ	Ausnützungsziffer
BGF	Bruttogeschossfläche
BK	Zürcher Index der Wohnbaukosten
BKP	Baukostenplan
BNF	Bruttonutzfläche
BR	Bruttorendite
FN	Fussnote
FuW	Finanz und Wirtschaft
GU	Generalunternehmer
HEC	Herkunftscode
IV	Interne Verrechnung
KP	Landesindex der Konsumentenpreise
KTR	Kostenträger
KVA	Kostenvoranschlag
LK	Lageklasse
MFuW	Magazin zur Finanz und Wirtschaft
Mio.	Millionen
NK	Nebenkosten
NZZ	Neue Zürcher Zeitung
OG	Obergeschoss
OR	Schweizerisches Obligationenrecht, Bundesgesetz vom 30.3.1911
OR	Operations Research
PP	Parkplatz
SHZ	Schweizerische Handelszeitung
SIA	Schweizerischer Ingenieur- und Architekten-Verein
SNM	Soll-Netto-Miete
STEG	Stockwerkeigentum
TFr.	Tausend Franken

UG	Untergeschoss
TA	Tages Anzeiger
ZGB	Schweizerisches Zivilgesetzbuch vom 10.12.1907

Verzeichnis der Abbildungen

ERSTER TEIL

Grundlagen und fundamentale Zusammenhänge

1. Einführung

1.1 Problemstellung

1.1.1 Erkenntnisobjekt

In hochindustrialisierten Ländern stellen Immobilien eine *unabdingbare Grundlage* jeglicher wirtschaftlichen und sozialen Tätigkeit dar. Auf der einen Seite *binden* sie einen grossen Teil privaten und öffentlichen *Vermögens* [1], auf der anderen Seite dienen sie der *physischen Nutzung* als Wohn- und Erholungsraum, als Produktionsfaktor sowie zu etwelchen individuellen Bestimmungszwecken.

Gegenstand dieser Arbeit ist das *Problem der wirtschaftlichen Beurteilung von Investitionsvorhaben im Immobilienbereich*, wobei sich das Interesse grundsätzlich auf den *betriebswirtschaftlichen Gehalt* der Fragestellung richtet. Im Mittelpunkt der Untersuchung steht die *Vorbereitung der Investitionsentscheidung*, eng damit verbunden wird aber auch das beurteilte *Entscheidungsobjekt* zum Gegenstand vertiefter Auseinandersetzung. Der Betrachtungsansatz will als Beitrag zur *Erweiterung* der Beurteilungspraxis verstanden werden. Er orientiert sich bewusst an den Usanzen des Immobilienfachbereichs und beabsichtigt deren zweckorientierte Integration und Ergänzung zu einem griffigen Beurteilungsinstrument.

Der Formulierung und Abgrenzung der Zielsetzungen werden zwei wesentliche Leitgedanken vorausgeschickt: Zum einen erfolgt eine allgemeine *Einordnung der zen-*

---

1   Vgl. u.a. **Ernst, U.**: Stand und Entwicklung der personellen Einkommens- und Vermögensverteilung in der Schweiz, Bundesamt für Konjunkturfragen (Hrsg.), Studie Nr. 8, Bern 1983, Seite 52; **Giger, H.**: Das schweizerische Volksvermögen, Gesellschaft zur Förderung der Schweizerischen Wirtschaft (Hrsg.), in: wf Dokumentationsdienst Nr. 5 vom 31.1.1977, Seiten 9 ff. *Ernst* gibt den Anteil des *Immobilienvermögens der privaten Haushalte* für 1979 mit rund 55% des Bruttovermögens an. Die zweite Studie erwähnt für das Jahr 1976 einen Anteil von ca. 26% am schweizerischen *Netto-Volksvermögen* (Wohnhäuser). Diese Zahlen zeigen eine allgemeine Grössenordnung, sind aber aufgrund unterschiedlicher Definitionen und Bewertungen vorsichtig zu interpretieren. Als Vergleich: Eine deutsche Untersuchung aus dem Jahr 1970 nennt einen Anteil von 24.3% des Wohnungswesens am Volksvermögen; vgl. auch **Schlesinger, H.**: Vermögensbildung und Vermögensverteilung in der Bundesrepublik Deutschland, in: Vermögensbildung, Vermögensverteilung und Kapitalmarkt, Schriftenreihe des Instituts für Kapitalmarktforschung an der J.W.Goethe-Universität, Frankfurt am Main: Kolloquien - Beiträge, Band 9, Frankfurt am Main 1974, Seite 21.

tralen Begriffselemente in die betriebswirtschaftliche Lehre[2], zum andern wird eine erste Charakterisierung des Erkenntnisobjekts vorgenommen.

1.1.2   Einordnung der Hauptbegriffe in der Betriebswirtschaftslehre

Die klassische Definitionsbildung nach Gutenberg unterscheidet für Betriebe mit marktwirtschaftlicher Ausprägung[3] drei *systembezogene Merkmale*[4]. Das *Autonomieprinzip*[5] beschreibt die Freiheit des Unternehmens, Produktion und Absatz von Gütern den Marktverhältnissen anzupassen. Unter Ausschluss staatlicher Eingriffe und Vorschriften können Marktchancen wahrgenommen werden, gleichzeitig sind aber auch die Risiken des Misserfolgs zu tragen. Das *erwerbswirtschaftliche Prinzip*[6] verlangt von einem Unternehmen, auf lange Sicht einen möglichst hohen Gewinn auf dem eingesetzten Kapital zu erwirtschaften. Mit dem *Prinzip des Privateigentums*[7] wird gefordert, dass die Produktionsmittel als privates Eigentum der Eigenkapitalgeber zu betrachten sind. Daraus leitet sich der Anspruch der direkten oder indirekten Alleinbestimmung der Eigentümer (innere Autonomie) ab.

In Anlehnung an jüngere Definitionen bezeichnet Thommen die Unternehmung *"als ein offenes, dynamisches, komplexes, autonomes, marktgerichtetes produktives soziales System"*[8]. Damit werden ergänzend zur klassischen Definition insbesondere die

---

2   Die exakte Abgrenzung der wesentlichen Begriffe erfolgt in Kapitel 3.

3   Der Betriebstyp mit marktwirtschaftlicher Ausprägung wird, angelehnt an Gutenberg, im weiteren Verlauf als *Unternehmung* bezeichnet. Vgl. **Gutenberg, E.**: Grundlagen der Betriebswirtschaftslehre, 1. Band: Die Produktion, Berlin/Heidelberg/New York 1971, Seiten 511 f.

4   Gutenberg unterscheidet neben den systembezogenen betrieblichen Tatbeständen drei *systemindifferente* Merkmale, die für jeden Betriebstyp Anwendung finden. Es sind dies die Prinzipien der *Kombination von Produktionsfaktoren*, der *Wirtschaftlichkeit* und der Notwendigkeit eines *finanziellen Gleichgewichts*. Vgl. **Gutenberg, E.**: Grundlagen der Betriebswirtschaftslehre, Seiten 457 f.

5   Vgl. **Gutenberg, E.**: Grundlagen der Betriebswirtschaftslehre, Seite 460.

6   Vgl. **Gutenberg, E.**: Grundlagen der Betriebswirtschaftslehre, Seite 464.

7   Vgl. **Gutenberg, E.**: Grundlagen der Betriebswirtschaftslehre, Seiten 487 ff.

8   **Thommen, J.-P.**: Managementorientierte Betriebswirtschaftslehre, Schriftenreihe der Schweizerischen Treuhand- und Revisionskammer, Band 82, Zürich 1988, Seite 34; vgl. weiter auch **Ulrich, H.**: Die Unternehmung als produktives soziales System, Schriftenreihe "Unternehmung und Unternehmungsführung", Band 1, Bern/Stuttgart 1970, Seite 53; **Rühli, E.**: Unternehmungsführung und Unternehmungspolitik, Band 1, Bern/Stuttgart 1985, Seiten 15 f.; **Krulis-Randa, J.**: Die menschliche Arbeit als Bestandteil der Unternehmungsstrategie, in: Die Unternehmung Nr. 2/1983, Seiten 140 bis 146.

sozialen Einflüsse und die Notwendigkeit der permanenten Weiterentwicklung stärker berücksichtigt.

Diese Arbeit lehnt sich an den so definierten *mehrdimensionalen* Unternehmensbegriff an. Die Immobilieninvestition soll nicht als Unternehmensfunktion herausgelöst und einer einseitigen Betrachtung unterzogen, sondern wo immer möglich unter Berücksichtigung der *interaktiven* Beziehungen innerhalb des Gesamtsystems dargelegt werden [9].

1.1.2.1 Allgemeine Einordnung der Investition

Die Investition kann im Rahmen der unternehmerischen Tätigkeit als *Funktion des betrieblichen Umsatzprozesses* bezeichnet werden (vgl. Abbildung 1) [10]. Sie dient grundsätzlich der *Mittelverwendung in* bzw. der *Beschaffung von* Potentialfaktoren wie Anlagen und Mobilien.

Funktionsbereiche der Unternehmung	
Funktion	*Hauptaufgabe*
• Finanzierung	Beschaffung, Verwaltung und Rückzahlung von Kapital
• Personal	Beschaffung, Betreuung und Freistellung von Mitarbeitern
• Investition	Beschaffung von Potentialfaktoren
• Materialwirtschaft	Beschaffung und Lagerhaltung von Repetierfaktoren
• Produktion	Be- und Verarbeitung von Repetierfaktoren
• Marketing	Absatz der hergestellten Produkte
• Führung	Steuerung der betrieblichen Vorgänge, Ausrichtung auf die gemeinsamen Unternehmungsziele
• Organisation	Sinnvolle Gliederung der betrieblichen Tätigkeiten und Festlegung der Kommunikationswege
• Rechnungswesen	Erfassen und Auswerten des betrieblichen Umsatzprozesses, bei welchem mit Hilfe der Produktionsfaktoren marktfähige Leistungen erstellt werden

Abbildung 1: Funktionsbereiche der Unternehmung[10]

Die funktionale Aufgliederung unternehmerischer Aufgaben nach Abbildung 1 bildet ein *theoretisches* Grundgerüst zur Systematisierung der realen Tatbestände. Abhängig vom verfolgten *Investitionszweck* wird weiter unterschieden nach *Investitionsar-*

---

9   Vgl. dazu **Ulrich, H.:** Die Unternehmung als produktives soziales System, Seite 154.
10   Vgl. **Thommen, J.-P.:** Managementorientierte Betriebswirtschaftslehre, Seite 35.

ten[11]. Mehrheitlich werden damit Investitionsvorgänge zum Aufbau von *industriellen Produktionsanlagen* beschrieben, sinngemäss kann diese Abgrenzung aber auch auf andere Betriebstypen übertragen werden.

Innerhalb dieser ersten allgemein-theoretischen Einordnung[12] der Investition nimmt die *Immobilieninvestition* eine *heterogene Position* ein. Es können zwei grundlegend verschiedene Verwendungszwecke von Immobilien unterschieden werden:

- Gebäude stellen i.d.R. eine notwendige Voraussetzung zur Unterbringung von industriellen Produktionsanlagen und damit für den leistungswirtschaftlichen Faktorkombinationsprozess dar. Der Konsument kommt mit dem Investitionsobjekt nie direkt in Berührung, sondern ausschliesslich mit dem indirekt daraus hervorgehenden *Endprodukt*, dem Resultat der Faktorkombination.

- Erfolgt die Immobilieninvestition hingegen mit dem Ziel, das damit verbundene Raumangebot *direkt* als Leistung zu vermarkten, können Investitionsobjekt und Endprodukt nicht mehr getrennt voneinander betrachtet werden. Die gebildete Einheit wird damit zum *Bindeglied* zwischen Mittelbeschaffung und verkauftem Produkt.

Die vorliegende Arbeit stützt sich auf letztere Interpretation einer Immobilieninvestition. Die Notwendigkeit einer *integralen Betrachtungsweise* der vernetzten Unternehmensstruktur gewinnt durch den Brückenschlag zwischen Investitionsobjekt und Endprodukt zusätzlich an Gewicht. Die strategiekonforme Implementierung der Investitionspolitik muss damit *zwingend* auf entsprechenden Ziel-, Mittel- und Massnahmenentscheiden der finanz- und unternehmenspolitischen Führungsebene aufbau-

---

11   Einige in der Literatur häufig erwähnte Investitionsarten sind z.B.: Erweiterungs-, Ersatz-, Rationalisierungs-, Anpassungs-, Diversifikations-, Sicherheits-, Umweltschutzinvestitionen etc. Vgl. dazu u.a. **Büschgen, H.E.:** Betriebliche Finanzwirtschaft, Unternehmensinvestitionen, Taschenbücher für Geld, Bank und Börse, Band 88, Frankfurt am Main 1981, Seiten 13 f; **Kunz, B.R.:** Grundriss der Investitionsrechnung, Eine Einführung in Theorie und Praxis, Bern/Stuttgart 1984, Seite 18; **Siegwart, H./Kunz, B.R.:** Brevier der Investitionsplanung, Der Prozess der Beschaffung von Produktionsanlagen, Schriftenreihe: Praktische Betriebswirtschaft, Band 10, Bern/Stuttgart 1982, Seiten 15 f; **Müller-Hedrich, B.W.:** Betriebliche Investitionswirtschaft, Die Betriebswirtschaft - Studium + Praxis, Band 15, Stuttgart 1990, Seiten 8 bis 13.

12   Im Rahmen dieser Einführung wird vorläufig darauf verzichtet, nach weiteren Klassifikationskriterien wie Investitionsträger, -objekt, -bereich oder -motiven zu gliedern. Vgl. dazu die vertiefte Behandlung in Kapitel 3.

en[13]. Etwas anders ausgedrückt bedeutet dies, dass eine Immobilieninvestition in jedem Entscheidungszeitpunkt einem sehr anspruchsvollen Zielsystem zu genügen hat.

Dementsprechend diffizil ist auch die *zweckorientierte Eingliederung* des Untersuchungsgegenstands. Die unbewertete Auflistung einzelner Investitionsarten führt zu einer grossen Anzahl gleichgestellter Begriffe, ohne der unternehmerischen Tragweite der damit verbundenen Geschäfte gebührend Rechnung zu tragen. Die *Zuordnung* eines praktischen Projekts zu *einer* bestimmten Investitionsart ist zudem *nicht zwangsläufig eindeutig*[14]. Erst die zusätzliche Unterscheidung von *Gründungs-* und *laufenden Investitionen*[15] ermöglicht eine treffende Einordnung der Immobilieninvestition unter dem Begriff der *Einrichtungsinvestition*, der inhaltlich *"die Einrichtung eines neuen Betriebsteils oder einer neuen Betriebsstätte"*[16] beschreibt.

Unter diesem Aspekt versteht sich die Immobilieninvestition nicht mehr als Teilfunktion der Unternehmung, sondern als *dominanter Tatbestand* der künftigen unternehmerischen Tätigkeit. Immobilien werden in diesem Sinne fortan als *eigenständige Betriebseinheiten* aufgefasst, die selbst wiederum alle Teilfunktionen nach Abbildung 1 umfassen. Der folgende Abschnitt widmet sich der näheren *Charakterisierung* des so verstandenen Investitionsvorhabens.

1.1.2.2 Immobilieninvestition

Während das wirtschaftliche Nutzungspotential von Immobilien in der Regel über mehrere Jahrzehnte zur Verfügung[17] steht, gehen der eigentlichen Nutzung we-

---

13 Vgl. dazu auch **Schneider, D.:** Investition und Finanzierung, Wiesbaden 1980, Nachdruck der 5. Auflage 1986, Seiten 145 ff. **Schneider, D.:** Geschichte betriebswirtschaftlicher Theorie, Allgemeine Betriebswirtschaftslehre für das Hauptstudium, München/Wien 1981, Seite 326.

14 Der Ersatz von alten Anlagen kann zu einer Rationalisierung führen. Ist die neue Anlage gleichzeitig leistungsfähiger wird die Abgrenzung Ersatz-, Rationalisierungs- und Erweiterungsinvestition praktisch verunmöglicht. Vgl. u.a. **Trechsel, F.:** Investitionsplanung und Investitionsrechnung, Umfassendes theoretisches und praktisches Konzept mit Anleitungen und Beispielen, Schriftenreihe "Planung und Kontrolle der Unternehmung", Bern/Stuttgart 1973, Seite 14.

15 Vgl. u.a. **Thommen, J.-P.:** Managementorientierte Betriebswirtschaftslehre, Seiten 398 f; **Trechsel, F.:** Investitionsplanung und Investitionsrechnung, Seiten 13 f.

16 Vgl. **Kunz, B.R.:** Grundriss der Investitionsrechnung, Seite 18.

17 Vgl. dazu **Statistisches Amt der Stadt Zürich (Hrsg.):** Statistisches Jahrbuch der Stadt Zürich, Zürich 1987, Seite 299. Über 31% des Stadtzürcher Wohnungsbestands 1986 wurden vor 1931 erstellt und ist damit älter als 55 Jahre.

sentliche *Vorbereitungsphasen* voraus. Der gesamte Lebenszyklus wird im folgenden mit dem Begriff *Immobilien-Projekt* bezeichnet[18].

Das Modell in Abbildung 2 gliedert das Immobilien-Projekt in *vier Phasen*. Der dargestellte Ablauf konzentriert sich auf die Kardinalpunkte des Problemkreises. Die Pfeile lassen die zeitliche Abfolge erkennen, wobei sich *innerhalb* jeder einzelnen Phase ein sekundärer Kreislauf abspielen kann.

- Die *erste Phase* der Planung orientiert sich an den durch Rohland und Abbruchobjekte vorgegebenen *Rahmenbedingungen*. Bestehende Baubeschränkungen bestimmen zu einem wesentlichen Teil die späteren Nutzungsmöglichkeiten und sind schon im Rahmen der ersten Projektierungsarbeiten zu berücksichtigen. Aufgrund dieser Voraussetzungen werden konkrete Vorstellungen über künftige Betriebs- und Nutzungskonzepte erarbeitet.

- Der Übergang zur *zweiten Phase* beginnt mit der *Konkretisierung*[19] der Ideen zu einem *Bauprojekt*. Nach Erlangung der notwendigen *Bewilligungen* und der Abklärung *betriebswirtschaftlicher* Detailfragen muss der *Entscheid* zur Realisation bzw. Investition getroffen werden.

- In der *Realisationsphase* werden die notwendigen Bauarbeiten ausgeführt. Die Vorbereitungen für die Vermarktung des Endprodukts kann ebenfalls als Teil der Realisation betrachtet werden.

- Erst in der *vierten Phase* erfüllt das Immobilien-Projekt seinen eigentlichen Zweck. Gleichzeitig beginnt die eigentliche Umsatzphase.

Die *Dauer* der einzelnen Phasen lässt sich nicht generell festlegen. Während die gesamte Vorbereitung, von der Planung bis zur Betriebsaufnahme, einen Zeitraum von zwei bis zehn Jahren[20] beanspruchen kann, erstreckt sich die Nutzungsphase im Normalfall über mehrere Jahrzehnte.

Anschliessend an den bisher beschriebenen Projektablauf *wiederholen* sich einzelne Teilabläufe mit fortschreitender Zeit: So ist es möglich, die Nutzungsdauer durch *Unterhalt* zu verlängern, über einen *Umbau* die Nutzungsstruktur teilweise zu verän-

---

18   Das Immobilien-Projekt kann weitgehend mit der *genetischen Gliederung* einer Unternehmung verglichen werden. Im Rahmen der hier diskutierten *Investitionsproblematik* liegt das Schwergewicht der Betrachtung im Bereich der betrieblichen *Gründungs- und Errichtungsphase* (Phasen I bis III in Abbildung 2). Vgl. dazu u.a. **Thommen, J.-P.:** Managementorientierte Betriebswirtschaftslehre, Seite 35.

19   Da sich im Laufe der Entscheidungsfindung Veränderungen am Bauprojekt ergeben können, wird die Konkretisierung erst dieser Phase zugeordnet.

20   Eine generelle Aussage über die Dauer einzelner Phasen ist im Rahmen dieses Überblicks nicht zweckmässig. Die bestimmenden Faktoren sind projektbedingt sehr unterschiedlich. Der angegebene Bereich ist als *Grössenordnung* zu verstehen.

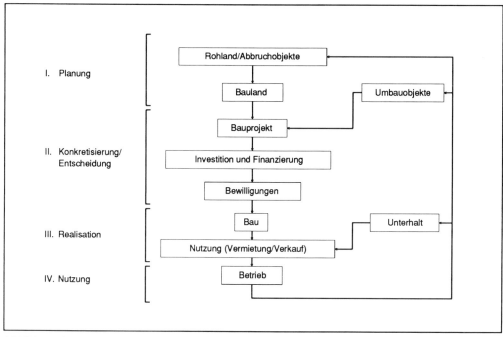

Abbildung 2: Wichtige Phasen des Immobiliengeschäfts

dern oder das ausgenutzte Objekt dem *Abbruch* zuzuführen und den ganzen Zyklus, ausgehend von der Projektplanung, erneut einzuleiten. Immobilien-Projekten kann damit ein äusserst *langfristiger Charakter* zugesprochen werden.

1.1.2.3 Entscheidungsprozess als Führungsaufgabe

Die in Abschnitt 1.1.2 hergeleitete und auf die Immobilieninvestition übertragene Auffassung bezüglich des Unternehmungsbegriffs erfordert eine entsprechend umfassende Optik auch im Bereich der Unternehmensführung. Konsequente Grundlage dazu bildet die *integrierte Betrachtungsweise* des *Zürcher Führungsansatzes*[21]. Der von Führungsaspekten, -elementen und -inhalten interdependent bestimmte System-

---

21 Vgl. die Grundlagen des Zürcher Ansatzes in **Rühli, E.**: Unternehmungsführung und Unternehmungspolitik, Band 1; Band 2, Zürich 1978.

ansatz[22] beschreibt die Entscheidung als eines von vier *konstitutiven Elementen*[23].

In dieser Arbeit steht der *instrumentale Aspekt* der Entscheidungsfindung im Vordergrund. Aus dem gedanklichen Modell des Zürcher Ansatzes (vgl. FN 22) geht hervor, dass eine isolierte Betrachtung von Entscheidungsinstrumenten im Widerspruch zur Interdependenz der Führungsproblematik steht. Jeder Führungsaspekt ist verbunden mit Führungsinhalten und -elementen. In diesem Sinne kann also nur von einer *relativ-instrumentalen* Betrachtungsweise des Entscheidungsproblems gesprochen werden.

1.1.2.4 *Entscheidung über Immobilieninvestitionen*

Entsprechend den vielseitigen, komplexen und langfristigen Rahmenbedingungen eines Immobilien-Projekts ist die Zahl der beteiligten Institutionen und Personen sowie die Anzahl der zu treffenden Entscheidungen sehr gross; von zentraler Bedeutung ist sicher der *Realisationsentscheid*[24]. Der Beschaffung von zuverlässigen Entscheidungsgrundlagen muss aber während des *gesamten Projektverlaufs* ein hoher Stellenwert zuerkannt werden.

Die potentiellen Fehlerquellen und Probleme beim *Informationsaustausch* innerhalb dieses komplexen Ablaufsystems verlangen nach *einfachen und dennoch fundierten* Massgrössen und Kalkulationsgrundlagen als Basis der Investitionsentscheidung. Die Formulierung entsprechender Kennziffern erlaubt die entscheidungsorientierte *Darstellung und Analyse* von Immobiliengeschäften. Neben dem hier verfolgten Ansatz zur *Projektkalkulation* eröffnet sich durch die Verwendung derselben Kennziffern in der *Nachkalkulation* auch die Möglichkeit, abgeschlossene Projekte zu Kontrollzwecken aufzuarbeiten.

1.2   Zielsetzungen

Die fachtechnischen Grundlagen und Instrumente für eine vollständige und widerspruchsfreie Gewinnung geeigneter Kennziffern sind weitgehend vorhanden und

---

22   Vgl. dazu den *Führungswürfel* des Zürcher Ansatzes. **Thommen, J.-P.:** Betriebswirtschaftslehre, Band 3: Personal - Organisation - Führung, Zürich 1989, Seite 225, Abbildung 64.

23   Vgl. dazu **Rühli, E.:** Unternehmungsführung und Unternehmungspolitik, Band 1, Seiten 27 und 49.

24   Vgl. Abbildung 2, Phase II.

werden in der Praxis eingesetzt [25]. Aufbauend auf dieser Grundlage werden im Rahmen dieser Arbeit folgende Ziele angestrebt:

- Als Voraussetzung für die Investitionsentscheidung soll ein *Feld von Kennziffern* definiert werden, welches eine projektbezogene Vor- und Nachkalkulation sowie deren anschliessende *Beurteilung* ermöglicht.

- Entsprechend der Problemstellung ist die *Vereinfachung* der entscheidungsbezogenen Kommunikation durch eine konzentrierte und aussagekräftige Darstellung anzustreben, deren Aufbau zugleich eine möglichst strukturähnliche Abbildung der Realität ist.

- Die *Illustration* und *Überprüfung* des Konzepts soll anhand einer realitätsnahen Fallstudie erfolgen.

Das Konzept ist primär auf *professionelle Investorengruppen* ausgerichtet, wie zum Beispiel Versicherungs- und Immobiliengesellschaften. Dem hohen Komplexitätsgrad der Projekte steht bei diesen Anlegern eine Vielzahl von Spezialisten gegenüber. Damit besteht neben dem Interesse an Beurteilungshilfsmitteln auch personell und organisatorisch die Möglichkeit der *Datenaufbereitung*. Im Hinblick auf die Entscheidungsfindung zeichnen sich im wesentlichen zwei Vorteile ab:

- Die *Entscheidungsqualität* erfährt eine Aufwertung durch die
  - klärende Wirkung der Datenaufbereitung,
  - systematisierte Darstellung der Entscheidungsinstrumente,
  - bessere Kontrolle des Entscheidungssystems (innere Konsistenz) sowie die
  - Reduktion der Unsicherheit.

- Bedingt durch die weitgehend standardisierte Entscheidungsvorbereitung im Rahmen des Projektmanagements kann die *Effizienz des Entscheidungsprozesses* gesteigert werden. Der *Entscheidungsträger* wird damit vermehrt von irrelevanten Informationen entlastet [26].

Trotz dieser eindeutigen Ausrichtung auf professionelle Anlegergruppen lässt sich mit dem vorgestellten Konzept grundsätzlich jedes Immobilieninvestitionsobjekt erfassen, sofern die Bereitstellung und die Interpretation der notwendigen Daten fachgerecht vorgenommen wird.

---

25 Auf Normenwerke und Bewertungsverfahren wird in den Kapiteln 4 und 6 näher eingetreten.

26 Die Relevanz jeglicher Entlastung des Entscheidungsträgers liegt in der Tatsache begründet, dass in der Realität ein vollständiger Informationszustand nicht erreicht werden kann. Die *"begrenzten Fähigkeiten der Informationsaufnahme und -verarbeitung"* sollten daher optimal genutzt werden. Vgl. **Rühli, E.**: Unternehmungsführung und Unternehmungsführungspolitik, Band 2, Seite 202.

1.3   Vorgehen

Der *erste Teil* der Untersuchung befasst sich mit Immobilien in deren wirtschaftlichem und sozialem *Umfeld*. Besonderes Augenmerk kommt dabei der Abgrenzung von physischer und anlageorientierter Nutzung zu. Danach werden die betriebswirtschaftlichen *Grundlagen* der Investitions- und Entscheidungstheorie begrifflich abgegrenzt und problemorientiert diskutiert.

Die problemorientierte Analyse praktizierter Wertermittlungsverfahren bildet den Übergang zum *zweiten Teil*. Auf dieser Basis wird anschliessend der neue Lösungsansatz definiert. Für das Gesamtverständnis des Kennziffermodells ist es notwendig, zuerst vertieft auf *immobilienspezifische Kennziffern* einzutreten. Diese Daten bilden den Ausgangspunkt für den eigentlichen Kern des Kennziffermodells, der in Form einer mehrstufigen *Betriebsrechnung* aufgebaut wird.

Zu Beginn des *dritten Teils* wird die praktische Lösung auf einem Personal-Computer implementiert. Unter weitgehender Reduktion von Fehlerquellen können dadurch die umfangreichen Rechenoperationen problemlos durchgeführt und das verarbeitete Zahlenmaterial anschaulich dargestellt werden. Das letzte Kapitel widmet sich verschiedenen *Überlegungen zum praktischen Einsatz* des Modells. Im Hinblick auf die Interpretation der Resultate für die Entscheidungsfindung erfolgt eine Diskussion ausgewählter Werte der Betriebsrechnung. Durch die Erarbeitung und Analyse einer *Fallstudie* werden schliesslich die Einsatzmöglichkeiten des Modells aufgezeigt. Neben der Veranschaulichung sollen aufgrund dieser Auswertung *Schlussfolgerungen* hinsichtlich des Anwendungsnutzens des Kennziffermodells gezogen werden.

Um die Kontinuität des gedanklichen Aufbaus nicht zu durchbrechen, wird das *Modell* gesamthaft am Ende von Kapitel 8 präsentiert. Die einzelnen *Teilmodelle* werden aufgrund des in den vorhergehenden Kapiteln erarbeiteten theoretischen Gerüsts entwickelt. Die *endgültige* Darstellung des Modells trägt ihrerseits zum Verständnis der theoretischen Erarbeitung bei. Es wird deshalb empfohlen, die Teilmodelle schon *während* der theoretischen Abgrenzung in den Kapiteln 6 und 7 zu verfolgen[27].

---

27   Zu diesem Zweck wird an den entsprechenden Stellen in Fussnoten auf die betreffenden Darstellungen in Kapitel 8 verwiesen.

2. Rahmenbedingungen von Immobilieninvestitionen

"Je mehr und je bessere Informationen ein Entscheidungsträger hat, desto besser werden die Entscheidungen." [28]

Das Informationsfeld für die Entscheidung über eine Immobilieninvestition enthält neben exakt reproduzierbaren Werten verschiedene ungewisse Elemente, die sich nachteilig auf die Entscheidungsqualität auswirken können [29]. Der Entscheidungsträger wird daher versuchen, den Bereich der unvollkommenen Informationen in möglichst engem Rahmen zu halten [30]. Werden für die Entscheidungsvorbereitung Rechenverfahren und -modelle als Instrumente verwendet, kann von zwei Bereichen unvollkommener Information gesprochen werden. Die *nicht quantifizierbaren* Einflussgrössen bleiben der Aussage des Entscheidungsinstruments weitgehend vorenthalten; sie bilden daher Bestandteil der abschliessenden Interpretation. Die *schwer quantifizierbaren* Faktoren finden wohl Eingang in die Beurteilungsinstrumente, ihre Bestimmung bleibt aber gleichermassen der Interpretation überlassen [31].

Die Untersuchung der Rahmenbedingungen von Immobilieninvestitionen verfolgt im Sinne des einleitenden Zitats gleichzeitig *zwei Ziele*. Zum einen wird dadurch ermöglicht, den ersten Bereich der unvollkommenen Information näher abzugrenzen und deren Auswirkungen bei der Formulierung des Kennziffermodells entsprechend zu berücksichtigen [32]. Zum andern wird der Leser damit konsequent in die besondere Thematik und deren Aktualität eingeführt.

---

28 **Mag, W.:** Entscheidung und Information, Reihe: Vahlens Handbücher der Wirtschafts- und Sozialwissenschaften, München 1977, Seite 1.

29 Auf den Begriff *Information* wird in Abschnitt 3.2.3 noch näher eingetreten. Vgl. dazu auch **Mag, W.:** Entscheidung und Information, Seite 25.

30 Vgl. u.a. **Hörschgen, H.:** Grundbegriffe der Betriebswirtschaftslehre II, Sammlung Poeschl P 83/II, Stuttgart 1979, Seiten 183 bis 187; **Fischer, J.:** Heuristische Investitionsplanung, Entscheidungshilfen für die Praxis, Reihe: Grundlagen und Praxis der Betriebswirtschaft, Band 42, Berlin 1981, Seiten 18 f.

31 Vgl. auch **Frischmuth, G.:** Daten als Grundlage für Investitionsentscheidungen, Dissertation, Berlin 1969, Seite 15.

32 Die Diskussion der *schwer quantifizierbaren* Parameter erfolgt im Anschluss an den Aufbau des neuen Lösungsansatzes in Abschnitt 9.1.2.

Gliederung und Diskussion des Kapitels *Rahmenbedingungen* orientieren sich an der zentralen Bedeutung des Bodens in seiner Eigenart als notwendiges Gut zur menschlichen Bedürfnisbefriedigung. Der Begriff der *Immobilien* sowie deren Funktion und Stellung als Wirtschaftsobjekte bilden das Schwergewicht der Betrachtung.

2.1   Begriffsbestimmung

2.1.1   Boden

Die Klärung des Begriffs *Boden* muss sich an der hier verfolgten Ausprägung des Bestimmungsgegenstands als *Wirtschaftsobjekt* orientieren [33]. Von vorrangigem Interesse sind die Fragen nach dem Beitrag des Bodens zur *individuellen Bedürfnisbefriedigung* sowie nach der *Bewertung* dieses Beitrags.

In Anlehnung an das Wissensgebiet der Raumplanung kann der Boden *"als physischer Träger aller menschlichen Aktivitäten"* [34] bezeichnet werden. Er beschreibt in seiner zweidimensionalen Erscheinungsform eine endliche *Fläche* unterschiedlicher *Beschaffenheit*; in der *räumlichen Zusammensetzung* besteht er aus verschiedensten Substraten. Ausgehend von dieser allgemeinen Umschreibung kann der Boden nach zwei Merkmalen näher charakterisiert werden.

*   *Quantitative Merkmale:*

    Die *Flächenausdehnung* bildet das erste *quantitative Merkmal* des Bodens. Sie unterliegt keinen wesentlichen natürlichen oder künstlichen Veränderungseinflüssen und wird i.d.R. als *konstant* angenommen [35]. Die Bodenfläche ist weiterhin *standortgebunden*. Ihre Verlagerung von einer Stelle zur andern kann ausgeschlossen werden.

    Ein zweites quantitatives Merkmal wird durch das *kubische Volumen* des Substrats bestimmt. Im Gegensatz zur Immobilität der Fläche ist die Verlagerung dieser zweiten quantitativen Komponente durch die Mobilität des Substrats praktisch möglich.

*   *Qualitative Merkmale:*

    Beschaffenheit und Zusammensetzung sind *qualitative Attribute* des Bodens und bestimmen massgeblich dessen Nutzungsmöglichkeiten. Dies gilt sowohl

---

[33]   Insbesondere in Abgrenzung zur *naturwissenschaftlichen* Betrachtung des Bodens.

[34]   **Lendi, M./Elsasser, H.:** Raumplanung in der Schweiz, Eine Einführung, Zürich 1986, Seite 86.

[35]   Vgl. u.a. **Lendi, M./Elsasser, H.:** Raumplanung in der Schweiz, Seite 95.

in der Funktion als *Existenzgrundlage* zur Befriedigung menschlicher Grundbedürfnisse wie auch bei der Verwendung als wirtschaftlicher *Produktionsfaktor*.

Die *Qualitätsmerkmale* sind Gegenstand verschiedener *Veränderungsvorgänge*, die sich auf die Nutzungsmöglichkeiten auswirken können. Während die Zusammensetzung des *Substrats* gleichzeitig natürlichen und künstlichen Änderungseinflüssen ausgesetzt ist, bleiben die mit der *Fläche* verbundenen Qualitätsattribute der künstlichen Einflussnahme weitgehend entzogen[36].

Das Vorhandensein qualitativer Unterschiede macht den Boden zu einem *inhomogenen Gut*[37], das sich nicht gleichermassen für eine beliebige Nutzung eignet. Wird der Abbau von Rohstoffen von der weiteren Betrachtung ausgeschlossen, gelangt man zur Erkenntnis, dass die Grundlage zur potentiellen Befriedigung spezifischer Bedürfnisse in der *natürlichen Kombination* von bestimmten Qualitätsmerkmalen mit lokal unbeweglichen Flächen zu finden ist.

Betriebswirtschaftlich betrachtet wird der Boden dem Bereich der *Potentialfaktoren* zugeordnet[38]. Verglichen mit anderen Potentialfaktoren wie Mobilien und Anlagen sind jedoch zwei wesentliche Unterschiede festzustellen. Zum einen unterliegt der Boden im Gebrauch *keiner Abnutzung*, d.h. der Potentialcharakter geht mit der Verwendung nicht verloren. Zum anderen kann die gängige Umschreibung von Potentialfaktoren als Betriebsmittel des Produktionsprozesses, deren Substanz *keinen Eingang* in die hergestellten Erzeugnisse finden, nur bedingt akzeptiert werden. Der Boden stellt im Immobiliengeschäft einen *notwendigen und gebundenen* Bestandteil der erbrachten Leistung dar und muss damit als Bestandteil des Endprodukts betrachtet werden[39].

Um sowohl den charakteristischen Merkmalen wie auch den Unterschieden zur allgemeinen Lehre Rechnung zu tragen, wird für die folgende Betrachtung nach *zwei* bestimmenden Faktoren abgegrenzt[40]. Unter dem Begriff des *Nutzpotentials* wer-

---

36 Die Bindung von qualitativen an quantitative Merkmale spielt bei dieser Überlegung eine wesentliche Rolle. So bleiben auch bei der Verlagerung von Erdreich wesentliche qualitative Komponenten wie Klima, natürliche Wasserversorgung, geographische Lage *untrennbar* mit der *Fläche* verbunden; die künstliche Beeinflussung dieser letztgenannten Merkmale ist kaum möglich.

37 Vgl. **Rohr, R.:** Tatsachen und Meinungen zur Bodenfrage, Aarau/Frankfurt am Main/Salzburg 1988, Seite 20.

38 Vgl. z.B **Thommen, J.-P.:** Managementorientierte Betriebswirtschaftslehre, Seite 67; **Schneider, D.:** Investition und Finanzierung, Seite 641 f.

39 Vgl. dazu die Abgrenzung in Abschnitt ?.

40 Vgl. dazu auch **Frehner, E.:** Produktionswirtschaft, in: Borkowsky, R./Moosmann, R. (Hrsg.), Kleiner Merkur, 2. Band Betriebswirtschaft, Zürich 1982, Seite 155.

den jene Elemente zusammengefasst, die als physische Merkmale in Erscheinung treten und damit die Grenzen der Nutzungsmöglichkeiten abstecken. Der Grad der *lokalen Kongruenz* von spezifischen Bedürfnissen mit einem entsprechenden Nutzpotential begründet zusätzlich den Begriff des *Nutzwertes*. Mit der Unterscheidung von *Potential als objektivem* und *Wert als subjektivem* Bestimmungsfaktor wird offensichtlich, dass eine Bewertung des Bodens nur bedingt aufgrund seiner physischen Eigenschaften erfolgen kann, sondern dass vielmehr auch dessen *örtliche Lage* ausschlaggebend ist [41].

Wird die flächenorientierte Nutzung des Bodens vorausgesetzt, ist zusammenfassend festzustellen, dass das Nutzpotential weitgehend durch die *natürlichen Gegebenheiten* bestimmt wird; der Nutzwert gründet hingegen hauptsächlich auf den *subjektiven Präferenzen* des Benutzers.

2.1.2 Immobilien

Der Begriff *Immobilien* wird von Duden als *kaufmannssprachlicher Ausdruck* für *Grundbesitz, Grundstücke und Häuser* bezeichnet [42]. Nach geltender Schweizer Rechtsordnung bilden die *Grundstücke* Gegenstand des Grundeigentums und umfassen *Liegenschaften sowie auch Rechte* [43]. Als Bestandteile der *Liegenschaft* werden schliesslich die abgegrenzte Fläche des Erdbodens sowie Bauten und andere mit dem Grundstück verbundene Gegenstände erfasst [44].

Mit dem Begriff *Immobilien* wird in diesem Sinn eine *rechtlich-wirtschaftliche Einheit*, bestehend aus Boden, Gebäuden, Gegenständen und Rechten, bezeichnet. Der *Boden* selbst verliert damit den Status als selbständiges Gut [45]. Seine charakteristischen Eigenschaften werden Bestandteil der *Immobilien*. Entgegen der Charakterisierung des Bodens, zeichnet sich die unter dem Begriff "Immobilien" verstandene wirtschaftliche Einheit besonders durch eine vermehrte *Anpassungsfähigkeit* der Potentialmerkmale [46] aus:

---

41   Vgl. dazu die zusammenfassende Darstellung dieser Begriffsbildung in Abbildung 3.

42   Vgl. **Wissenschaftlicher Rat der Dudenredaktion (Hrsg.):** Bedeutungswörterbuch, Der grosse Duden, Band 10, Mannheim 1970, Seite 347.

43   Art. 655 ZGB.

44   Vgl. **Gertsch, H.:** Sachenrecht, in: Borkowsky, R./Moosmann, R. (Hrsg.), Kleiner Merkur, 1. Band Recht, Zürich 1984, Seite 63; vgl. auch Art. 667 ZGB sowie Art. 671 ZGB.

45   Vgl. **Rohr, R.:** Tatsachen und Meinungen zur Bodenfrage, Seite 20.

46   Vgl. Abschnitt 2.1.1.

- Gebäude und mit dem Grundstück direkt verbundene Gegenstände sind Elemente, die weitgehend dem Einfluss der Eigentümer unterliegen. Sie ermöglichen eine *gezielte* Abstimmung des *Nutzpotentials* auf subjektive Bedürfnisse.
- Verschiedene Bestimmungsfaktoren sind dem direkten Einfluss der Eigentümer weiterhin entzogen. So können beispielsweise *gesetzliche Rahmenbedingungen*, *Dienstbarkeiten* und *Umgebungsfaktoren* die Nutzungsmöglichkeiten ebenfalls nachhaltig verändern.

Das *Nutzpotential* kann durch eine *Spezialisierung* auf bestimmte Bedürfnisse hin optimiert werden, gleichzeitig wird aber als Folge der langfristig ausgelegten Veränderungen an *Flexibilität* eingebüsst[47]. Die Bestimmungsfaktoren des *Bodens* verlieren durch die Anpassungsfähigkeit der neu hinzugekommenen Potentiale tendenziell an Stellenwert[48]. Sofern die erfolgte Spezialisierung der Nachfrage entspricht, wird der *Nutzwert* unabhängiger vom Standort, gleichzeitig aber *sensibler* bezüglich politischen und nachbarschaftlichen Veränderungen.

	Bestimmungsfaktoren	
	Nutzpotential	*Nutzwert*
Natürlicher Boden	• Fläche • Beschaffenheit • Zusammensetzung	• lokale Übereinstimmung von Angebot und Nachfrage
Ergänzend bei Immobilien	• Gebäude, Bepflanzung • Spezialisierung durch Ausbau und Gestaltung	• Dienstbarkeiten • Infrastruktur • Gesetzliche Rahmenbedingungen • Politische Veränderungen • Nachbarschaftliche Veränderungen • Aktive Bewirtschaftung

Abbildung 3: Abgrenzung der Begriffe Boden und Immobilien

---

47 Sämtliche Veränderungen baulicher Art können in diesem Sinne als *langfristig ausgelegt* bezeichnet werden. Vgl. dazu u.a. **Eekhoff, J.:** Wohnungs- und Bodenmarkt, Tübingen 1987, Seite 187, These 261.

48 Eine treffende Charakterisierung dieses Phänomens findet sich beispielsweise bei **Haasis, H.-A.:** Bodenpreise, Bodenmarkt und Stadtentwicklung, Reihe: Beiträge zur Kommunalwissenschaft, Band 23, München 1987, Seite 34. *"Städtische Grundstücke zeichnen sich offensichtlich durch eine Kombination von Merkmalen verschiedenster Ausformung aus. Nicht alle Grundstückseigenschaften sind aber gleichermassen wertprägend: Die Bewertung bezieht sich vorwiegend auf solche Merkmale und Merkmalskombinationen, die für die Nutzungsziele der potentiellen Bodennutzer von Belang sind - ..."*

Abbildung 3 gibt zusammenfassend einen Überblick über die gebildeten und abgegrenzten Begriffe[49]. Als wesentliche Erkenntnis muss in der weiteren Untersuchung berücksichtigt werden, dass die Bestimmungsfaktoren für den *Nutzwert* von
Immobilien nur in beschränktem Masse mit dem natürlichen Nutzpotential des Bodens zusammenhängen, sondern dass vielmehr eine *komplexe Einflussstruktur* von
objektiven Tatbeständen einerseits sowie subjektiven und systembedingten Bestimmungsfaktoren andererseits vorliegt[50].

2.1.3   Immobilienmarkt

Der Markt wird allgemein als *ökonomischer Ort* des Tauschs bezeichnet. Mit dem
Zusammentreffen von *Angebot und Nachfrage* können sich die Preisbildung und der
Austausch von Gütern[51] vollziehen. Diese Definition kann als Grundprinzip her-
halten, die realen Zusammenhänge schliessen jedoch vielfältige Variablen mit ein,
die einen Markt näher charakterisieren. Ausgehend von der Begriffsabgrenzung in
Abbildung 3 wird anschliessend das *Wesen des Immobilienmarkts* näher untersucht,
um daraus Schlüsse auf mögliche *Interessengruppen* und deren *Zielsetzungen* ziehen
zu können[52].

Das *Immobilienangebot* wird quantitativ über die *Knappheit des Bodens* begrenzt.
Durch mehrgeschossige Bauweise kann dieser Restriktion innerhalb gewisser Gren-
zen[53] begegnet werden. Es ist daher treffender von einer *relativen Knappheit* des
Immobilienangebots zu sprechen. In dieser durch das *unelastische Angebot* gepräg-

---

49   Die in Abbildung 3 erwähnten Einflussfaktoren für den *Nutzwert* gelten für ein jeweils *be-
      stehendes Nutzpotential*; bei Veränderungen des Nutzpotentials variiert folgedessen zwangs-
      läufig auch der Nutzwert.

50   Vgl. auch **Eekhoff, J.:** Wohnungs- und Bodenmarkt, Seite 197, These 275.

51   Vgl. u.a. **Hörschgen, H.:** Grundbegriffe der Betriebswirtschaftslehre II, Seiten 308 f; **o.V.:**
      Gablers Volkswirtschaftslexikon, Wiesbaden 1983, Seite 363.

52   Auf die *Zielsetzungen* von Investitionsvorhaben wird in Abschnitt 3.4 noch näher eingetre-
      ten. An dieser Stelle geht es vorerst um die Untersuchung der massgebenden Wesenszüge.
      Die *subjektiven Wertvorstellungen*, die zum Vollzug eines einzelnen Austauschs führen,
      werden im Rahmen dieser Arbeit nicht weiter verfolgt. Vgl. dazu weiterführende Literatur
      wie u.a. **Bundesamt für Wohnungswesen (Hrsg.):** Wohnen in der Schweiz, Auswertung
      der Eidgenössischen Wohnungszählung 1980, Schriftenreihe Wohnungswesen, Band 34,
      Bern 1985; **Höfliger, M.H.:** Flächenverbrauch für Wohnzwecke und Raumplanung - darge-
      stellt am Beispiel der Stadt Zürich, Dissertation, Zürich 1982.

53   Als hauptsächliche Gründe für die Beschränkung der Nutzungsintensität sind *Vorschriften*
      der geltenden Rechtsordnung sowie *Grenzen* der technischen Realisierbarkeit zu nennen.

ten Situation werden Verschiebungen der nachgefragten Menge in erster Linie über die *Preisbildung* oder sofern möglich durch *Substitution* aufgefangen.

Der *elementare Nutzen* von Immobilien liegt in ihrem *Nutzpotential*. Der Boden dient in seiner natürlichen Form als Träger der Nahrungsmittelproduktion, die *Gebäude* gewähren Schutz für Lebewesen und Güter. Im ursprünglichen Sinn leisteten Immobilien damit einen entscheidenden Beitrag zur Deckung *existenzieller Grundbedürfnisse*. Im Zuge der Industrialisierung wandelte sich die Bedürfnisstruktur parallel zur Verlagerung der Arbeitstätigkeit aus der Landwirtschaft in den industriellen und später in den Dienstleistungssektor[54]. Für die Mehrzahl der Wirtschaftssubjekte steht heute nicht mehr die Versorgung mit Nahrungsmitteln im Vordergrund, sondern das Bedürfnis nach *Lebens-, Erholungs- und Produktionsraum*[55].

Mit dem Wandel der Bedürfnisse verliert das *Nutzpotential* stetig an Bedeutung, demgegenüber gewinnt der *Nutzwert* zunehmend an Gewicht. Entscheidend sind heute nicht mehr allein die *Eigenschaften* des Objekts, sondern vielmehr auch dessen Beziehungen zur Umgebung. Die direkte Abhängigkeit von einem ganz bestimmten Stück Land nimmt dadurch tendenziell ab. Infolge Mangel an Ersatzgütern bleiben Immobilien dennoch ein *limitationales Gut* zur Deckung von Raumbedürfnissen.

Treffen sich Raumangebot und -nachfrage, sind zwei typische Situationen zu unterscheiden: Der Raumbedarf kann entweder durch *Erwerb* oder durch *Miete* geeigneter Immobilien gedeckt werden. Neben den individuellen Vor- und Nachteilen dieser Varianten hinsichtlich der geplanten Nutzung impliziert die Möglichkeit der Miete eine *Trennung von Nutzung und Eigentum*. Für den *Besitzer* einer vermieteten Liegenschaft liegt deren Nutzen nicht im physischen Gebrauch der Räumlichkeiten, sondern im *finanziellen Ertrag* des Objekts. Dasselbe Gut wird somit zu grundsätzlich verschiedenen Zwecken begehrt.

---

54 Vgl. u.a. **Bundesamt für Wohnungswesen (Hrsg.):** Siedlungswesen in der Schweiz, Schriftenreihe Wohnungswesen, Band 41, Bern 1988, Seiten 42 bis 44. Als *wesentliche Einflussgrösse* dieser Entwicklung wird insbesondere die technische *Entwicklung der Transportmittel* erwähnt. Vgl. u.a. auch **Haasis, H.-A.:** Bodenpreise, Bodenmarkt und Stadtentwicklung, Seite 355.

55 Bei objektiver Betrachtung der globalen Zusammenhänge kommt der versorgungstechnischen Nutzung des Bodens *nach wie vor* existentielle Bedeutung zu. Als Folge der Spezialisierung erlangt das Individuum *rein subjektiv* eine gewisse Freiheit in der Nutzung des Bodens unter gleichzeitiger *Zunahme der wechselseitigen Abhängigkeit* der Wirtschaftssektoren. Interessant ist in diesem Zusammenhang auch die Flächenverteilung: Die Siedlungsfläche lag 1970 unter 5% des schweizerischen Territoriums, die intensiv landwirtschaftlich genutzte Fläche bei unter 30%. Der *flächenmässige* Anteil des Immobilienbereichs ist damit, gemessen an gebundenem Vermögen und Bevölkerungsdichte, ausserordentlich gering. Vgl. u.a. **Rohr, R.:** Tatsachen und Meinungen zur Bodenfrage, Seite 89; **Bundesamt für Wohnungswesen (Hrsg.):** Siedlungswesen in der Schweiz, Seiten 41 f.

In unserem Wirtschaftssystem kann folgedessen von einer *Doppelfunktion* des Immobilienbestands gesprochen werden. Aus der Sicht des Vefassers erscheint es daher sinnvoll, eine *gedankliche Unterteilung* des Immobilienmarkts aufgrund der unterschiedlichen Bedürfnisstruktur vorzunehmen:

- Eine erste Funktion der Immobilien liegt in der Befriedigung von *Raumbedürfnissen*. Dieser Teilmarkt wird sinngemäss mit dem Begriff *Immobilien-Raummarkt* bezeichnet.

- Steht hingegen die finanzielle Nutzung als *Anlageobjekt* im Vordergrund, sprechen wir fortan vom *Immobilien-Anlagemarkt*.

Abbildung 4 verdeutlicht diese Unterscheidung der zwei Teilmärkte. Der Kauf von Immobilien zum Eigenbedarf muss im Rahmen dieser Aufgliederung als *Spezialfall* behandelt werden. Man kann in dieser Situation von einer gleichzeitigen Beteiligung in beiden Märkten sprechen. Die Differenzierung aufgrund der beiden eingesetzten Kriterien *Nutzungsart* und *Substitutionsmöglichkeit* lässt weiten Spielraum für eine Vielzahl von marktübergreifenden Sonderfällen [56].

	Immobilienmarkt	
	Immobilien-Anlagemarkt	*Immobilien-Raummarkt*
Nutzung	• Nutzung als reines Anlage-objekt	• Nutzung des Raums als Basis für wirtschaftliche oder soziale Tätigkeiten
Substitution	• Substitution durch Wertpa-piere etc. möglich	• Keine realistische Substitutionsmöglichkeit

Abbildung 4: Die Immobilien-Teilmärkte

Besonders deutlich kann die Abgrenzung der beiden Teilmärkte in *Stadtgebieten* industrialisierter Länder beobachtet werden. Die Stadt bietet als Marktplatz mit vielen Marktteilnehmern die *Möglichkeit der Spezialisierung*. Während der Spezialist ganz bestimmte Leistungen anbietet, ist er zugleich wieder auf andere Spezialisten angewiesen. In den meisten Fällen wird die Annahme zutreffen, dass der Leistungserstellungsprozess in dieser Situation optimiert werden kann [57]. Die funktionale Auftei-

---

[56] Beispiele dazu sind: Einfamilienhäuser, firmeneigene Produktionsliegenschaften, indirekte Investition in Liegenschaften (mittels Kapitalbeteiligung an Gesellschaften) oder auch Immobilien der öffentlichen Hand.

[57] Gemeint ist damit nicht eine subjektive Optimierung (z.B. durch die Ausnützung einer Monopolstellung), sondern eine volkswirtschaftliche Optimierung.

lung findet sich auch auf dem Immobilienmarkt, indem der Immobilienspezialist den übrigen Wirtschaftssubjekten passende Räumlichkeiten zur Verfügung stellt. Sie muss als eine der freien Marktwirtschaft entsprungene Vorgabe für das heutige Immobiliengeschäft betrachtet werden.

2.2 Gesamtwirtschaftliche Stellung der Immobilien

2.2.1 Gesellschaftspolitische Aktualität

Die Aktualität der Bodenfrage ist keineswegs als vorübergehendes Politikum, ausgelöst durch eine angespannte Bodenmarktsituation zu verstehen. Ein nahezu klassisches Beispiel für die permanente Diskussion ist die seit längerer Zeit geforderte *Sperrfrist* für den Weiterverkauf von nichtlandwirtschaftlichen Grundstücken. Den *landwirtschaftlichen* Grundstücken wurde schon 1936 eine Verkaufssperre auferlegt[58]; 1963 empfahl der Bundesrat den eidgenössischen Räten die Einführung einer *dreijährigen Sperrfrist* auch auf der Wiederveräusserung von Bauland, allerdings erfolglos. Im Zusammenhang mit der *Stadt-Land-Initiative*[59] wurde die Idee einer befristeten Verkaufssperre erneut aufgegriffen[60]. Um der Spekulation mit Immobilien Einhalt zu gebieten und den unkontrollierten Anstieg der Bodenpreise zu bremsen, verabschiedete das Schweizer Parlament im Oktober 1989 dringliche bodenrechtliche Massnahmen. Einer der drei gefassten Beschlüsse begründet eine *fünfjährige Sperrfrist* für die Veräusserung nichtlandwirtschaftlicher Grundstücke[61].

Andere *Marksteine* der bodenpolitischen Diskussion in den letzten zwanzig Jahren sind beispielsweise in der verfassungsmässigen Verankerung der *Eigentumsgaran-*

---

58 Art. 218 OR; vgl. u.a. auch **Schoch, C.**: Eine Verkaufssperre gegen die Bodenspekulation?, in: NZZ Nr. 13 vom 17.1.1989, Seite 25. Die Sperrfrist für landwirtschaftliche Grundstücke lag *ursprünglich bei sechs Jahren* und wurde 1951 auf *zehn Jahre* angehoben.

59 Abstimmung vom 4.12.1988 über die "Stadt-Land-Initiative gegen die Bodenspekulation"; vergleiche dazu Abbildung 5.

60 Vgl. dazu **o.V.**: Debatte in den eidgenössischen Räten, Bekämpfung der Bodenspekulation, in: NZZ Nr. 58 vom 10.3.1989, Seite 25; **Gerber, M.**: Verfassungsinitiative für eine Sperrfrist zur Bekämpfung der Spekulation, in: Monatsschrift der Zürcher Hauseigentümer, Dezember 1988, Zürich, Seite 444.

61 Vgl. dazu **o.V.**: Die dringlichen Bodenbeschlüsse zum Bodenrecht im Wortlaut, in: NZZ Nr. 235 vom 10.10.1989, Seite 25; **o.V.**: Bodenpolitischer Boomerang?, in: FuW Nr. 78 vom 7.10.1989, Seite 13.

tie[62] sowie der Inkraftsetzung des *Raumplanungsgesetzes*[63] zu sehen. Trotz der Schaffung dieser gesetzlichen Grundlagen[64] blieb die Nutzungsregelung des Bodens permanent Thema politischer Auseinandersetzung. Allein in der Sommer-Session 1988 standen diesbezüglich in der Bundesversammlung rund 35 Initiativen, Motionen, Postulate und Interpellationen zur Debatte[65].

Von besonderem Interesse für diese Arbeit sind jene Vorstösse auf politischer und Verbandsebene, die auf Veränderungen bestehender *Nutzungs- und Eigentumsstrukturen* des Immobilienmarkts abzielen und damit zu einer veränderten Charakteristik der in Abbildung 4 unterschiedenen Teilmärkte führen könnten; als stellvertretendes Beispiel dieser politischen Stossrichtung werden in Abbildung 5 die wesentlichsten Anliegen der *Stadt-Land-Initiative gegen die Bodenspekulation* stichwortartig dargestellt.

Die Hauptanliegen der Stadt-Land-Initiative:

- *Bedarfsnachweis:* Grundstücke dürfen nur noch zum Eigengebrauch oder zum preisgünstigen Wohnungsbau erworben werden.
- *Kapitalanlagen:* Ausgeschlossen ist der Erwerb als Kapitalanlage oder zur kurzfristigen Weiterveräusserung.
- *Enteignungsentschädigung:* Entschädigungen sind auf die realisierte und nicht auf die mögliche Nutzung zu reduzieren.
- *Mehrwertabschöpfung:* Planungs- und erschliessungsbedingte Wertsteigerungen sollen abgeschöpft werden.

(Ohne Berücksichtigung der Forderungen betreffend landwirtschaftlicher Grundstücke.)

Abbildung 5: Beispiel zur politischen Aktualität des Bodens

Nachdem auch diese jüngste Volksinitiative verworfen wurde[66], steht weniger eine kategorische Stellungnahme zu den geforderten Veränderungen im Vordergrund, als

---

62   Art. 22ter BV.

63   Raumplanungsgesetz vom 22.6.1979 (Inkraftsetzung 1.1.1980).

64   Auf weitere Aspekte zum *Problemkreis des Bodenrechts* wird in Abschnitt 2.2.3 eingetreten.

65   Vgl. **Kopp, E.:** Ansprüche an ein knappes Gut, in: Immobilien 88, MFuW Nr. 84 vom 26.10.1988, Seite 8; vgl. u.a. auch **o.V.:** Debatte in den eidgenössischen Räten, Bekämpfung der Bodenspekulation, in: NZZ Nr. 58 vom 10.3.1989, Seite 25.

66   Vgl. zur Entwicklung der Bodenrechtsdiskussion etwa **Ramisberger, M.:** Raumplanung - wozu?, Sinn und Struktur von Zielbestimmung und Planungsgrundsätzen des Bundesgesetzes über die Raumplanung, Dissertation, Bern/Frankfurt am Main/New York 1986, Seiten 66 ff. Eine Behandlung verschiedener Vorschläge von Parteien, Organisationen und Gremien aus den 70er Jahren ist zu finden in **Rohr, R.:** Tatsachen und Meinungen zur Bodenfrage, Seiten 211 ff.

vielmehr eine Auseinandersetzung mit den bestehenden *Interessenlagen*. Die wieder-
holten politischen Aktivitäten sind zwar als Anzeichen einer partiellen Unzufrieden-
heit zu verstehen, dennoch zeigt die ablehnende Haltung der Bevölkerungsmehrheit,
dass mit der aktuellen Situation auf dem Immobilienmarkt *Vorteile für beide Teilmärkte* verbunden sind.

2.2.2 Interessenverknüpfung zwischen Raum- und Anlagemarkt

Für die folgenden Betrachtungen wird von der *nichtlandwirtschaftlichen Nutzung* des
Bodens ausgegangen. Diese Einschränkung erfolgt im Hinblick auf die Zielsetzung
dieser Arbeit, darf aber nicht den Anschein einer einseitigen Verzerrung realer Tatbestände erwecken [67].

Bei den in Abschnitt 2.2.1 angesprochenen Vorstössen fallen gemeinsam zwei Anliegen auf: Als *unerwünschter* Zustand wird der Besitz von Immobilien zur *Kapitalanlage* bezeichnet, *gefordert* wird eine vermehrte Wahrnehmung der Interessen des *Immobilien-Raummarkts*. Da es sich bei der Nachfrage nach Raumeinheiten zumindest
teilweise um Bedürfnisse von *existenzieller Bedeutung* handelt, bewegt sich die Ar-
gumentation teilweise in einem stark emotional geprägten Bereich [68]. Die wieder-
holte Zurückweisung solcher Vorstösse durch das Volk deutet aber darauf hin, dass
sich bei einer nüchternen Betrachtungsweise durchaus *gemeinsame Interessen* von
Befürwortern und Gegnern finden lassen. Der Gehalt dieser These kann aufgrund ei-
niger Beispiele aus der komplexen Vielfalt des Immobilienmarktes verdeutlicht werden:

Bauwirtschaft: Die Bauwirtschaft beschäftigte 1985 insgesamt rund 460'000 Men-
schen in Planung, Zulieferung, Bauhaupt- und Baunebengewerbe [69]. Die infolge von Immobilieninvestitionen in der Bauwirtschaft beschäftigten Personen
sind andererseits auch wieder Mieter von Wohnungen.

---

67 Vgl. dazu auch Fussnote 55.

68 Vgl. u.a. **o.V.**: Der Boden - ein Gut (fast) wie jedes andere, Eine Handvoll ordnungspolitischer Betrachtungen, in: NZZ Nr. 65 vom 18./19.3.1989, Seite 33.

69 **Kneschaurek, F.**: Entwicklungsperspektiven der Bauwirtschaft, insbesondere des Wohnungsbaus in der Schweiz und im Kanton Tessin, Studie der Banca della Svizzera Italiana,
Lugano 1986, Seite 7.

Mobilität: Die Gewährleistung einer freien Wahl von Arbeits- und Wohnort setzt einen flexiblen Raummarkt voraus. Mit der Trennung von Eigentum und Nutzung kann diese Flexibilität in einem hohen Masse realisiert werden [70].

Wirtschaftlicher Aufbau: Durch die *Miete* von Geschäftsräumen kann der Kapitalbedarf bei Unternehmensgründungen wesentlich reduziert werden. Die Standortwahl wird nicht durch früher getroffene Entscheidungen beeinflusst.

Privates Eigentum: Der Wunsch des Individuums nach Privateigentum an Immobilien kann sowohl mit seinen elementaren Bedürfnissen wie Schutz, Freiheit und Sicherheit wie auch mit dem Verlangen nach Selbstverwirklichung begründet werden [71]. Der Übergang von der *Eigennutzung* zur *Vermögensanlage* ist in Anbetracht der familiären und beruflichen Entwicklung gewissermassen vorprogrammiert.

Anerkennt man die Vorteile der freien Verfügbarkeit von Raumeinheiten und die damit verbundene *Optimierung des Nutzwertes*, wird deutlich, dass mit der Vereinigung von Nutzung und Eigentum nicht notwendigerweise eine verbesserte Allokation des knappen Guts *Boden* erreicht wird. Aufgrund dieser Überlegungen kann dem Besitz von Immobilien zu Anlagezwecken durchaus eine gebührende Berechtigung zugesprochen werden. Die enge Verbundenheit beider Teilmärkte verlangt aber eine vermehrte Anerkennung der wechselseitigen Bedürfnisse.

Die mit dieser Arbeit verfolgte Verbesserung der Entscheidungsgrundlagen zur Vornahme von Immobilieninvestitionen soll einer *Optimierung des Gesamtsystems*, also beiden beschriebenen Interessensphären, zugutekommen. Mit einer langfristigen Projektplanung und der damit angestrebten Reduktion des Risikos wird die Transparenz für die Investoren gesteigert. Zugleich bleibt weniger Raum für die reine Spekulation [72]: Ein Spekulationsgewinn [73] kann dem spekulativen Immobilienhändler

---

70   Rund 37% einer Stichprobe der 25- bis 50-jährigen Wohnbevölkerung zieht einen Umzug zumindest in Betracht (diese Zahlenwerte gelten für 1981); vgl. **Joye, D./Sauer, J.J./Bassand, M.**: Wer zügelt und warum?, in: Wohnen in der Schweiz, Auswertung der Eidgenössischen Volkszählung 1980, Schriftenreihe Wohnungswesen Band 34, Bundesamt für Wohnungswesen (Hrsg.), Bern 1985, Seite 255.

71   Vgl. u.a. **Rohr, R.**: Tatsachen und Meinungen zur Bodenfrage, Seite 126.

72   Als *Spekulation* bezeichnet Duden ein Geschäft, das sich nur wenig auf Tatsachen stützt und ein grosses Risiko einschliesst. Weitergehende Auffassungen schränken die Spekulation auf Geschäfte ein, die getätigt werden, ohne dass die notwendigen Mittel vorhanden wären. Diese Auffassung wird hier nicht geteilt, da sich nach ihr vor allem die Risikoverhältnisse des Spekulanten verändern, die Auswirkungen auf den Immobilienmarkt aber ähnlich sind. Für diese Arbeit wird daher auf die Definition von Duden abgestützt.

73   Unter *Spekulationsgewinn* wird der verbleibende Überschuss einer Transaktion *nach* Abzug von Aufwendungen, Verzinsung und Risikoprämie verstanden.

nämlich nur dann verbleiben, wenn sich ein Endabnehmer findet, der einen überrissenen Preis zu bezahlen bereit ist[74].

Die Tendenz auf dem Immobilienmarkt, immer häufiger an den "Meistbietenden" zu verkaufen[75], mag als Bestätigung der Hoffnung auf Spekulationsgewinne gedeutet werden. Eine sachlich fundierte Entscheidungsvorbereitung wirkt diesem Verhalten durch Offenlegung der wirklichen Verhältnisse mit grösster Wahrscheinlichkeit entgegen[76].

2.2.3 Gesetz und Administration

Das schweizerische Bodenrecht wird nicht durch ein einheitliches Gesetzeswerk in seinem vollen Umfang abgedeckt, sondern wird bestimmt durch eine *Vielzahl von Normen* aus den verschiedensten Rechtsgebieten[77]. Immobilien werden auf der einen Seite von Planungs- und Bau-, Steuer-, Umweltschutz- und Energierecht, auf der anderen Seite von Sachen-, Erb-, Ehegüter-, Miet-, Pacht- und auch bäuerlichem Bodenrecht geregelt[78]. Die eng verflochtenen gesetzlichen Rahmenbedingungen haben verschiedene direkte Auswirkungen auf den Immobilienmarkt. Zu praktisch jedem Zeitpunkt sind komplexe Rechtstatbestände zu berücksichtigen, die weiterhin in Einklang zu stehen haben mit ökonomischen Zielsetzungen und ethischen Vorstellungen. Typischerweise werden von den gesetzlichen Rahmenbedingungen vier investitionsrelevante Grössen betroffen:

---

74 Wird ein Immobilienhändler vom Verkäufer zu günstig angedient, so dass bei einer späteren Weiterveräusserung ein beträchtlicher Gewinn verbleibt, kann nicht zwangsläufig von einer spekulativen Handänderung gesprochen werden. Erkennt der Händler aufgrund seines Fachwissens ein Gewinnpotential und verkauft zu einem Preis, der eine angemessene Rendite aus dem Betrieb (bei gleichzeitig angemessenen Mietzinsen) ermöglicht, entspricht diese Handlungsweise den Grundprinzipien der freien Marktwirtschaft. Vergleiche dazu Abschnitt 1.1.2.

75 **Gratz, E.:** Die Folgen der Preisspirale - Stagnierendes Handelsvolumen, in: SHZ Nr. 12 vom 23.3.1989, Seite 73.

76 Vgl. zu einer vertieften Diskussion der Spekulationsproblematik auch **Rohr, R.:** Tatsachen und Meinungen zur Bodenfrage, Seiten 155 ff.

77 Vgl. u.a. **Rohr, R.:** Tatsachen und Meinungen zur Bodenfrage, Seite 105; **Lendi, M.:** Freiräume als Notwendigkeit, in: Immobilien 88, MFuW Nr. 84 vom 26.10.1988, Seite 14.

78 Eine umfassende Darstellung des bodenrelevanten Rechtsnormenbestands ist im Rahmen des Nationalen Forschungsprogramms *Nutzung des Bodens in der Schweiz* (interne Bezeichnung: NFP 22) entstanden. Vgl. dazu **Messmer, S.:** Bodenrelevante Erlasse der Schweiz: Ein Überblick, Schlussbericht zum Pilotprojekt "Gesetze" des NFP 22, Bern 1985, Seite 2.

Ertrag:

Eine übergeordnete Restriktion für die Erwirtschaftung eines angemessenen Ertrags bilden die *Nutzungsbeschränkungen* des Planungs- und Baurechts über Instrumente wie Zonenplanung, Ausnützungsziffern, Wohnanteilpläne und Erschliessungsregelungen. Für in Betrieb stehende Liegenschaften sind hier insbesondere auch *Mietzinsvorschriften* und *Mieterschutzbestimmungen* zu beachten.

Kosten:

Bauvorschriften, rechtliche Gutachten und Bewilligungsverfahren verursachen einen erhöhten *Planungsaufwand* und bedingen zusätzliche Spezialisten in der Projektbearbeitung. Weitere Kostenfaktoren sind die verschiedenen Arten von *Steuerabgaben*[79].

Zeitliche Verzögerung:

Erhöhter Planungsaufwand und gesetzliche Bewilligungsverfahren verzögern die Projektvollendung und führen im Endeffekt ebenfalls zu erhöhten Kosten oder Ertragsausfällen.

Eigentumsbelange:

Das Eigentum an Immobilien wird durch Miet- und Pachtrecht sowie auch durch die Wahrnehmung öffentlicher Interessen relativiert. In diesen Bereich sind beispielsweise auch Einschränkungen des Grundstückerwerbs durch Ausländer einzuordnen[80].

Die zunehmende Regelungsdichte kann den Entscheidungsprozess bei Immobilieninvestitionen stark erschweren. Die Bemühungen um partielle Deregulation vermögen anzudeuten, dass die heutigen Gesetzesgrundlagen keinen "Idealzustand" verkörpern

---

79   Vgl. u.a. **Rohr, R.:** Tatsachen und Meinungen zur Bodenfrage, Seiten 115 ff; **Rohr, R.:** Die Steuern des Immobilienbesitzers, in: Immobilienmarkt Dezember 1989 / Januar 1990, Seiten 30 f; vgl. dazu auch weiterführend **Zwahlen, B.:** Die einkommenssteuerrechtliche Behandlung von Liegenschaftenkosten, Dissertation, Basel 1986.

80   o.V.: Ausländischer Grundstückerwerb stabilisiert sich auf tieferem Niveau, in: NZZ Nr. 178 vom 3.8.1988, Seite 15. Beim Grundstückerwerb durch Ausländer kann seit 1985 ein Rückgang festgestellt werden.

und dass viele Ansatzpunkte für eine Harmonisierung zwischen den involvierten Rechtsgebieten existieren [81].

2.3 Entwicklung des Anlagemarkts

2.3.1 Kapitalmarkt allgemein

Mit Rücksicht auf die vielfältigen Formen der Kapitalanlage werden einzelne Perspektiven des Kapitalmarkts einer Standortbestimmung des Immobilienanlagemarkts vorangestellt. Die Erwähnung ausgewählter Zahlenwerte verfolgt dabei keinen prognostischen Zweck, sondern ist als Schnittstelle zu praktischen Beispielen zu verstehen.

Im Zuge eines anhaltend festen Konjunkturverlaufs befinden wir uns seit Anfang 1989 in einer Phase weltweiten Zinsauftriebs. Die Börsen haben sich vom Rückschlag durch den "Crash" von 1987 gut erholt; trotz verschiedener Kursschwankungen auf den Wertpapiermärkten wird auch für 1990 mit einer positiven Entwicklung gerechnet [82].

Für den potentiellen Anleger stellt sich die Grundfrage, *"ob Finanzaktiven oder Realwerte übergewichtet werden sollten. Der Entscheid setzt voraus, dass das weitere Umfeld des Anlageprozesses analysiert wird. Dieses Umfeld scheint auch für die 90er Jahre für Finanzwerte zu sprechen.*[83] Risikomässig können aus dem breiten Spektrum an Anlagemöglichkeiten jedoch nur bestimmte Werte als vergleichbare Alternative zur Direktinvestition in Immobilien bezeichnet werden, so zum Beispiel festverzinsliche Werte und Fondsanteile.

Die Nettorendite sicherer *Obligationenpapiere* liegt heute eher über derjenigen von Altliegenschaften. Nicht nur risiko-, sondern auch renditemässig stellen die festverzinslichen Wertpapiere damit eine Alternative zu Immobilieninvestitionen dar. Als Wahlmöglichkeit zur direkten Anlage in Immobilien müssen weiterhin auch *Immobilienfondsanteile* in Betracht gezogen werden. Kritische Meinungsäusserungen be-

---

81 Vgl. dazu **Lendi, M.**: Zukunftsperspektiven des Raumplanungs- und Baurechts, Vor der Revision des Bundesgesetzes über die Raumplanung, in: NZZ Nr. 21 vom 26.1.1990, Seiten 65 f; **Lendi, M.**: Lebensraum Technik Recht, Schriftenreihe zur Orts-, Regional- und Landesplanung Band 38, Zürich 1988, Seite 334.

82 Vgl. u.a. **Schweizerische Bankgesellschaft (Hrsg.)**: SBG Wirtschafts-Notizen, März 1990, Seite 16.

83 **Brunner, E.**: Anlagestrategien für die 90er Jahre: Flexibles Handeln, in: Kapitalanlagen 89/90, MFuW Nr. 97 vom 13.12.1989, Seite 13.

mängeln zwar die zurückhaltenden Bewertungsmethoden einzelner Fondsleitungen [84]. Im Sinne einer langfristig orientierten Denkweise und unter gleichzeitiger Berücksichtigung der angespannten Situation auf dem Immobilienmarkt kann diese Verhaltensweise umgekehrt auch positiv interpretiert werden. Wird damit die Realisation kalkulatorischer Gewinne effektiv verhindert [85], resultiert daraus eine spekulationsdämpfende [86] Wirkung für den Immobilienmarkt. Neben diesem katalysierenden Nutzen sprechen auch anlagepolitische Argumente für die Anlage in Fondsanteilen: Ergänzend zur Sicherheit von Immobilienanlagen geniesst der Fonds-Anleger die Vorteile einer breiten Risikostreuung und profitiert gleichzeitig von der erhöhten Handelbarkeit durch kapitalmarktkonforme Anteile. Die erzielbaren Renditen [87] liegen vermutlich eher höher als die Renditen von Neuinvestitionen in Immobilien [88]. Verglichen mit der Performance der vergangenen Jahre zeichnete sich aber 1989 eine rückläufige Kursentwicklung ab [89].

Als Folge des "kollektiven Sparens" in Form der zweiten Säule wird häufig von einem Anlagenotstand der institutionellen Anleger wie Pensionskassen und Versicherungsgesellschaften gesprochen, der sich in Form einer verstärkten Nachfrage ver-

---

84   **Baumgartner H./Zeller, R.:** Immobilienfonds geraten ins Visier der Strafverfolgung, in: FuW Nr. 85, Zürich 1988, Seite 21. Der Artikel befasst sich mit der Verkehrswertschätzung der Fondsvermögen. Mit zu tiefen Schätzungen soll verhindert werden, dass Anleger ihre Anteile realisieren. Dieser Umstand wirkt sich vor allem bei der (zu günstigen) Ausgabe von neuen Anteilen störend aus.

85   Dabei ist insbesondere dem Umstand Rechnung zu tragen, dass die Fondsleitung verpflichtet ist, Anteile jederzeit zu Lasten des Fondsvermögens zurückzunehmen. Bei fehlenden Mitteln könnte sich dadurch indirekt die Veräusserung von Liegenschaften zur Realisierung der kalkulatorischen Gewinne aufdrängen.

86   Von einer *spekulationsdämpfenden* Wirkung der verhaltenen Bewertungspraxis kann nur gesprochen werden, solange diese mit sicherer Konstanz eine Glättung von Marktexzessen verfolgt, ohne jedoch zu einer Unterbewertungspraxis zu gelangen. Nach Ansicht des Verfassers entspricht dies der publizierten Zielsetzung von Immobilienfonds wie z.B. SIMA oder SWISSREAL und stellt langfristig den Betrieb und Unterhalt der entsprechenden Liegenschaften sicher.

87   Als mittlere jährliche Rendite der letzten fünf Jahre werden für den SIMA-Fonds 9.0%, für die SWISSREAL-Fonds sogar 9.5% angegeben. **Schweizerische Bankgesellschaft (Hrsg.):** Schweizer Aktienführer 1988/89, Zürich 1989, Seiten 308/312.

88   Die zu einem Direktvergleich von Renditesätzen notwendigen Daten von Immobilien sind nicht in derselben Weise verfügbar; selbst bei vorliegenden Betriebsabrechnungen von Liegenschaften könnte eine vergleichbare Renditegrösse erst im Anschluss an einen Verkauf genannt werden.

89   Vgl. u.a. **Hasler, N.:** Anlagefonds: Aktienfonds schlugen Immobilienfonds, in: Kapitalanlagen 89/90, MFuW Nr. 97 vom 13.12.1989, Seite 103; **Schweizerische Bankgesellschaft (Hrsg.):** Schweizer Aktienführer 1989/90, Seiten 334 bis 340.

knappend auf das Immobilienangebot auswirken soll. Verschiedene Stimmen äussern sich gegenüber dieser allgemeinen Feststellung jedoch relativierend; stellvertretend dafür kann folgendes Zitat angeführt werden: *"Der Grundbesitz der institutionellen Anleger und deren aktueller Einfluss auf den Liegenschaftenmarkt wird in der Regel überschätzt"* [90]. Für die kritische Würdigung der Situation sollte jedenfalls berücksichtigt werden, dass die Mittel dieses Anlagevolumens neben der Direktinvestition in Liegenschaften auch anderen Anlageformen zugeführt werden und nicht zuletzt der Deckung des Erneuerungsbedarfs dienen. Mit der Gewährung von Hypotheken kann sogar ein Beitrag zur Verbreiterung der Eigentumsstreuung verbunden sein [91].

Bei der Gegenüberstellung von Alternativen dürfen die *Interdependenzen* auf dem Kapitalmarkt nicht ausser acht gelassen werden. So beeinflusst etwa eine Veränderung der Zinssätze in der Regel auch die Rendite von Immobilien, sei es über die Kosten der Fremdfinanzierung oder als Folge angepasster Mietzinsen.

Neben der Beurteilung von Rendite und Werterhaltung sind auch Immobilienanlagen in den Rahmen einer bestimmten *Anlagepolitik* einzuordnen und auf ihre Zielkonformität hin zu überprüfen. Der folgende Abschnitt befasst sich darum speziell mit den besonderen Gesichtspunkten einer Anlage in *Immobilien*.

2.3.2 Immobilien-Anlagemarkt

Aus dem Gesichtswinkel des Anlegers lassen sich auf dem Immobilienmarkt zwei Haupttendenzen unterscheiden. Augenfällig ist einerseits der starke *Anstieg der Grundstückspreise*, verursacht durch eine Nachfrage, die das vorhandene Angebot bei weitem übersteigt [92]. Als zweites bezeichnendes Merkmal für die aktuelle Verfassung des Immobilien-Anlagemarkts fallen die *mässigen Renditen* aus Liegenschaften auf. Bei Neuinvestitionen kann diese zweite Tendenz als direkte Folge des Preisanstiegs erachtet werden.

Die Situation des deutlichen Nachfrageüberhangs kann *angebotsseitig* mit der Inelastizität des Bodenangebots begründet werden. Die jährlich durchgeführte Liegenschaftenmarktumfrage des Schweizerischen Hauseigentümerverbands zeigt trotz ungebrochener Nachfrage eine *rückläufige* Handelstendenz bei gleichzeitig steigenden

---

90 **Rohr, R.:** Tatsachen und Meinungen zur Bodenfrage, Seite 66.

91 Vgl. dazu etwa **Siegrist, F.:** Die Sündenböcke?, in: Immobilien 88, MFuW Nr. 84 vom 26.10.1988, Seite 22; **Rohr, R.:** Unnötige Barrieren, in: Immobilien 88, MFuW Nr. 84 vom 26.10.1988, Seite 24; **Rohr, R.:** Tatsachen und Meinungen zur Bodenfrage, Seiten 59 ff.

92 Vgl. u.a. **Maurer, J.:** Nur immer neue Flächen für neue Bedürfnisse?, Quantitative Aspekte der schweizerischen Siedlungspolitik, in: NZZ Nr. 22 vom 27.1.1989, Seite 65.

Preisen[93]. So haben sich beispielsweise in der Westschweiz die Bodenpreise in der Periode 1983 bis 1988 mindestens verdoppelt, teilweise gar vervierfacht[94]. Die aus Abschnitt 2.1.3 hervorgehende theoretische Charakterisierung des Immobilienmarkts deckt sich damit grundsätzlich mit den Marktmechanismen der Realität; bei mangelnder Verfügbarkeit steigen die Preise von Immobilien[95].

Die *nachfrageseitige* Interpretation des anhaltenden Nachfrageüberhangs muss unter Einbezug des erzielbaren Anlageerfolgs diskutiert werden. Für die Beurteilung von Immobilieninvestments werden daher an erster Stelle einige Überlegungen zur Rendite angestellt. Als fachspezifisch übliche Masszahl ist dabei einerseits die *Bruttorendite*[96] zu berücksichtigen, für den Vergleich mit anderen Anlagewerten wird weiter auch der Begriff der *Nettorendite*[97] verwendet.

Aufgrund von Erfahrungswerten aus der Vergangenheit wird die erzielbare *Bruttorendite* am Zinsniveau des Kapitalmarkts gemessen. Als Basis dient der Zinssatz für

---

93   Die neuesten Zahlen der Immobilienmarktumfrage 89/90 deuten für die künftige Entwicklung auf eine *Stagnation* hin. Vgl. o.V.: Ende der Preisspirale, in: Der Schweizerische Hauseigentümer Nr. 4 vom 15.2.1990, Seite 1.

94   **Camenzind, M.:** Am Lac Léman ist alles different, SHZ-Serie Regionale Immobilienmärkte VIII, in: SHZ Nr. 9 vom 2.3.1989, Seite 11. Die Preisangaben über gehandelte Quadratmeter sind jedenfalls vorsichtig zu interpretieren, machen sie doch keinerlei Aussage über Lage und Fläche des jeweiligen Kaufobjekts.

95   Während die Erfassung der Preisentwicklung kein Problem darstellt, ist eine Aussage über den Umfang der erfolgten *Substitution* erheblich schwieriger. Die Tatsache der unverhältnismässigen Preisentwicklung lässt jedoch vermuten, dass für die Deckung des Raumbedarfs praktisch keine Alternativen zur Verfügung stehen.

96   Die *Bruttorendite* beschreibt das prozentuale Verhältnis des *Bruttoertrags* am *Anlage- oder Schatzungswert*:

$$\frac{Bruttoertrag}{Anlage- \ oder \ Schatzungswert} \times 100 = Bruttorendite \ in \ \% \qquad \text{I}$$

Bei der Beurteilung von Neuinvestitionen oder Handänderungen wird der Anlage-, bei anderen Objekten der Schatzungswert zur Basis. Vgl. dazu stellvertretend **Nägeli, W./Hungerbühler, J.:** Handbuch des Liegenschaftenschätzers, Zürich 1988, Seiten 108 und 346.

97   Als *Nettorendite* wird das Verhältnis des um die Unterhalts-, Betriebs- und Abschreibungsaufwendungen korrigierten Bruttoertrags zum Anlage- oder Schatzungswert bezeichnet:

$$\frac{Nettoertrag}{Anlage- \ oder \ Schatzungswert} \times 100 = Nettorendite \ in \ \% \qquad \text{II}$$

Diese Berechnungsweise steht in teilweisem Widerspruch zur Immobilienfachliteratur, ermöglicht aber einen Vergleich mit anderen Anlagewerten. Auf die Problematik der Rendite-Definition wird in Abschnitt 7.1.4 noch vertieft eingegangen.

1. Hypotheken. Unter angemessener Berücksichtigung von Unterhalts- und Betriebsaufwendungen, Abschreibungsbedarf sowie Kapitalverzinsung wird ein objektbedingter Aufschlag in der Grössenordnung von 1% bis 3% veranschlagt [98].

Die entsprechenden Bruttorenditen können heute kaum mehr erreicht werden. Mit Werten von unter 5,5% galt der Markt für ältere Mehrfamilienhäuser schon 1988 als *ausgetrocknet und überzahlt* [99]; die Erträge konnten der Preiseskalation des Bodens nicht mehr folgen und versprechen allenfalls noch unterdurchschnittliche Bruttorenditen. Die nach Abzug der verschiedenen Aufwendungen erzielbaren *Nettorenditen* einer Liegenschaft fallen zahlenmässig entsprechend tiefer aus; nach Begleichung der Fremdmittelzinsen verbleibt zur Verzinsung der investierten Eigenmittel oft nur noch ein unbedeutender Restbetrag.

Das ungebrochene Interesse von Anlegern am Immobilienerwerb widerspricht der Feststellung, dass eine renditemässig befriedigende Direktanlage im schweizerischen Immobilienmarkt heute praktisch unmöglich geworden ist. Selbst unter Berücksichtigung des allgemein als gering erachteten Anlagerisikos ist ein weitgehender Renditeverzicht ökonomisch nicht plausibel, zumindest solange rentable Anlagealternativen verfügbar sind.

Die Begründung der anhaltenden Nachfrage ist in der Tatsache zu sehen, dass beim Erwerb von Immobilien heute nicht mehr die Beurteilung der direkten Rendite, sondern eine Einschätzung des *"Total-Return"* im Vordergrund steht [100]; damit wird neben der Erfassung des laufenden Ertrags auch einer erhöhten Erwartung in künftige Sachwertsteigerungen Ausdruck gegeben. *"Zu den Erträgen gehören nicht nur die jährlichen Erträge, sondern auch der Erlös für die Anlage am Ende der Nutzungsdauer. Der Restwert hat bei Grundstücken eine grosse Bedeutung."* [101] Die Berücksichtigung der langfristigen Wertentwicklung in der Anlagebeurteilung verspricht per Saldo eine Kompensation der anfänglich ungenügenden Renditen.

---

98 Vgl. u.a. **Nägeli, W./Hungerbühler, J.:** Handbuch des Liegenschaftenschätzers, Seiten 109 bis 113; **Roth, A.:** Die Liegenschaftsschätzung, Der Schweizerische Hauseigentümer Nr. 1 vom 1.1.1988, Seite 5.

99 **Gratz, E.:** Bäume wachsen nicht in den Himmel, in: Immobilien 88, MFuW Nr. 84 vom 26.10.1988, Seite 32.

100 Vgl. u.a. **Bohnenblust, P.:** Eine neu Etappe?, in: Immobilien 86, MFuW Nr. 71 vom 10.9.1986, Seiten 6 f.

101 **Hägi, A.:** Die Bewertung von Liegenschaften, Zürich 1971, Seite 133.

Die langfristige Beobachtung der vergangenen Entwicklung gibt dem Einbezug der Sachwertsteigerung in die Renditeberechnung recht [102]. Die exorbitante Wertentwicklung in den 80er Jahren war geradezu beeindruckend. Verbindliche Angaben über den *Total-Return* eines Immobilieninvestments fehlen hingegen weitgehend. Das erforderliche Datenmaterial für eine *analytische Aufgliederung* der Zahlungsströme in kapitalvermehrende und betriebsbedingte Ertragskomponenten ist i.d.R. nicht verfügbar [103].

Die Annahme liegt nahe, dass der *Total-Return* von Immobilien auch in Zukunft eine angemessenen Rendite gewährleisten wird [104]. Diese Hypothese gründet aber auf den Erfahrungen der Vergangenheit. Es ist deshalb durchaus denkbar, dass es sich dabei um einen Verzögerungseffekt handelt, der den Nachfragedruck künstlich verstärkt. Sieht man von kurzfristig angelegten Handänderungen ab und richtet den Blick auf eine langfristig ausgelegte Betriebsstrategie, sind insbesondere drei Umstände zu berücksichtigen:

*   Der Ertragsbestandteil aus der Sachwertsteigerung kann ausschliesslich beim Vollzug einer Handänderung realisiert werden. Gleichzeitig fallen auch Transaktionskosten in Form von Verkaufsprovisionen und Steuern an.

*   Die langfristige Ertragssicherung eines Objekts kann nicht allein durch den Glauben an die Sachwertsteigerung aufrecht erhalten werden. Ein künftiger Mittelzufluss ändert nichts an der Tatsache, dass die heutigen Renditen unter Umständen die *Kostendeckung nicht mehr gewährleisten*. Ob dies im Einzelfall zutrifft, kann in Ermangelung transparenter Informationen nicht verifiziert werden.

*   Das Eintreten einer Sachwertsteigerung kann keinesfalls als sicher erachtet werden.

Ergänzend zu diesen allgemeinen Aspekten der Immobilienanlagesituation stellt sich die Frage nach konkreten Entwicklungstendenzen des Nachfragepotentials. Im folgenden werden zwei derartige Trends angesprochen.

Die Realisierung der zweiten Säule hat sicher zur allgemeinen Preissteigerung des Bodens beigetragen. Die *institutionellen Anleger* bedienten sich zur Risikoverteilung

---

102   **Müller, H.H./Capitelli, R./Granziol, M.J.:** Optimale Portefeuilles für institutionelle Anleger, in: ZOR - Zeitschrift für Operations Research, Band 28, Würzburg 1984, Seiten B 163 bis B 176.

103   Ein Hinweis über die Grössenordnung des *Total-Return* kann den Kursen von Fondszertifikaten entnommen werden. Die Wertentwicklung der Immobilienfondsanteile verlief aber in der jüngeren Vergangenheit nicht parallel zum Immobilienmarkt. Vgl. dazu Fussnote 84.

104   **Isler, A.:** Immobilien - Wie eh und je?, in: Immobilien 87, MFuW Nr. 70 vom 9.9.1987, Seite 7.

und aufgrund restriktiver Anlagevorschriften vermehrt der Immobilienanlage. Der Eigentumsanteil der Institutionellen wird aber allgemein eher zu hoch eingeschätzt [105]: Ihr Besitz an Wohnungseigentum lag 1980 bei ca. 29% [106] des Gesamtwohnungsbestandes, während über 65% von Privatpersonen gehalten wurden [107]. Obgleich sich die Eigentumsanteile in der Periode zwischen 1950 und 1980 kontinuierlich zuungunsten der Einzelpersonen [108] entwickelten, zeichnet sich für die nächsten Jahre, bedingt durch die zunehmende Sättigung in der Wohnbautätigkeit, ein Trendwechsel ab [109].

Die Investitionstätigkeit verlagert sich gleichzeitig in Richtung der baulichen Erneuerung bestehender Objekte. Ein enormes Sanierungspotential bilden dabei nicht nur die "alten" Gebäude; über die Hälfte aller Bauten stammt aus der Zeit nach 1950 und steht damit im Endbereich der ersten Lebensphase [110]. Weitere Gründe für ein reduziertes Direktengagement institutioneller Anleger auf dem Immobilienmarkt sind auch in den ungenügenden Renditen bei Neubauten, der Möglichkeit von Auslands-

---

105 Vgl. dazu auch Abschnitt 2.3.1.

106 **Bundesamt für Statistik (Hrsg.):** Statistisches Jahrbuch der Schweiz 1989, Tabelle T 9.12, Seite 185. In dieser Zahl sind Bau- und Immobiliengesellschaften, Bau- und Immobiliengenossenschaften, andere Personen- oder Kapitalgesellschaften, Personalfürsorgestiftungen sowie andere Stiftungen erfasst.

107 Grenzt man anstelle von Wohnungen nach *Wohngebäuden* ab, entfallen rund 86% aller Gebäude auf Privatpersonen, weniger als 10% befinden sich im Besitz von Personen- und Kapitalgesellschaften; vgl. dazu **Hübschle, J./Gurtner, P.:** Gesamtübersicht über Gebäude, Wohnungen und Haushalte, in: Wohnen in der Schweiz, Auswertung der Eidgenössischen Volkszählung 1980, Schriftenreihe Wohnungswesen, Band 34, Bundesamt für Wohnungswesen (Hrsg.), Bern 1985, Seite 17.

108 Der Eigentumsanteil von Einzelpersonen (inkl. mehreren Einzelpersonen und Stockwerkeigentümern) bewegte sich von 79% (1950) über 73.4% (1960), 67% (1970) auf 65.5% (1980); **Hübschle, J./Gurtner, P.:** Gesamtübersicht über Gebäude, Wohnungen und Haushalte, Seiten 38/39.

109 Vgl. dazu o.V.: Die Wohnbautätigkeit im Jahr 1989, Nur bescheidene Zunahme im Kanton, Statistisches Amt der Stadt, Zürich in: NZZ Nr. 55 vom 7.3.90, Seite 59; **Ammann, R.:** Der Wohnungsbau in der Schweiz: Wie lange noch so stabil?, in: SHZ Nr. 4 vom 26.1.1989, Seite 65; o.V.: Zürcher Wohnungsbau 1989, Weniger Wohnungen - mehr Einfamilienhäuser, in: Monatszeitschrift der Zürcher Hauseigentümer März 1990, Seite 93.

110 Bei Lebensversicherungsgesellschaften wird bereits seit 1983 eine entsprechende Trendänderung zugunsten *wertvermehrender Investitionen* festgestellt. Vgl. dazu **Siegrist, F.:** Die Sündenböcke?, Seite 22; vgl. weiter auch **Van de Velde, L.:** Renovieren und sanieren, Ewig währt am längsten, in: FuW Nr. 78 vom 5.10.1988, Seite 39; **Maurer, J.:** Nur immer neue Flächen für neue Bedürfnisse?, Seite 65.

investitionen [111] sowie im dringlichen Bundesbeschlusses über die *Anlagevorschriften für Pensionskassen* zu sehen [112]. Die vermehrte Gewährung von Hypothekardarlehen aus dem Vorsorgekapital der Versicherungen führt tendenziell zu einer weiteren Verlagerung der Nachfragemacht zugunsten von Privatpersonen [113].

Im privaten Sektor besteht nach wie vor eine starke Nachfrage nach Wohneigentum. Aufgrund einer Befragung sollen sich 1988 rund 47% der Schweizer für den Erwerb von Immobilien zu Wohnzwecken interessiert haben [114]. Ohne dieser Zahl übermässiges Gewicht beizumessen, kann man davon ausgehen, dass noch ein wesentliches Nachfragepotential brachliegt, das bei geeigneter Entwicklung der Rahmenbedingungen geweckt werden könnte. Einen dominanten Anreizfaktor für potentielle Bauherren bilden dabei die Möglichkeiten der Finanzierung. Auf privatwirtschaftlicher Seite stehen heute verschiedene Finanzierungsmodelle bereit, nicht zuletzt als Folge der Konkurrenz unter den Hypothekargläubigern [115]. Eine allfällige Gewährung von besonders günstigen Hypotheken durch Pensionskassen dürfte sich belebend auf die Immobiliennachfrage auswirken [116].

Der öffentlichen Hand stehen weitere Instrumente zur Verfügung, die schlummernden Nachfragepotentiale zu wecken. Mittels verstärkten Impulsen im Bereich der *Wohneigentumsförderung* könnte die finanzielle Belastung bei der Erstellung von Ei-

---

111 **Siegrist, F.**: Die Sündenböcke?, in: Immobilien 88, MFuW Nr. 84 vom 26.10.1988, Seite 22.

112 Vgl. **o.V.**: Die dringlichen Bundesbeschlüsse zum Bodenrecht im Wortlaut, in: NZZ Fernausgabe Nr. 235 vom 11.10.1989, Seite 31.

113 Vgl. u.a. **Arthur Andersen AG (Hrsg.)**: Finanzplatz Schweiz: Perspektiven - Herausforderung - Chancen, Zürich 1986, Seite 50.

114 Vgl. dazu **Grimm, E.**: Ein mühsamer Weg, in: Immobilien 88, MFuW Nr. 84 vom 26.10.1988, Seite 18. Das statistische Zahlenmaterial zum Themenkreis des Immobilieneigentums erfordert eine sehr kritische Interpretation. Die entsprechenden Zahlenwerte sind für diese Arbeit nur von bedingter Relevanz. Es wird deshalb nur auf die grossen Zusammenhänge hingewiesen: Die Schweiz wies 1980 eine Eigentümerquote von 30% auf (Eigentümer, die in den eigenen vier Wänden wohnen). In diesen Wohnungen wohnten jedoch 35% der Bevölkerung (ohne Ausländer sogar 39%). Beschränkt man die Betrachtung auf die Familienhaushalte gelangt man gar zu einem Eigentümeranteil von 44%. Vgl. dazu **Rohr, R.**: Tatsachen und Meinungen zur Bodenfrage, Seiten 32 bis 35.

115 Beispiele dazu sind beispielsweise die *Zinsstufen- oder Festhypotheken*; vgl. u.a. **Halbherr, P./Meier, P.**: Gründe für den Strukturwandel auf dem Hypothekarmarkt, in: NZZ Nr. 40 vom 17./18.2.1990, Seite 33.

116 Vgl. **Büchenbacher, Ch.**: Bald günstige Hypotheken von Pensionskassen, Zürichsee-Zeitung Nr. 21 vom 26.1.1990, Seite 11.

genheimen trotz hoher Bodenpreise ermöglicht werden[117]. Eine weitere aktive Entlastung der Interessenten ist auch auf dem Gebiet der fiskalischen Erfassung des Wohneigentums denkbar[118].

Die bisherigen Betrachtungen haben sich auf nachfrageseitige Bestimmungsfaktoren des Immobilienanlagemarkts beschränkt. Veränderungen des Angebots sind jedoch innerhalb bestimmter Grenzen ebenfalls denkbar. Mit der Anpassungen von Bau- und Planungsrecht könnten gleichzeitig mit einer Entspannung der Bodenmarktsituation auch siedlungspolitische Zielvorstellungen realisiert werden[119].

2.4   Entwicklung des Raummarkts

Ein wesentlicher Anteil des Immobilien-Raummarkts wird durch den Wohnungsmarkt bestimmt. Die Nachfrage nach Wohnraum nimmt damit direkten Einfluss auf die Investitionstätigkeit und somit auch auf die Beschäftigungslage der Bauwirtschaft. Quantitative und qualitative Veränderungen in der Nachfrage sind daher von vordringlichem Interesse im Prozess der langfristigen Planung.

Der Wohnforschung des Bundes können fundierte Hinweise zur Entwicklung der Wohnraumnachfrage entnommen werden[120]. Aus der Vielfalt der verfügbaren Information soll an dieser Stelle in geraffter Form auf einige der quantitativen, qualitativen und ökonomischen Bestimmungsgründe der Wohnungsbedürfnisse eingetreten werden.

Aufgrund der *demographischen Entwicklung* werden für die nächste Zukunft keine wesentlichen Impulse auf die Wohnungsnachfrage mehr erwartet. Im Zusammenhang mit der zunehmenden Überalterung und der rückläufigen Entwicklung der 20- bis 29-jährigen Wohnbevölkerungsschicht ist mit einer sinkenden Anzahl an Neugründungen von Haushalten zu rechnen. Dies wird sich vor allem im Bereich der

---

117   Vgl. dazu auch **Rohr, R.:** Wohneigentumsförderung: 17 Jahr, doch nichts geschah, in: SHZ Nr. 12 vom 23.3.1989, Seite 77; **Bundesamt für Wohnungswesen (Hrsg.):** Siedlungswesen in der Schweiz, Seite 133.

118   Vgl. **Guggenheim, Th.:** Staatliche Anreize zur Förderung des Wohneigentums, in: Immobilien Markt Dezember 1989 / Januar 1990, Seite 29.

119   Vgl. dazu **Bösch, P./Diggelmann, H.:** Planen und Bauen im überbauten Gebiet, Nutzung von Baulücken, Nutzung von bestehenden Bauten, in: NZZ Nr. 59 vom 12.3.1990, Seite 33; **Maurer, J.:** Nur immer neue Flächen für neue Bedürfnisse?, Seiten 65 f.

120   Vgl. für weiterführende Information **Bundesamt für Wohnungswesen (Hrsg.):** Wohnen in der Schweiz; **Bundesamt für Wohnungswesen (Hrsg.):** Die regionalisierten Perspektiven des Wohnungsbedarfs 1995, Schriftenreihe Wohnungswesen, Band 36, Bern 1987; **Hornung, D.:** Prognose der Wohnungsnachfrage für das Jahr 1990, Grüsch 1985.

Neuwohnungen auswirken[121]. Durch die zunehmende Überalterung werden gleichzeitig mehr alte Wohnungen für eine Neubelegung frei.

Als Gegenpol der demographischen Stagnation wirkte sich in den letzten Jahren die Reduktion der *durchschnittlichen Haushaltgrösse* aus: Von 2,9 Personen im Jahre 1970 sank die durchschnittliche Haushaltbelegung auf 2,5 Personen im Jahre 1980 und liegt heute bei einer Belegungsdichte von ca. 2,3 Personen[122]. Damit eng verbunden ist auch die erhöhte *Nachfrage nach Zweitwohnungen* in Zeiten wirtschaftlichen Aufschwungs. Die rechnerische Belegungsdichte wird damit zusätzlich verringert. Insgesamt ist damit ein Stand erreicht, der keine grossen Nachfrageimpulse durch eine weitergehende Haushaltaufteilung erwarten lässt. Belebend wirkt sich hingegen die Zunahme qualitativer und quantitativer Wohnraumansprüche des Einzelnen aus. Umgekehrt besteht im Falle einer Rezession ein entsprechend grosses Potential für eine Zusammenlegung von Haushalten und die Reduktion der Wohnraumansprüche.

Während die Bedürfnisse des Wohnungsmarkts Thema intensiver Nachforschungen sind, stehen bezüglich der Entwicklung der privat- und öffentlichwirtschaftlichen, betrieblichen Raumbedürfnisse wesentlich weniger Informationsgrundlagen zur Verfügung. Sicher ist im gewerblich/industriellen Sektor vermehrt mit Rationalisierungsinvestitionen zu rechnen. Weitere Nachfrageimpulse sind aus den Bereichen Dienstleistung, Verkehr und Umweltschutz zu erwarten.

2.5   Zusammenfassung

Der Börsencrash vom Oktober 1987 führte nicht zu einer allgemeinen Verlagerung vom Aktien- und Wertpapiermarkt zu Liegenschaften. Die Überprüfung von Anlageportefeuilles dürfte dennoch eine vermehrte Beachtung des Immobilienmarkts verursacht haben.

In einer Zeit wachsender Raumbedürfnisse zeichnet sich der Immobilienbereich als Folge der relativen Knappheit durch ein erhebliches Wertsteigerungspotential aus. Der Rentabilitätsvergleich von Liegenschaften mit anderen Anlagewerten wird durch den Mangel an transparenten Beurteilungsgrössen erheblich erschwert. Der *Total-Return* von Liegenschaften wird im allgemeinen zumindest als *genügend* erachtet.

---

121   **Kneschaurek, F.:** Entwicklungsperspektiven der Bauwirtschaft, Seite 14.

122   **Götte, H./ Gratz, E.:** Aktienkurse fallen - Leerwohnungsbestand steigt, in: Der Schweizerische Hauseigentümer Nr.1 vom 1.1.1988, Seite 1.

Übersteigen aber die Zinssätze für Hypotheken den Bruttorenditesatz, wird die alleinige Beurteilung des *Total-Return* aus liquiditätstechnischer Sicht problematisch.

Die Zeiten des Mengenwachstums mit kaum zu deckender Nachfrage nach zusätzlichem Raum gehören der Vergangenheit an. Während in dicht besiedelten Regionen teilweise noch ein Wohnungsmangel besteht [123], tritt in anderen Gebieten anstelle von weiterhin intensiver Neuwohnungserstellung vermehrt ein qualitativer Erneuerungsbedarf bestehender Bauten [124]. Die relative Knappheit des Bodens, insbesondere an begehrten Lagen, ist eine Gegebenheit. Die weitere Entwicklung des Immobilienmarkts hängt damit zu einem grossen Teil von der zukünftigen Entwicklung des Raumbedarfs ab, wobei eine Verschärfung oder Lockerung der Bodenrechtsbestimmungen die Entwicklungstendenzen in verschiedene Richtungen beeinflussen kann.

Gesamthaft gesehen kann nach wie vor von einer *regen Nachfrage* in beiden Teilmärkten gesprochen werden. Der Immobilien-Anlagemarkt *folgt* dabei naturgemäss dem Immobilien-Raummarkt. An dieser Vorgabe müssen sich sämtliche Investitionsvorhaben im Immobilienbereich orientieren.

Die vielseitigen Einflussgrössen stellen hohe Anforderungen an die Flexibilität eines Beurteilungsinstruments. Dabei verlangt insbesondere die Frage nach der gezielten Beurteilung des *Total-Return* nach einer zweckmässigen Lösung, die den Aussagegehalt üblicher Kennzahlen übertrifft.

---

123   Vgl. dazu **Ammann, R.:** Wohnungsbau in der Schweiz: Wie lange noch stabil?, Seite 65.

124   Damit sind nicht die laufend notwendigen Unterhaltsarbeiten, sondern werterhaltende oder sogar wertvermehrende Aufwendungen angesprochen.

3. Betriebswirtschaftliche Grundbegriffe

Die Ausführungen des bevorstehenden Kapitels bezwecken eine systematische Abgrenzung der betriebswirtschaftlich relevanten Begriffe, unter gleichzeitiger Berücksichtigung der in den Kapiteln 1 und 2 hergeleiteten Erkenntnisse. Als Ausgangspunkt dient die erste theoretische Einordnung der Hauptbegriffe in Abschnitt 1.1.2. Darauf aufbauend soll die begriffliche Auffassung der vom Erkenntnisobjekt erfassten Teilgebiete geklärt werden. Neben dem *Investitionsbegriff* gilt die Betrachtung damit insbesondere auch den Begriffen der *Entscheidung* und des *Zielsystems*.

3.1 Investition

3.1.1 Allgemeine Charakterisierung der Investition

Der Investitionsproblematik wird innerhalb der Unternehmung allgemein ein hoher Stellenwert beigemessen: *"Investitionsentscheidungen und mit ihnen der gesamte Entscheidungsprozess gehören zu den wichtigsten unternehmerischen Aufgaben. Die Investitionen zählen zu den wesentlichen Einflussfaktoren für die Rentabilität und Liquidität und für die Sicherheit und Unabhängigkeit, so dass die Qualität der Investitionsentscheidungen ausschlaggebend für die Existenz und die weitere Entwicklung des Unternehmens ist."* [125] Die Bedeutung des Investitionsvorgangs für die Unternehmung lässt sich anhand seiner wesentlichen Eigenschaften augenfällig verdeutlichen [126]:

Zukunftsbezogenheit: Investitionen sind zukunftsbezogen, wobei der Zeithorizont einer Investition im Entscheidungszeitpunkt nicht immer ersichtlich ist. Mit zunehmender Investitionsdauer vermehren sich die Unsicherheitsfaktoren.

Knappes Kapital: Das verfügbare Kapital ist knapp. Die Wahl einer Alternative bedeutet damit häufig den Ausschluss aller anderen. Im Anschluss an die Realisation eines Investitionsvorhabens sind Korrekturen oft mit unverhältnismässigen Kostenfolgen verknüpft.

---

125 **Müller-Hedrich, B.:** Betriebliche Investitionswirtschaft, Seite 1.

126 Vgl. dazu **Thommen, J.-P.:** Managementorientierte Betriebswirtschaftslehre, Seiten 399 f; **Müller-Hedrich, B.:** Betriebliche Investitionswirtschaft, Seiten 1 f.

Langfristigkeit: Die Kapitalbindung erfolgt i.d.R. auf lange Sicht. Die Bindung an Investitionen, die der Unternehmensstrategie nicht entsprechen, belegen einerseits die knappen Kapitalressourcen, sind andererseits aber auch mit einem Mangel an strategiekonformen Massnahmen verbunden. Das Verlustpotential kann damit insbesondere bei umfangreichen Investitionen zur Existenzbedrohung erwachsen.

Komplexität: Investitionen wirken sich auf den gesamten Unternehmensbereich aus. Die anfallenden Datenmengen stellen hohe Anforderungen an die Beurteilungskraft des Managements.

Fixkosten: Die Bindung grosser Kapitalbeträge in Technologie und Sachwerte bewirkt eine vom Auftragsbestand weitgehend unbeeinflusste Fixkostenstruktur. Damit entsteht eine vermehrte *Nachfrageabhängigkeit*. Veränderungen in der Nachfrage vollziehen sich bei weitgehend konstanter Kostenbelastung.

Ohne bisher auch zweckorientierte Elemente der Investition angesprochen zu haben, zeichnet sich aufgrund der charakteristischen Problemmerkmale die enorme Tragweite der Investitionstätigkeit im Rahmen der Unternehmenspolitik ab[127]. Zur Begriffsbildung existieren in der Literatur entsprechend zahlreiche Auffassungen. Vor dem erweiterten Befassen mit den betriebswirtschaftlich orientierten Ansätzen soll als Basis die dem deutschen Sprachgebrauch geläufige Definition des gesuchten Begriffs auf ihre wesentliche Aussage hin untersucht werden[128]: Unter Investition wird in diesem Sinn die *"langfristige Anlage von Geld in Sachen oder Aehnlichem"* verstanden, mit dem Ziel, Gewinn zu erbringen. Gewinn wird dabei als *"materielle Bereicherung, Verdienst, Überschuss"*, aber auch als *"grosser Nutzen"* im immateriellen Sinne verstanden. Diese umgangssprachliche Definition enthält drei Elemente, die auch von betriebswirtschaftlichem Interesse sind:

1. Zeitaspekt: Es wird von einer *langfristigen* Anlage gesprochen.

2. Zielsetzung: Als Zielsetzung wird ein möglicher *Gewinn* bezeichnet. Die Zielkomponente wird nicht auf monetäre Grössen eingeschränkt, sondern ausdrücklich auch auf den immateriellen Bereich ausgedehnt.

3. Geldeinsatz: Es wird von einer Anlage des Geldes in *Sachen oder Aehnlichem* gesprochen. Diese Finanztransaktion ist Mittel zum Zweck der Zielerreichung.

---

127   Vgl. dazu etwa **Kunz, B.:** Grundriss der Investitionsrechnung, Seite 81.

128   Vgl. **Wissenschaftlicher Rat der Dudenredaktion (Hrsg.):** Bedeutungswörterbuch, Seiten 290 und 353.

3.1.2   Die klassischen Ansätze zur Bildung des Investitionsbegriffs

In der *betriebswirtschaftlichen* Literatur wird der Investitionsbegriff in der Regel nach drei Ansätzen unterschieden. Dazu gehören die vermögensbestimmte, die kombinationsbestimmte sowie die zahlungsorientierte Begriffsbildung. Lückes Investitionslexikon führt, in Anlehnung an andere Autoren, zusätzlich die dispositionsbestimmte Auffassung zur Definition des Investitionsbegriffs an [129]. Im folgenden werden die Ansätze kurz vorgestellt, um sie anschliessend einer vergleichenden Betrachtung zu unterziehen.

Vermögensbestimmter Ansatz:

Ausgehend von der Bilanzgliederung wird die Investition als Umwandlung von Kapital in Vermögenswerte verstanden. Man kann dies auch als *finanzwirtschaftlichen Prozess der Umwandlung* von flüssigen Mitteln in Anlage- und Sachvermögen interpretieren.

Unter den Verfechtern des vermögensbestimmten Ansatzes wird zusätzlich aufgrund der Zweckorientierung der investierten Mittel unterschieden: Folgt man der *weiteren Auffassung* [130], wird der Erwerb aller Aktiva dem Investitionsbereich zugeordnet. Im Gegensatz dazu wird in der *engeren Auffassung* der Einsatz von flüssigen Mitteln nur dann als Investition bezeichnet, wenn damit *Anlagevermögen zu Produktionszwecken* erworben wird [131].

Kombinationsbestimmter Ansatz:

Folgt man dieser Auffassung, bezweckt die Investitionstätigkeit eine Kombination von Investitionsgütern zu neuen *Produktionsausrüstungen* oder allenfalls die Ergänzung bestehender Anlagen durch weitere Investitionsgüter [132]. Im Vordergrund steht die *technisch-physische* Betrachtung der Mittelverwendung

---

129   Vgl. **Lücke, W.**: Investitionslexikon, München 1975, Seiten 142 f.

130   Vgl. als Vertreter dieser Auffassung **Le Coutre, W.**: Grundzüge der Bilanzkunde - Eine totale Bilanzlehre, Teil 1, Bücher der Wirtschaft, Band 10, Wolfenbüttel 1949. *"Der Gesamtbestand an Gütern einer Unternehmung wird als Vermögen bezeichnet"* (Seite 4); *"Die Geldwertbeträge finden ... ihre Verkörperung durch die einzelnen Vermögensteile"* (Seite 6); *"Man nennt diese Verwendung beziehungsweise Anlage des Unternehmenskapitals im Betriebe die Investierung"* (Seite 7).

131   **Krasensky, H.**: Zur Einführung in die Betriebswirtschaft, Festschrift zum 60. Geburtstag von L.L. Illetschko, Wiesbaden 1963, Seite 77.

132   Vgl. u.a. **Ballmann, W.**: Beitrag zur Klärung des betriebswirtschaftlichen Investitionsbegriffs und zur Entwicklung einer Investitionspolitik der Unternehmung, Mannheim 1954, Seite 5.

im Rahmen des leistungswirtschaftlichen Produktionsprozesses. Den durch das Investitionsvorhaben ausgelösten Finanzierungsvorgängen wird wenig Gewicht beigemessen.

Zahlungsbestimmter Ansatz:

Im Vordergrund des zahlungsbestimmten Ansatzes stehen finanz- *und* geldwirtschaftliche Aspekte. Unter dem Begriff *Zahlungsstrom* versucht man, die Zusammenhänge des betrieblichen Mittelflusses zu analysieren. Von einer Investition wird dann gesprochen, wenn der Zahlungsstrom mit einer Geldausgabe beginnt, die in Verbindung mit einem Produktionsprozess steht[133]. Die vorgelagerte Ausgabe (Investition) soll zu späteren Einnahmeüberschüssen führen.

Dispositionsbestimmter Ansatz:

"Investition ist die langfristige Bindung von finanziellen Mitteln in Anlagevermögen."[134] Mit der Bindung finanzieller Mittel in Anlagevermögen wird die Dispositionsfreiheit eines Unternehmens eingeschränkt. Praktisch ist eine derartige Betrachtungsweise zum Beispiel für Holding-Gesellschaften denkbar, die eine Optimierung der Gesamtgruppe anstreben.

Die Abgrenzung zwischen den verschiedenen Auffassungen muss mehr als fliessender Uebergang denn als klare Trennung verstanden werden. In grundsätzlicher Übereinstimmung mit der umgangssprachlichen Definition enthalten alle Ansätze gemeinsam zwei Aussagen:

• Ein erstes Schwergewicht kommt dem *Potentialgedanken* zu. Die Möglichkeit, eine Ressource längerfristig nutzen zu können, begründet ein Potential. Damit wird die Investition gegenüber anderen Ausgabekategorien deutlich abgegrenzt.

• Der zweite Grundgedanke enthält die *Zielbezogenheit*: Die Investition in ein Potential soll der Zielerreichung der Unternehmung dienen. Der Begriff der *Zielbezogenheit* bedingt entsprechende Zielsetzungen[135].

Anders formuliert, entspricht diese Kombination aus Potentialgedanke und Zielbezogenheit einer zukunftsbezogenen *Mittel-Zweck-Beziehung* zwischen *Input und Out-*

---

133 Vgl. **Schneider, D.:** Investition und Finanzierung, Köln 1970, Seite 137.

134 **Lücke, W.:** Investitionslexikon, Seite 143. Dieser Ansatz ist sonst kaum erwähnt. Lücke verweist auf Rückle, D.: Investition und Marktverhalten, Wien 1968.

135 Vgl. dazu die Ausführungen in Abschnitt 3.3.

put, die von Hirshleifer [136] einfach und treffend beschrieben wird: *"Investment is, in essence, present sacrifice for future benefit."*

Zwischen den ersten drei Ansätzen und dem vierten besteht ein grundsätzlicher Unterschied: Während erstere die Investition als *Vorgang* beschreiben, steht beim letzten Ansatz die Investition als *Zustand* im Vordergrund. Im Endeffekt bedeutet dies eine statisch ausgerichtete Zustandsbetrachtung. Für die dem Investitionsentscheid vorangehende Phase der Entscheidungsfindung erweist sich der vierte Ansatz daher eher als ungeeignet und soll von der weiteren Betrachtung ausgeschlossen werden. Die verbleibenden Ansätze unterscheiden sich stark bezüglich Ausprägung der Komponenten *Potential, Zielbezogenheit* sowie dem damit eng verbundenen *Input-Output-Gedanken*. Auf diese Unterschiede wird nun noch näher eingetreten.

Der *kombinationsbestimmte* Ansatz steht der engeren Interpretation des vermögensbestimmten Ansatzes sehr nahe. Beide Definitionen enthalten den Potentialgedanken, beschränken ihn allerdings auf rein materielle Vermögenswerte. Ausgaben für immaterielle Werte werden vom Investitionsbegriff ausgeschlossen. Unter den Gesichtspunkten der Bilanzierungs- oder Zurechnungsproblematik ermöglicht diese Einschränkung eine Vereinfachung. Da den Investitionen immaterieller Natur Zielbezogenheit und Potentialcharakter nicht generell abgesprochen werden können, vermögen diese Ansätze den realen Tatbeständen nicht vollumfänglich gerecht zu werden. Der Ausschluss immaterieller Investitionen deutet auf die stark *prozessorientierte* Denkweise des Produktionsbetriebs hin.

Die weitere Auffassung des *vermögensbestimmten* Begriffs öffnet sich gegenüber immateriellen Investitionen, schliesst aber gleichzeitig auch Aktiva wie Bankguthaben und Kassenbestände mit ein. Damit entsteht ein Widerspruch zum Grundsatz der Mittel-Zweck-Beziehung: Von der Mittel-Zweck-Beziehung einer Investition kann nur bei einer *gezielten* Anlage, also mit Sicht auf die zukünftige Leistungserbringung, gesprochen werden.

Der *zahlungsbestimmte* Ansatz umfasst auch die Investition in immaterielles Vermögen [137]. Bei Investitionen immaterieller Art erfolgt zu Beginn des Zahlungsstroms mit Sicherheit eine Geldausgabe. Die Verfolgung des Zahlungsstroms, ausgehend vom Zeitpunkt der Anfangsausgabe, entspricht zudem der langfristigen Dynamik der Investition und erlaubt eine differenzierte Beurteilung des künftigen Zielerreichungsbeitrags. Die Messung des zu erwartenden Outputs bzw. des Rückflusses aus der In-

---

136 **Hirshleifer, J.:** Investment, Interest and Capital, Englewood Cliffs 1970, Seite 215.

137 Die immateriellen Investitionen werden zwar nicht immer ausdrücklich erwähnt, jedoch ebensowenig ausgeschlossen. Vgl. u.a. **Trechsel, F.:** Investitionsplanung und Investitionsrechnung, Seite 13; **Schneider, D.:** Investition und Finanzierung, Seite 148.

vestition bleibt aber problematisch. Der direkte Zusammenhang zwischen Input und
Output kann unter Umständen nicht oder nur teilweise nachgewiesen werden.

3.1.3 Anwendung des zahlungsbestimmten Begriffs auf die Immobilieninvestition

Für die Erweiterung der Betrachtung auf Immobilien wird der zahlungsbestimmte
Ansatz aufgegriffen. In einer als *eigenständige Betriebseinheit*[138] bewirtschafteten
Liegenschaft werden sich zielbezogene Investitionen, wenn auch nicht klar messbar,
zukünftig wieder im Verkaufs- oder Mietertrag niederschlagen. Trotz einem Verzicht
auf den Nachweis des direkten Zusammenhangs zwischen Input und Output, ausgedrückt in monetären Grössen, ist der Nutzenrückfluss als Teil des Ganzen im Ge-
samtergebnis enthalten. Immaterielle Ausgaben werden in der weiteren Betrachtung
ausdrücklich als Potentialfaktoren anerkannt. Die Erweiterung des Potentialbegriffs
gegenüber der produktionsorientierten Auffassung[139] kann der Forderung nach *in-
tegraler Optik* der Betriebsabläufe eines Liegenschaftenprojekts besser entsprechen.
Der Investitionsbegriff kann damit für diese Arbeit folgendermassen definiert werden:

Definition: In Anlehnung an den zahlungsbestimmten Begriff wird
im folgenden von einer Investition gesprochen, wenn der
damit verbundene Zahlungsstrom mit einer Geldausgabe
beginnt, die zur Erreichung der Unternehmensziele bei-
trägt und zu späteren Einnahmeüberschüssen führt. Dies
gilt ausdrücklich auch für immaterielle Investitionen, sofern sie den Zielsetzungen der Unternehmung entsprechen.

Die in Abschnitt 1.1.2.1 erfolgte Unterscheidung verschiedener Investitionsarten
aufgrund des verfolgten Investitionszwecks und die daraus abgeleitete Einordnung
des Immobilienprojekts als Einrichtungsinvestition bildet den Leitgedanken für die
systematische Abgrenzung des Untersuchungsgegenstands. Neben der rein zweckori-
entierten Gliederung im Rahmen der grundlegenden Diskussion wird durch den Einbezug weiterer Klassifikationskriterien eine vertiefte Charakterisierung der Immobili-

---

138   Vgl. dazu die Ausführungen in Abschnitt 1.1.2.1.
139   Vgl. **Heinen, E.:** Industriebetriebslehre, Wiesbaden 1983, Seite 366.

eninvestition ermöglicht. Es wird deshalb an dieser Stelle zusätzlich auf die Ordnungsmerkmale *Investitionsträger, Investitionsobjekt* und *Investitionsbereich* eingetreten [140].

Investitionsträger:

Unabhängig von der privat- oder öffentlichwirtschaftlichen Entscheidungsinstanz werden mit dem gewählten Investitionbegriff alle Zielsetzungen bzw. Problemstellungen ausgeschlossen, deren spätere Auswirkungen nicht einem genau definierten Objekt zufliessen.

In diesem Sinne sind auch Investitionen der öffentlichen Hand bezüglich Immobilien nur auszuschliessen, falls sie nicht unter Beachtung betriebswirtschaftlicher Grundsätze erfolgen. Dies kann zum Beispiel zutreffen bei Investitionen in den Bereichen Sicherheit und Bildung.

Wird eine Liegenschaft nach betriebswirtschaftlichen Grundsätzen geführt, muss nicht zwischen verschiedenen Investitionsträgern unterschieden werden; von Bedeutung sind vielmehr die *individuellen Zielsetzungen* des Investitionsträgers.

Investitionsobjekt:

Besteht zwischen der Anschaffung von Immobilien und der Leistungserstellung eines Betriebs ein direkter Zusammenhang, so können diese Immobilien als *Real-/Sachinvestitionen* betrachtet werden. Im Falle einer Immobiliengesellschaft trifft diese Zuordnung genauso zu, wie im Falle eines Industriebetriebs, der für die Produktion auf Gebäude angewiesen ist. Bezieht sich die betriebliche Tätigkeit ausschliesslich auf den Betrieb von Immobilien, so wird - durch die Langlebigkeit und Werterhaltung verstärkt - die Komponente der Finanzinvestition einfliessen.

Die Investition in Immobilien kann auch eine reine *Finanzinvestition* darstellen, zum Beispiel in Form der Beteiligung an Immobilienanlagefonds. Damit entfällt der Entscheid bezüglich eines konkreten Objekts; die Beurteilung erfolgt vielmehr aufgrund eines fiktiven Durchschnittswertes. Die *immobilienbezogene* Entscheidung verlagert sich dadurch auf einen anderen Entscheidungsträger.

Investitionsbereich:

Parallel zur Betrachtung des Investitionsobjekts kann man Immobilien dem *Anlagevermögen* zuordnen. In Abhängigkeit von Art, Grösse, Zustand und Standort einer Liegenschaft ist sowohl eine *primäre* Funktion (zur Deckung

---

140 Vgl. dazu **Müller-Hedrich, B.:** Betriebliche Investitionswirtschaft, Seiten 7 und 8 sowie Abbildung 2.

von Raumbedürfnissen) als auch eine *anlageorientierte* oder sogar *spekulative* Ausprägung einer Investition denkbar[141].

Auf dieser Basis werden im folgenden all jene Ausgaben für materielle und immaterielle Werte als Investition bezeichnet, die mit der Absicht getätigt werden, in Zukunft daraus einen den Unternehmenszielen entsprechenden (geldwerten) Nutzen zu erbringen. Unter Berücksichtigung des erwerbswirtschaftlichen Prinzips[142] wird zudem davon ausgegangen, dass bei einer isolierten Betrachtung einzelner Objekte die Zielerreichung in monetärer Einheit messbar ist.

3.2   Entscheidung

"Eine Entscheidung ist ein Wahlakt zwischen mindestens zwei Handlungsmöglichkeiten, die in einem Tun oder Unterlassen bestehen können"[143]. Der Wahlakt entspricht aufgrund dieser Definition der aktiven Beurteilung von vorhandenen Informationselementen im Rahmen des Führungsprozesses. Diese direkte Abhängigkeit macht die Entscheidungsfindung weitgehend zu einem Informationsproblem[144]. Grundsätzlich begründet diese Tatsache den in Kapitel 2 zitierten Anspruch nach *mehr und besserer* Information mit dem Ziel, einen Zustand der *vollkommenen* Information zu erreichen.

Entscheidungen in der betrieblichen Wirklichkeit können i.d.R. nicht aufgrund idealer Informationsbestände erfolgen[145]. Die Bereitstellung der Information bedingt damit eine Optimierung zwischen den drei Komponenten *Sicherheit, Kosten- und Zeitaufwand* und muss weiterhin im Einklang mit den Zielsetzungen des Vorhabens stehen.

3.2.1   Rationalität der Entscheidung

Im Rahmen betriebswirtschaftlicher Problemstellungen wird zumeist die Forderung nach Rationalität im Entscheidungsprozess vorausgesetzt. Mit dem Begriff *Rationali-*

---

141   Vgl. dazu Abbildung 4 bzw. Abschnitt 2.1.3.

142   Vgl. dazu Abschnitt 1.1.2.

143   Vgl. **Lücke, W.:** Investitionslexikon, Seite 64.

144   Vgl. **Mag, W.:** Entscheidung und Information, Seite 1.

145   Diese Feststellung betrifft insbesondere Entscheidungen einmaliger Natur, die auch als *echte Entscheidungen* bezeichnet werden; vgl. **Frischmuth, G.:** Daten als Grundlage für Investitionsentscheidungen, Seite 27.

tät wird das zielgerichtete Handeln des Entscheidungsträgers umschrieben. Dabei werden Handlungsprinzipien vorausgesetzt, die das zielgerichtete Verhalten erst ermöglichen[146]. In Kombination mit Gewinnstrebigkeit verlangt das Rationalprinzip[147], dass entweder das gegebene Ziel mit dem geringstmöglichen Aufwand zu erreichen oder mit gegebenem Aufwand der höchstmögliche Zielbeitrag anzustreben sei.

Interdependenzen des Zielsystems sowie unvollständige oder ungleich gewichtete Informationen öffnen den Entscheidungsprozess gegenüber subjektiven Einflüssen. Die Forderung nach absoluter Rationalität steht damit oft im Widerspruch zu realen Entscheidungssituationen. Die ideale Situation eines vollständig konsistenten Zielsystems, verbunden mit vollkommen transparenter Information, stellt eher die Ausnahme dar. Diese Feststellung wird durch die Typisierung im folgenden Abschnitt deutlich unterstrichen[148].

3.2.2   Typisierung der Entscheidung

Entscheidungssituationen können aufgrund verschiedener Kriterien typisiert werden. Im Rahmen dieser Arbeit steht weniger eine organisatorische, institutionelle oder funktionale Gliederung im Blickpunkt der Betrachtung als vielmehr die Abgrenzung aufgrund von Zuverlässigkeit, Sicherheit und Risiko. Es werden drei mögliche Entscheidungssituationen unterschieden:

Entscheidung unter Sicherheit:

> Resultiert aus einer bestimmten unternehmenspolitischen Handlung ein eindeutiges Ergebnis, dessen Eintreten zuvor bekannt war, wird von einer Entscheidung unter Sicherheit gesprochen. In der praktischen Entscheidungssituation setzt dies den Zustand der *vollständigen Information* voraus. Bei komplexen Problemstellungen ist ein derartiger Idealzustand kaum anzutreffen. Liegen einer Entscheidung multidimensionale Zielsetzungen zu Grunde, kann ihr Ausgang kaum mit Sicherheit vorausgesagt werden.

Entscheidung unter Risiko:

> Dem Entscheidungsträger sind Wahrscheinlichkeiten für das Eintreten bestimmter Situationen bekannt. Das Risiko einer Fehlentscheidung kann unter

---

146 Vgl. **Gäfgen, G.:** Theorie der wirtschaftlichen Entscheidung - Untersuchungen zur Logik und ökonomischen Bedeutung des rationalen Handelns, Tübingen 1968, Seiten 19 ff.

147 In der Literatur ist in diesem Zusammenhang oft auch die Rede vom *ökonomischen* oder vom *Wirtschaftlichkeitsprinzip.*

148 Vgl. **Lücke, W.:** Investitionslexikon, Seiten 64 f.

diesen Voraussetzungen zum vornherein einkalkuliert werden. Stützt sich die Formulierung der Wahrscheinlichkeiten auf eine grosse Zahl von sich wiederholenden, relativ identischen Situationen[149], spricht man auch von *objektiven* Wahrscheinlichkeiten[150]. Es liegt weder der Tatbestand der *Gewissheit* noch derjenige der *Ungewissheit* vor.

Entscheidung unter Unsicherheit:

Unsicherheit liegt dann vor, *"wenn das Ergebnis einer Massnahme, je nach Situation, die eintreten wird, verschieden ist, aber weder objektive Wahrscheinlichkeiten, noch irgendwelche anderen Kenntnisse über die möglichen Ergebnisse vorhanden sind"*[151]. Die statistische Aufbereitung von Entscheidungsgrundlagen wird dadurch weitgehend verunmöglicht[152]. Der aufgrund der Einmaligkeit einer Situation vorherrschende Mangel an zuverlässiger Information bzw. objektiven Wahrscheinlichkeiten muss behelfsmässig durch die Formulierung von *subjektiven* Wahrscheinlichkeiten ausgeglichen werden.

Wahrscheinlichkeiten können, etwas weniger mathematisch betrachtet, ganz allgemein dem Begriff "Information" zugeordnet werden. Die grundlegende Bedeutung der richtigen Informationen soll deshalb noch gesondert berücksichtigt werden.[153]

3.2.3   Entscheidung und Information

"Das Treffen von rationalen Investitionsentscheidungen setzt Entscheidungsgrundlagen voraus, die ohne Sonderuntersuchungen unter Einbezug von Mitarbeitern aus verschiedenen Rangstufen und Aufgabenbereichen (Ressorts) nicht gebildet werden

---

149   Die verarbeiteten Werte können beispielsweise statistischen Aufzeichnungen entstammen.

150   **Gutenberg, E.:** Unternehmensführung - Organisation und Entscheidung, Wiesbaden 1962, Seite 78; **Schneeweiss, H.:** Entscheidungskriterien bei Risiko, Reihe Oekonometrie und Unternehmensforschung VI, Berlin/Heidelberg/New York 1967, Seite 28.

151   **Gutenberg, E.:** Unternehmensführung - Organisation und Entscheidung, Seite 78. Das Zitat wurde der Verständlichkeit halber leicht modifiziert.

152   Vgl. dazu **Warnez, P.:** Entscheidungen bei Unsicherheit, Dissertation, Zürich 1984, Seite 4.

153   Vgl. u.a. auch **Mag, W.:** Entscheidung und Information, Seite 17; Mag gliedert nach demselben Gedanken mit den Begriffen *vollkommene Information* (= Sicherheit), *unvollkommene Information* (= Entscheidung unter Risiko) und *vollkommene Ignoranz* (= Unsicherheit). An anderer Stelle setzt Mag den Begriff der *Unsicherheit* dem der *unvollkommenen Information* gleich (Seite 121). Für unsere Betrachtung gilt die in diesem Abschnitt gewählte Begriffsabgrenzung.

können. Mindestens zur Entscheidungsvorbereitung ist die Unternehmungsleitung auf Informationen zahlreicher Personen mit Fachkenntnissen angewiesen." [154]

Information ist in diesem Sinn als zweckorientiertes Wissen [155] zu verstehen, das bewusst erarbeitet werden muss und auf eine *bestimmte* Entscheidungssituation hin angewendet werden kann. Die Gesamtheit aller Informationen, die zur Formulierung und Lösung des Entscheidungsproblems beitragen, wird auch als *Informationsfeld* bezeichnet. Darin sind verschiedene Informationsarten zu unterscheiden [156]:

Informationen über Ziele:

Um der ökonomischen Forderung nach optimalen Entscheidungen zu entsprechen, sind Ziele zu formulieren, die den optimalen Zustand näher beschreiben. Die Zielinformationen können in drei wesentliche Komponenten unterteilt werden: Zielinhalt, Zielausmass und zeitlicher Bezug [157].

Informationen über Handlungsmöglichkeiten:

Der Entscheidungsträger hat i.d.R. aus einer grossen Zahl von Alternativen diejenige auszuwählen, die den höchsten Zielerfüllungsbeitrag leistet. Als Besonderheit kann sich das Aktionsfeld bei Immobilieninvestitionen auf die Entscheidung *für oder gegen* eine Investition beschränken. Auch ist eine Formulierung von Alternativen in Form von unterschiedlichen Konzepten für ein einziges Objekt denkbar.

Informationen über Umweltlagen sowie deren Eintrittswahrscheinlichkeit:

Verschiedene Handlungsalternativen können sich aufgrund der eintretenden Umweltlage ungleich verhalten. Die Erfassung sämtlicher Varianten ist für praktische Entscheidungsprobleme nicht realisierbar. Es muss daher eine sinnvolle Reduktion angepeilt werden, beispielsweise in Form einer *worst-case*-Betrachtung.

Informationen über Ergebnisse und Zielbeiträge:

Die potentiellen Zielbeiträge können erst aufgrund der oben genannten Informationsbeiträge herausgearbeitet werden. Die *theoretische* Lösung dieses Vorbereitungsschritts kann durch die Formulierung einer mathematischen Nutzenfunktion erfolgen. Auch hier wird man bei komplexen Zielsystemen an die Grenzen der praktischen Durchführbarkeit stossen.

---

154 **Frischmuth, G.:** Daten als Grundlage für Investitionsentscheidungen, Seite 30.

155 **Wittmann, W./Grochla, E. (Hrsg.):** Handwörterbuch der Betriebswirtschaft, Stuttgart 1969, Seite 1866; vgl. weiter **Mag, W.:** Entscheidung und Information, Seite 5.

156 Vgl. dazu **Mag, W.:** Entscheidung und Information, Seiten 25 ff.

157 Der Zielbegriff ist Thema von Abschnitt 3.3.

Für die weitere Betrachtung der Immobilieninvestition kann auf eine Auseinandersetzung mit den Tatbeständen der *vollkommenen Information* sowie der *vollkommenen
Ignoranz* verzichtet werden. Die realitätsnahe Annahme des Zustands der *unvollkommenen Information* bringt indes die Frage nach dem *optimalen Informationsstand* mit
sich. Das Informationsproblem zeigt sich im Entscheidungsprozess schwergewichtig
mit zwei Aspekten: einesteils ist das Problem in der *technischen Erlangbarkeit* der
notwendigen Daten zu lösen, zum anderen muss aber auch der *ökonomische Aspekt*
der Informationsbeschaffung genügend beachtet werden.

Zusammenfassend ist festzustellen, dass die Informationsverarbeitung als Verknüpfung von Bewusstseinsinhalten eine sukzessive *Reduktion der Unsicherheit* bewirkt
und damit eine grundlegende Funktion im Entscheidungsprozess erfüllt. Ein optimales Entscheidungsinstrument hat daher die Informationsbedürfnisse möglichst umfas-
send abzudecken, allerdings unter Wahrung eines vertretbaren Kosten-/Nutzenver-
hältnisses. Die Festlegung dieser Grenze ist als Aufgabe des Entscheidungsträgers zu
betrachten.

3.2.4   Investitionsbezogene Entscheidung

*"Zur Vorbereitung von Investitionsentscheidungen dienen Investitionsrechnungen, die
in der Regel durch eine partielle Betrachtungsweise die Vorteilhaftigkeit von Investi-
tionsobjekten ermitteln"* [158]. Rechenverfahren, die sich mit vertretbarem Aufwand
einsetzen lassen, ermöglichen durch Reduktion der Beurteilungsfaktoren eine kosten-
günstige und handliche Bewertung von Investitionsalternativen. Insbesondere lässt
sich damit auch der Informationsbeschaffungsaufwand reduzieren.

Die Reduktion des Informationsfelds bewirkt jedoch ein erhöhtes Fehlbeurteilungs-
potential, bedingt durch die Vernachlässigung von Wechselwirkungen: *"Bestehen
zwischen der betrachteten Grösse einer Untersuchung und anderen Grössen funktionale Beziehungen, oder bestehen derartige Beziehungen zwischen mehreren betrachteten Grössen einer Untersuchung, dann wird von einer Interdependenz gesprochen"* [159].

Die inneren Abhängigkeiten werden als Hauptproblem *partieller Betrachtungen* in
der Phase der Entscheidungsvorbereitung angesehen. Mit zunehmendem Umfang

---

158 **Lücke, W.:** Investitionslexikon, Seite 158.

159 **Lücke, W.:** Investitionslexikon, Seite 134. Interdependenzen brauchen nicht zwangsläufig
       negativer Art zu sein. Können knappe Mittel für verschiedene Anwendungsmöglichkeiten
       im Sinne einer gemeinsamen, übergeordneten Zielvorstellung eingesetzt werden, spricht
       man von einer "integrativen Interdependenz".

eines Vorhabens wachsen auch die Interdependenzen. In der komplexen Realität eines Immobilienprojekts sind sie als natürliche Voraussetzung zu betrachten. Unter den Begriff Interdependenz fallen auch die Auswirkungen vorgelagerter Entscheide auf später folgende; die nachträgliche Einflussnahme kann durch den bindenden Charakter relevanter Zusammenhänge in Frage gestellt sein. Für komplexe und kapitalintensive Investitionsentscheidungen muss daher eine umfangreiche Analyse der Entscheidung vorangehen [160]. Kapitel 4 wird sich mit der Frage nach der Eignung einzelner Verfahren in der Anwendung auf Immobilieninvestition befassen.

3.3   Der Zielbegriff

In den vorhergehenden Betrachtungen hat sich vermehrt die grundlegende Bedeutung eines klar definierten Zielsystems gezeigt; *"Der Hauptzweck der Zielsetzung liegt in der Möglichkeit einer wohldurchdachten Planung in allen Bereichen der Unternehmung."* [161] Mit der Zielvorgabe wird dem Entscheidungsträger erst ermöglicht, seine Entscheidungen in Abstimmung auf die Unternehmenspolitik zu treffen. Im Rahmen des erwähnten Informationsprozesses stellen die unternehmenspolitischen Zielsetzungen den eigentlichen Ausgangspunkt für die Formulierung der Projektziele dar [162].

Wie weiter vorne erwähnt wurde, lassen sich die *Zieldimensionen* in die drei Komponenten *Zielinhalt*, *Zielausmass* und *zeitlicher Bezug* unterteilen [163]. Im folgenden soll ein Bereich möglicher Zielsetzungen erarbeitet werden, wobei den Immobilieninvestitionen besonderes Augenmerk zukommt. Entsprechend der Zielsetzung dieser Arbeit, die Investitionsentscheidung mit einem geeigneten Entscheidungsinstrumentarium zu unterstützen, liegt das Schwergewicht dieses Abschnitts im Bereich der Zielinhalte [164]. Zielausmass und zeitlicher Bezug als quantifizierende Dimensionen sollen dem Entscheidungsträger nicht vorweggenommen werden.

---

160   Vgl. dazu **Koch, H.**: Grundlagen der Wirtschaftlichkeitsrechnung, Wiesbaden 1970, Seite 26. Mit der Forderung nach einer Totalanalyse soll dem Umstand Rechnung getragen werden, dass sämtliche Unternehmensvariablen interdependent sind, also jede Variable von den anderen abhängig ist.

161   **Nordmann, A.**: Zielsetzungen der Schweizerischen Maschinenindustrie, Eine empirische Erhebung, Dissertation, Bern 1974, Seite 85.

162   Vgl. dazu auch **Thommen, J.-P.**: Managementorientierte Betriebswirtschaftslehre, Seiten 93 und 611; **Siegwart, H./Kunz, B.**: Brevier der Investitionsplanung, Seite 53.

163   **Thommen, J.-P.**: Managementorientierte Betriebswirtschaftslehre, Seite 94.

164   Analog zum Begriff *Zielinhalt* wird auch der Begriff *Zielgrösse* verwendet; vgl. **Mag, W.**: Entscheidung und Information, Seite 27.

3.3.1 Zielinhalt

"Im Zielinhalt kommt zum Ausdruck, worauf sich das Handeln der Unternehmung ausrichten soll."[165] In konsequenter Anlehnung an das erwerbswirtschaftliche Prinzip[166] orientierte sich die klassische Betriebswirtschaftslehre bei der Zielfestsetzung während langer Zeit an der Hypothese einer *Gewinnmaximierung*[167]. Heinen brachte diese Denkrichtung beispielsweise durch die Zielsetzung *"Maximierung des Wohlstands"* zum Ausdruck und unterschied zwei mögliche Varianten[168]: Bezüglich eines fixen Planungshorizonts kann sich die Maximierung entweder auf das *Endvermögen* oder die *periodischen Entnahmen* bei vorgegebenem Endvermögen beziehen[169].

Die Auffassung über Unternehmenszielsetzungen hat sich im Laufe der Zeit zusehends verändert. Die isolierte Betrachtung einer einzelnen monetären Zielkomponente wurde vielfach, so auch von Heinen selbst, hinterfragt: *"Für eine nach aktuellen und relevanten Aussagen strebende Betriebswirtschaftslehre stellt sich deshalb die Frage, inwieweit die Gewinnmaximierungshypothese den Zielvorstellungen in der Wirklichkeit entspricht."*[170] Auch Ulrich fordert, *"von der Vorstellung eines mehrere Ziele umfassenden Zielsystems"* auszugehen[171].

Die moderne Theorie ist in diesem Sinn gekennzeichnet durch *mehrdimensionale Zielsysteme*. Neben den monetären Zielen finden heute auch nicht monetäre Zielsetzungen[172] Eingang in die Unternehmenspolitik. Zur Formulierung eines Zielsy-

---

165   **Thommen, J.-P.:** Managementorientierte Betriebswirtschaftslehre, Seite 94.

166   Vgl. dazu Abschnitt 1.1.2.

167   Vgl. dazu auch **Nordmann, A.:** Zielsetzungen der Schweizerischen Maschinenindustrie, Seite 15.

168   **Heinen, E.:** Industriebetriebslehre, Seite 792.

169   Gleichwertig werden auch die Begriffe der Vermögensmaximierung bzw. Einkommensmaximierung verwendet.

170   **Heinen, E.:** Grundlagen betriebswirtschaftlicher Entscheidungen, Das Zielsystem der Unternehmung, Wiesbaden 1971, Seite 29.

171   **Ulrich, H.:** Unternehmungspolitik, Schriftenreihe Unternehmung und Unternehmungsführung, Band 6, Bern/Stuttgart 1978, Seite 19.

172   Zur Definition der nichtmonetären Ziele: *"Von nicht-monetären Zielen wird dann gesprochen, wenn sich die Bestrebungen der Unternehmungen nicht unmittelbar quantifizierbar in der Geldsphäre niederschlagen, obwohl sie natürlich indirekt auch auf diese einwirken. Entscheidend ist hier aber nicht diese auf jeden Fall vorhandene Wirkung, sondern die nicht mögliche Quantifizierbarkeit in der Geldsphäre."* **Nordmann, A.:** Zielsetzungen der Schweizerischen Maschinenindustrie, Seite 87.

stems steht damit eine entsprechende Vielfalt möglicher Zielkriterien zur Auswahl, die keiner zwingenden hierarchischen Ordnung gehorchen, sondern grundsätzlich gleichrangigen Wertes sein können[173].

Mögliche Zielsetzungen		Mögliche Zielgruppen
• Gewinn- und Rentabilitätsstreben	<->	• **Innerbetrieblich:**
• Umsatzsteigerung		- Arbeitnehmer
• Eroberung von Marktanteilen	<->	- Arbeitgeber und Führungskräfte
• Bewahrung und Ausbau der Unternehmenssubstanz	<->	- Eigentümer eines Betriebs
• Sicherheit und Unabhängigkeit des Unternehmens	<->	• **Ausserbetrieblich:**
• Bilanz- und Liquiditätsziele		- Dachverbände aller Betriebsbeteiligten
• Ansehen der Firma	<->	- Konsumenten
• Persönliches Image und Prestige		- Gläubiger (Fremdkapital)
• Politische Macht und gesellschaftlicher Einfluss	<->	- Lieferanten
• Soziale Absicherung der Belegschaft, Zufriedenheit der Mitarbeiter	<->	- öffentliche Hand
		- Gesamte Bevölkerung

Abbildung 6: Komplexität der Einflussfaktoren im Zielsystem

Ein ideales Zielsystem orientiert sich an den Vorstellungen des Unternehmensleitbilds. Die unterschiedliche Gewichtung der Teilziele durch die involvierten *Zielgruppen* muss schliesslich zu einer einheitliche Zielformulierung geführt werden[174]. Abbildung 6 stellt eine Auswahl möglicher *Zielinhalte* und *Zielgruppen* dar. Damit wird aber auch verdeutlicht, dass die Komplexität von pluralistischen Zielsystemen eine grosse Zahl interdependenter Faktoren aufweist, die sich in der Praxis als problematisch erweisen können.

Zur Bestimmung der praktischen Relevanz einzelner Zielinhalte können verschiedene empirische Studien herbeigezogen werden. Stellvertretend wird an dieser Stelle auf die Untersuchung von *Nordmann* zurückgegriffen. Abbildung 7 zeigt als Aus-

---

173 Vgl. dazu **Ulrich, H.:** Unternehmungspolitik, Seite 102. Zwischen den gleichrangigen Zielen können drei Beziehungen bestehen: *Zielharmonie, Zielneutralität* und *Zielantinomie*. Unter Berücksichtigung dieser Beziehungen wird *Harmonisierung* des Zielsystems angestrebt.

174 Vgl. dazu **Müller-Hedrich, B.:** Betriebliche Investitionswirtschaft, Seiten 13 f.

wertung der Erhebung eine Rangliste der bevorzugten Zielsetzungen[175]. Zum weiteren Vergleich wurden die entsprechenden Rangierungen bezüglich anderer Untersuchungen in die Tabelle integriert[176].

Rangliste der Untersuchungen			Zielinhalt	Ziel-Charakter
Nordmann	*Heinen*	*Czeranowsky/ Strutz*		
1	1	1	Gewinn	monetär
2			Rentabilität	monetär
3	2	2	Sicherheit	nichtmonetär
4	7	3	Marktanteil	monetär
5	6	4	Wachstum	nichtmonetär
6	5	6	Soziale Verantwortung	nichtmonetär
7		5	Umsatz	monetär
8	3	8	Unabhängigkeit	nichtmonetär
9			"Innerbetriebliche" Ziele	nichtmonetär
10			Image	nichtmonetär
11	8		Prestige	nichtmonetär
12			Liquidität	monetär
13			Politische Ziele	nichtmonetär

Abbildung 7: Rangliste der Untersuchung über die Rangfolge von Unternehmenszielen[176]

Die Resultate dieser Untersuchungen lassen sich grundsätzlich in zwei Richtungen interpretieren:

- Der Gewinnmaximierungshypothese als übergeordnete Zielsetzung kommt heute keine primäre Bedeutung mehr zu. Unter der Vorgabe eines mehrdimensionalen Zielsystems nimmt der *Gewinn* dennoch die eindeutige *Führungsposition* ein. Es kann damit vereinfachend auch von einer Optimierung des Gewinns unter Einhaltung diverser Nebenbedingungen gesprochen werden.

---

175 Die Untersuchung erfasste 19 ausgewählte Unternehmungen der Schweizerischen Maschinenindustrie in der Grössenordnung von ca. 1'000 bis 100'000 Beschäftigten bzw. rund 100 bis 1'000 Mio Fr. Umsatz (Stand 1971); vgl. **Nordmann, A.:** Zielsetzungen der Schweizerischen Maschinenindustrie, Seiten 54 f.

176 Vgl. weiterführend **Nordmann, A.:** Zielsetzung der Schweizerischen Maschinenindustrie, Seite 130, Abbildung 77; ebendort Seiten 132 bis 134, 26 und 36. Die ergänzende Rangierung nach Heinen und Czeranowsky/Strutz wird nur für die identischen Zielinhalte angeführt.

• Ohne die Erzielung von Gewinn ist eine langfristige Existenz nicht möglich. Erwirtschafteter Gewinn bildet eine absolute Voraussetzung zur Deckung wirtschaftlicher und sozialer Bedürfnisse.

Das hier verfolgte Problem der praktischen Beurteilung eines Investitionsvorhabens bewegt sich in einem stark *monetär* geprägten Bereich [177]. In Verbindung mit der eben erfolgten Interpretation drängt sich deshalb eine bevorzugte Berücksichtigung der quantifizierbaren Zielgrössen auf. Unter möglichst weitgehender Berücksichtigung langfristiger Auswirkungen im ganzen Unternehmensbereich können Gewinn, Rentabilität und Liquidität als übergeordnete Masse für die Vorteilhaftigkeit von Entscheiden durchaus akzeptiert werden [178]. Die Einschränkung des Zielbegriffs auf quantifizierbare Komponenten schafft zugleich günstige Voraussetzungen für den Einsatz von mathematisch orientierten Beurteilungsverfahren.

3.3.2 Zielausmass

Die Festlegung des angestrebten Zielerreichungsgrads im Rahmen der Zielplanung berührt das Entscheidungsinstrumentarium sehr unterschiedlich. Gelangen *Extremal- oder Maximierungsziele* zur Anwendung, kann mit Hilfe mathematischer Beurteilungsmethoden eine direkte Antwort auf die jeweilige Fragestellung gefunden werden. Die heutige Tendenz zu *Satifizierungszielen* erfordert hingegen die Definition eines bestimmten Anspruchsniveaus für einzelne Zielgrössen [179]. Im letzteren Fall wird sich die Aussage des Entscheidungsinstruments mehr auf die Vermittlung entscheidungsrelevanter Information konzentrieren müssen.

3.3.3 Zeithorizont

Als dritte Zieldimension muss der zeitliche Bezug der beabsichtigten Handlung festgelegt werden. Für die Ausgestaltung eines Entscheidungsinstruments ist die beobachtete Zeitspanne von grundlegendem Charakter. Auf die Problematik des Zeitverlaufs wird im Laufe der weiteren Ausführung aus thematischer Sicht noch zurückzukommen sein.

---

177 Vgl. auch Abschnitt 3.4

178 Der Gewinn sowie die damit eng verbundene Rentabilität stellen in diesem Sinne die eigentlichen *Erfolgsgrössen* dar. Mit der Liquiditätskontrolle steht ein quantifizierbares Merkmal zur Beurteilung des *Sicherheitsaspekts* zur Verfügung.

179 Vgl. dazu auch **Thommen, J.-P.:** Managementorientierte Betriebswirtschaftslehre, Seite 99.

3.4   Zusammenfassung: Einordnung der Immobilieninvestition

Die Immobilieninvestition wird im folgenden als *Finanzanlage* mit Sachwertcharakter betrachtet. Anlagetechnisch werden Immobilien, wie auch Aktien, zu den *Realwerten* [180] gerechnet: Im Vergleich zu Nominalwerten wird damit der Annahme Ausdruck gegeben, dass ihr innerer Wert gegenüber Konjunkturschwankungen weitgehend gesichert ist [181].

Der Informationsbestand muss in der Realität des Immobiliengeschäfts als *unvollkommen* eingestuft werden. Das daraus entstehende Bedürfnis nach Reduktion der Unsicherheitsfaktoren durch die Gewinnung zusätzlicher Information, erfordert Geld- und Zeitopfer, deren Nutzen sich in der Differenz der Zielerreichungsgrade widerspiegeln sollte.

Unter Berücksichtigung der in Abschnitt 3.3 gewonnenen Erkenntnisse können die Zielsetzungen einer Finanzanlage konkretisiert werden. Im Vordergrund der weiteren Betrachtung stehen die Anlageziele Gewinn/Rendite, Liquidität und Sicherheit [182].

Gewinn/Rendite:

> Die aus der Investition hervorgehende Rendite hat dem eingegangenen Risiko sowie den gegebenen Kapitalrestriktionen Rechnung zu tragen. Beeinflusst wird diese Erfolgsgrösse durch die Ertrags- und Kostenkomponenten des Betriebs, die ihrerseits abhängig sind von der allgemeinen Wirtschaftsentwicklung, dem Nutzpotential sowie der damit verbundenen Bewirtschaftungseffizienz. Rendite und Sicherheit verhalten sich in der Regel antinom. Bei steigender Rendite zeigt die Sicherheitskomponente normalerweise abnehmende Tendenz und umgekehrt.

Liquidität:

> Die zweite zu beachtende Hauptzielgrösse ist die Liquidität. Die langfristige Bindung und die *Total-Return*-Betrachtung auf dem Immobilien-Anlagemarkt wirken sich auf den Betrieb von Immobilien liquiditätsverknappend aus. Die

---

180   Vgl. dazu **Amstadt, G.:** Immobilien als Anlageobjekte, Dissertation, Winterthur 1969, Seite 9.

181   Durch politische Massnahmen ist auch bei Realwerten eine Beeinflussung von Ertragswert und monetärem Gegenwert möglich.

182   Vgl. dazu **Amstadt, G.:** Immobilien als Anlageobjekte, Seiten 12 ff; **Kienast, R.:** Aktienanalyse - Möglichkeiten rationaler Anlageentscheidungen, Bern 1977, Seiten 42 ff; **Zürcher, W.:** Sachwerte als Kapitalanlage von Versicherungsunternehmungen, Dissertation, Zürich/St.Gallen 1955, Seite 22.

Beachtung der Liquidität kann somit auch als Sicherheitsproblem bezeichnet werden.

Sicherheit:

Der Sicherheitsfaktor ist am schwierigsten zu quantifizieren. Wesentlichster Bestandteil der Sicherheit ist die Real- oder Substanzwerterhaltung eines Anlageobjekts. Diese Komponente wird von Immobilien aufgrund der relativen Knappheit erfüllt, sofern Nachfrage und Angebot frei spielen können. Die *Substanzwerterhaltung* ist ihrerseits wechselseitig eng verknüpft mit der Sicherstellung einer genügenden *Liquidität*. Erst die ausreichende Liquidität sichert auch die Erhaltung der Substanz. [183]

Neben der Berücksichtigung dieser drei Hauptzielinhalte können weitere Zielkomponenten abgegrenzt werden (vgl. Abbildung 8). Weitgehend lassen sich diese zusätzlichen Zielgrössen wieder im Rahmen der oben erfolgten Abgrenzung einordnen. Die Streuung und Mobilität können zum Beispiel ein Sicherheitsanliegen darstellen, aber gleichzeitig auch der Liquiditätssteuerung dienen.

Eine charakteristische Eigenschaft von Immobilien ist der ferne Planungshorizont. Der Liquidationszeitpunkt lässt sich nur selten festlegen. Um den potentiellen Zielerreichungsgrad beurteilen zu können, muss behelfsmässig ein imaginärer Zeithorizont herbeigezogen werden.

Teilziele der Immobilieninvestition:
* Sicherheit
* Rendite
* Liquidität

Weitere mögliche Zielkomponenten:
* Streuung
* Mobilität
* Investitionsdauer
* Prestige/Macht
* Idealistische Ziele

Abbildung 8: Anlageziele

Mit dem Abschluss dieses Kapitels ist das begriffliche Gerüst fixiert. Ergänzend zur generellen Einordnung in Kapitel 1 und der thematischen Gliederung bzw. fachorientierten Abgrenzung in Kapitel 2 wurden in diesem Kapitel auch die *betriebswirtschaftlichen* Grundbegriffe problemorientiert erarbeitet. Aufgrund dieser Grundlagen befasst sich der nun folgende *zweite Teil* mit der Analyse bestehender Beurteilungsverfahren, um daraus die Anforderungen an das gesuchte Entscheidungsinstrument ableiten zu können.

---

183 Die wesentlichsten Risiken des Substanzwertverlusts sind Eingriffe in das private Eigentum, die allgemeine Wirtschaftsentwicklung und unvorhergesehenes Verhalten der Bausubstanz (Planungs- und Materialfehler). Faktoren dieser Art werden im Rahmen dieser Arbeit nicht näher berücksichtigt.

ZWEITER TEIL

Analyse bestehender Beurteilungsverfahren und Entwicklung eines erweiterten Beurteilungsansatzes

4. Klassische Verfahren zur Beurteilung von Investitionsvorhaben

Zur quantitativen Beurteilung von Investitionsvorhaben werden in der betrieblichen Praxis verschiedene Verfahren eingesetzt. Im Vordergrund stehen die verschiedenen Standardverfahren der *Investitionsrechnung* [184]. Der Immobilienfachbereich kennt seinerseits spezielle Bewertungsverfahren für die Wertbestimmung von Liegenschaften, die in teilweiser Anlehnung an die betriebswirtschaftlichen Investitionsrechnungen helfen sollen, die Vorteilhaftigkeit einer Immobilieninvestition zu beurteilen.

Allgemein kann davon ausgegangen werden, dass die *quantitative* Beurteilung der *qualitativen* als *Entscheidungsgrundlage* vorgeht [185]. Damit verbindet sich in erster Linie der Vorteil, dass den objektiven Beurteilungsfaktoren in der Vorbereitungsphase des Entscheidungsprozesses mehr Gewicht zukommt. Neben diesen mathematisch erfassbaren *quantitativen* Fakten sind zur Bewertung alternativer Investitionsmöglichkeiten ergänzend auch *nicht exakt quantifizierbare* Momente bestimmend. Schon im Verlaufe der Reduktion realer Tatbestände auf ihre wesentlichen quantitativen Bestandteile ist es daher unumgänglich, für verschiedene Grössen Annahmen zu treffen. Über diese Bewertungen fliessen in Ergänzung zu den rein objektiven Momenten auch *subjektive* Komponenten in die Entscheidungsgrundlage ein, die den objektiven Tatsachen bedeutungsmässig gleichgestellt werden. Die Überschneidung von objektiven und subjektiven Elementen in den Entscheidungsgrundlagen begründet eine *scheinbare Genauigkeit*, die bei der Wahl einer Alternative nicht über die Fragwürdigkeit einzelner Werte hinwegtäuschen darf.

Die numerische Bewertung von *qualitativen* Merkmalen öffnet rechnerische Verfahren teilweise auch für nicht quantitativ vorliegende Informationen. Der Vorgang der Quantifizierung unterliegt jedoch erneut stark subjektiven Einflüssen und entbehrt damit einer neutralen Grundlage.

Der Vorteil der gleichzeitigen Erfassung dieser von Natur aus *verschiedenartigen* Informationsbestandteile im Rahmen der eingangs erwähnten Verfahren liegt in der

---

184 Vgl. u.a. **Siegwart, H./Kunz, B.:** Brevier der Investitionsplanung, Seite 59; **Müller-Hedrich, B.:** Betriebliche Investitionswirtschaft, Seiten 79 und 80; **Trechsel, F.:** Investitionsplanung und Investitionsrechnung, Seite 11.

185 Vgl. dazu **Müller-Hedrich, B.:** Betriebliche Investitionswirtschaft, Seite 48; vgl. auch Abschnitt 2 der vorliegenden Arbeit.

vermehrten Berücksichtigung von *Interdependenzen*; bedingt durch subjektive Einflüsse, Reduktion der realen Tatbestände und Beschränkung der Aussage auf einzelne Zielinhalte präsentiert sich dem Entscheidenden in jedem Fall ein verzerrtes Bild der Wirklichkeit[186]. Die Ergebnisse dieser Hilfsverfahren sind daher ausschliesslich als *unterstützende* Information für die anschliessende rationale Beurteilung zu verstehen und bezwecken keine Entscheidungsvorwegnahme[187]. Die definitive Entscheidung bleibt Aufgabe des Entscheidungsträgers, der aufgrund der vorgegebenen Zielsetzungen bzw. Entscheidungskriterien die optimale Aktion einleiten muss[188].

Das Bestreben, zu einem verbesserten Entscheidungsinstrumentarium zu gelangen, verlangt eine vorgängige *Analyse* von Möglichkeiten, Grenzen und Erkenntnissen, die sich aufgrund *der bestehenden Theorie* ergeben. Der erste Teil des bevorstehenden Kapitels befasst sich mit den praktizierten Methoden der Investitionsrechnung und entspricht damit auch dem hohen Stellenwert dieser Verfahren in der betrieblichen Praxis[189]. Thematisch eng damit verbunden sind die Bewertungsansätze des Immobilienfachbereichs, die den zweiten Teil dieses Kapitels bilden. Abschliessend erfolgt eine Gegenüberstellung der untersuchten Verfahren.

4.1   Betriebswirtschaftliche Investitionsrechnungsverfahren

In der aktuellen betriebswirtschaftlichen Investitionstheorie werden drei Verfahrensgruppen unterschieden[190]. Neben den *statischen* und den *dynamischen* Verfahren

---

186   Vgl. auch **Schneider, D.**: Geschichte betriebswirtschaftlicher Theorie, Seite 327.

187   Vgl. u.a. **Müller-Hedrich, B.**: Betriebliche Investitionswirtschaft, Seite 77; **Siegwart, H./ Kunz, B.**: Brevier der Investitionsplanung, Seite 65.

188   Vgl. **Schneeweiss, H.**: Entscheidungskriterien bei Risiko, Seite 17; vgl. auch die Ausführungen zum Zielsystem in Abschnitt 3.3.

189   Vgl. beispielsweise **Volkart, R.**: Investitionsentscheidung und -rechnung in schweizerischen Grossunternehmen, in: Der Schweizer Treuhänder 4/87, Seite 146, Abbildung 4; **Müller-Hedrich, B.**: Betriebliche Investitionswirtschaft, Seite 78.

190   Anders **Blohm, H./Lüder, K.**: Investition, München 1988, Seite 49. Die Autoren unterscheiden im Rahmen der klassischen Verfahren nur zwischen *"statisch"* und *"dynamisch"*. Andere Verfahren werden aber nicht ausgeschlossen, sondern separat betrachtet. Es besteht damit lediglich ein Unterschied systematischer Art.

finden sich weiter die Modellansätze des *Operations-Research*. Einen Überblick vermittelt die Zusammenstellung in Abbildung 9 [191].

Statische Verfahren	Dynamische Verfahren	Modellansätze des Operations-Research
• Kostenvergleich	• Kapitalwertverfahren	• produktionsorientierte OR-Modelle
• Gewinnrechnung	• Annuitätenmethode	• budgetorientierte OR-Modelle
• Renditerechnung	• Interner Ertragssatz	
• Payback-Methode	• Dynamisierte Payback-Methode	
• Nutzwertanalyse		
MAPI-Methode		

Abbildung 9: Verfahren der Investitionsrechnung [191]

Die anschliessende Diskussion der verschiedenen Verfahren bezweckt zunächst deren allgemeine *Charakterisierung* und soll eine Untersuchung bezüglich ihrer *Stärken und Schwächen* in der Anwendung auf Immobilieninvestitionen ermöglichen. Einzelnen Verfahren wird entsprechend ihrem *hohen Spezialisierungsgrad* weniger Gewicht beigemessen [192]. Die vergleichende Darstellung in diesem Abschnitt dient ausdrücklich einer *schwerpunktmässigen* Beleuchtung wesentlicher Aspekte; für weitergehende Information sei auf die einschlägige Fachliteratur verwiesen [193].

---

191   **Volkart, R.:** Beiträge zur Theorie und Praxis des Finanzmanagements, Schriftenreihe der Schweizerischen Treuhand- und Revisionskammer, Band 73, Zürich 1987, Seite 16, Abbildung 1/1; vgl. auch **Müller-Hedrich, B.:** Betriebliche Investitionswirtschaft, Seite 80.

192   Davon betroffen sind insbesondere die in Abschnitt 4.1.3 erwähnten Verfahren.

193   Vgl. zur Diskussion auch weiterführende Literatur wie **Blohm, H./Lüder, K.:** Investition, Seiten 49 ff; **Büschgen, H.E.:** Betriebliche Finanzwirtschaft, Seiten 35 ff; **Heinhold, M.:** Arbeitsbuch zur Investitionsrechnung, München 1980, Seiten 47 ff; **Lücke, W.:** Investitionslexikon, verschiedene Stellen; **Müller-Hedrich, B.:** Betriebliche Investitionswirtschaft, Seiten 79 ff; **Trechsel, F.:** Investitionsplanung und Investitionsrechnung, Seiten 26 ff.

4.1.1   Statische Rechenverfahren

Die statischen Rechenverfahren[194] sind *Vergleichsrechnungen*, die sich auf einzelne Zielkomponenten wie Kosten, Gewinn, Rentabilität und Amortisationsdauer konzentrieren. Typisches Merkmal der statischen Verfahren ist der Verzicht auf eine Berücksichtigung des zeitlichen Anfalls der Wertflüsse. Der zugrunde liegende Betrachtungszeitraum entspricht einer kurzen Zeitperiode, deren Werte als *Durchschnitt* für die gesamte Nutzungsdauer angenommen werden.

4.1.1.1 Kostenvergleichsrechnung

Die Kostenvergleichsrechnung versucht die Frage nach der kostengünstigsten Investitionsalternative zu beantworten. Den verschiedenen Investitionsalternativen werden dazu gleiche Erträge unterstellt[195]. Das Verfahren eignet sich vorwiegend für die Beurteilung von funktionsgleichen Anlagen bei Ersatz- oder Auswahlproblemen.

Für die Beurteilung von Immobilieninvestitionen ist die Vernachlässigung der Ertragskomponente besonders kritisch. Der Ertrag verschiedener Alternativen ist in hohem Masse abhängig von der *Lage*, die nicht beeinflussbar ist, sowie von den *Nutzungsmöglichkeiten*, die verschiedenen Einschränkungen unterliegen und einer Einflussnahme weitgehend entzogen sind. Die Voraussetzung der vergleichbaren Erträge ist damit keineswegs erfüllt.

4.1.1.2 Gewinnvergleichsrechnung

Im Unterschied zur Kostenvergleichsrechnung, in der gleichwertige Erträge unterstellt werden, versucht die Gewinnvergleichsrechnung diesen Mangel durch den Einbezug der spezifischen Gewinnbeiträge einzelner Alternativen zu beheben. Eine wesentliche Voraussetzung für dieses Vorgehen ist die *Zurechenbarkeit* der künftig erwarteten Gewinne.

---

194   Andernorts werden die statischen Ansätze auch als *ältere* Methoden bezeichnet. Vgl. u.a.
        Trechsel, F.: Investitionsplanung und Investitionsrechnung, Seite 26; **Kunz, B.:** Grundriss
        der Investitionsrechnung, Seite 24.

195   Ist die geforderte Voraussetzung gleicher Erträge erfüllt, wird die aus dem Kostenvergleich
        resultierende Rangfolge stets derjenigen der nachfolgend beschriebenen Gewinnvergleichsrechnung entsprechen.

Von einer Berücksichtigung der Relation zwischen Erlös und eingesetztem Kapital wird ebenfalls abgesehen. Ein weiterer Schwachpunkt beider Verfahren ist die Vernachlässigung von Finanzierungsproblemen verschiedener Investitionsalternativen.

4.1.1.3 Rentabilitätsrechnung

Bildet man das Verhältnis aus jährlichem Gewinnbeitrag und durchschnittlich investiertem Kapital, resultiert daraus die durchschnittliche Verzinsung des eingesetzten Kapitals. Abhängig von der gewählten Definition der Begriffe Gewinn und Kapital lassen sich zweckmässige Renditekennziffern bilden.

Mit der Berücksichtigung des eingesetzten Gesamtkapitals in der Vergleichsgrösse wird dem Tatbestand der *knappen finanziellen Mittel* in gewisser Hinsicht Rechnung getragen. Die unterschiedliche Höhe der absolut notwendigen Beträge einzelner Alternativen wird aber weiterhin vernachlässigt. Die zeitliche Wirkung von Gewinn- und Kapitalkomponenten bleibt ebenso unberücksichtigt, wie die Kapitalstruktur; gerechnet wird immer mit Durchschnittswerten.

4.1.1.4 Amortisationsrechnung

Bei der Amortisationsrechnung erfolgt die Beurteilung der Alternativen aufgrund der notwendigen *Zeitspanne bis zum vollständigen Rückfluss* des eingesetzten Kapitals (Wiedergewinnungszeit). Gewählt wird die Alternative mit der kürzesten Wiedergewinnungszeit, womit auch das Risiko der Entscheidung teilweise mitberücksichtigt wird.

Durch die Einschränkung der Beurteilung auf den Zeitraum bis zur vollständigen Rückgewinnung des eingesetzten Kapitals werden sämtliche Gewinnbeiträge, die nach Ablauf der Payback-Periode anfallen, keinen Einfluss auf das Resultat der Amortisationsrechnung nehmen. Damit bleibt die Frage nach der Rentabilität unbeantwortet. Der Vorteil der Risikoerfassung kann diese Nachteile erst unter gleichzeitigem Einsatz weiterer Verfahren aufwiegen[196].

Im Anwendungsgebiet von Immobilien ist das Payback-Verfahren besonders fragwürdig, da durch die Wertbeständigkeit des Objekts ein grosser Teil der Kapitalrückflüsse erst im Zeitpunkt der Liquidation anfällt. Eine statische Amortisationsrechnung in Anbetracht einer Anlagedauer von 30, 50 oder gar 100 Jahren durchzuführen, wäre äusserst unrealistisch.

---

196 Vgl. auch **Blohm, H./Lüder, K.:** Investition, Seite 173; **Müller-Hedrich, B.:** Betriebliche Investitionswirtschaft, Seite 118.

4.1.1.5 Zusammenfassung

Für die statischen Rechenverfahren bedient man sich der Werte einer bestimmten Periode und verwendet diese als stellvertretenden Durchschnittswert für die gesamte Nutzungsdauer. Die Unsicherheit in der Bezifferung dieser "fiktiven" Werte wächst dabei mit zunehmender Nutzungsdauer der Investition. Periodische Schwankungen bei Einnahmen, Ausgaben und Kapitalbeständen können nicht in die Rechnungen integriert werden.

Mit der losgelösten Untersuchung einzelner Zielgrössen werden Interdependenzprobleme verschiedener Alternativen weitgehend ausser acht gelassen, was bei umfangreichen Investitionsprojekten sicher als unrealistisch zu bezeichnen ist. Durch den kombinierten Einsatz mehrerer Verfahren können einzelne Nachteile entschärft werden, doch die grundlegenden Mängel sind nur mit anderen Methoden zu überwinden[197].

Für das Geschäft mit Immobilien, gekennzeichnet durch langfristige Betrachtungszeiträume, sind statische Verfahren infolge der Vernachlässigung des zeitlichen Anfalls einzelner Beträge grundsätzlich als ungeeignet zu betrachten. In Verbindung mit den individuellen Nachteilen der einzelnen Methoden ist von einem Einsatz statischer Verfahren für die Beurteilung von Immobilieninvestitionen erst recht abzusehen.

4.1.2   Dynamische Rechenverfahren

Zu den dynamischen Verfahren werden jene Methoden gezählt, die dem Unterschied im zeitlichen Anfall der Erlöse mittels Abzinsung oder Aufzinsung Rechnung tragen[198]. Für die Berechnungen werden die *einzelnen Periodenwerte* verwendet. Damit erübrigt sich der Behelf mit Durchschnittsgrössen.

Die dynamischen Verfahren überwinden mit der periodengerechten Bewertung die schwerwiegenden Nachteile der statischen Verfahren; die mit diesem Instrumentarium erzielbaren Resultate versprechen somit eine *differenziertere Beurteilung* der geprüften Alternativen. Als Informationsbasis für die praktische Anwendung der verschiedenen Methoden wird allerdings eine Finanzplanung vorausgesetzt, die detailliert über die zu erwartenden Zahlungsströme Auskunft gibt[199].

---

197   Vgl. auch **Müller-Hedrich, B.:** Betriebliche Investitionswirtschaft, Seite 119.

198   Vgl. u.a. **Büschgen, H.E.:** Betriebliche Finanzwirtschaft, Seite 56.

199   Diese Voraussetzung kann gleichzeitig auch zum Zwecke einer verbesserte Finanzierungsplanung im Hinblick auf Reinvestitionen genutzt werden.

4.1.2.1 Kapitalwertmethode

Werden im Zusammenhang mit einem Investitionsprojekt sämtliche während der gesamten Nutzungsperiode anfallenden Einnahmen und Ausgaben auf den Zeitpunkt t=0 abgezinst und addiert, erhält man den Barwert [200] einer Investition in diesem Zeitpunkt. Unter Annahme eines *Kalkulationszinssatzes* [201] und einer gegebenen *Nutzungsdauer* entspricht der so errechnete Barwert dem erzielbaren Gewinn einer Investitionsalternative, ausgedrückt in Werteinheiten des Zeitpunkts t=0.

Der Vergleich über Barwerte stellt rechnerisch kein eigentliches Problem dar. Sollen richtige Ergebnisse resultieren, sind von den verschiedenen Alternativen aber verschiedene wesentliche Prämissen zu erfüllen:

- Die Höhe des anfänglichen Kapitaleinsatzes kommt im Barwert nicht mehr explizit zum Ausdruck. Die direkte Vergleichbarkeit ist demnach nur bei *gleichwertigem Kapitaleinsatz* gewährleistet.

- Die *Gesamtnutzungsdauer* der Alternativen sollte identisch sein (Risikoverlagerung).

- Für die gesamte Dauer der verglichenen Investitionsprojekte wird angenommen, dass die periodischen Rückflüsse zum Kalkulationszinssatz reinvestiert werden können (Prämisse des vollkommenen Kapitalmarkts).

Der verwendete Kalkulationszinssatz gelangt in der Berechnung sowohl für Soll- wie auch für Habenzinsen zur Anwendung. Es wird damit vorausgesetzt, dass die jährlichen Rückflüsse zum Kalkulationszinssatz jederzeit wieder angelegt werden können bzw. zusätzliches Kapital zum selben Kalkulationszinsfuss entliehen werden kann. Diese Voraussetzungen werden ausschliesslich von einem *vollkommenen Kapitalmarkt* erfüllt. Da dieser in der Realität nicht existiert, ergeben sich Probleme bei der Festlegung des Kalkulationssatzes: Es ist ein Mischzinssatz festzulegen, der sowohl für *angelegtes* wie auch für *entliehenes* Kapital gilt.

Das erlangte Resultat macht über den Zeitpunkt der einzelnen Rückflüsse keine Aussage mehr. Diese Einschränkung bedeutet eine weitere *Risikokomponente*, die im Kapitalwert nicht mehr transparent zum Ausdruck kommt.

---

200 Die Begriffe *Kapitalwert*, *Barwert* und *Gegenwartswert* werden in diesem Zusammenhang gleichbedeutend verwendet.

201 Der Kalkulationszinssatz übernimmt die Aufgabe, die zeitlichen Unterschiede im Mittelfluss auszugleichen. Im praktischen Einsatz wird seine Festsetzung unter Berücksichtigung verschiedenster Einflussgrössen wie z.B. Fremdkapitalzinsen, Risikolage, Konjunkturentwicklung, Renditevorstellung etc. erfolgen. Vgl. u.a. **Müller-Hedrich, B.:** Betriebliche Investitionswirtschaft, Seite 130.

Die erreichte methodische Verfeinerung gegenüber den statischen Verfahren kann der Charakteristik einer Immobilieninvestition wesentlich besser entsprechen; mit der wertmässigen Kompensation der Mittelflüsse wird der langfristigen Anlage besser Rechnung getragen.

Während die genaue Zuordnung der Zahlungsflüsse auf ein einzelnes Investitionsobjekt bei Immobilien denkbar ist, bleibt die Festlegung einer Nutzungsdauer problematischer. Der Einfluss konjunktureller Schwankungen auf die Wahl des Kalkulationszinssatzes fällt für Immobilien weniger ins Gewicht, da über die gesamte Lebensdauer eine gewisse Glättung erfolgt.

4.1.2.2 Annuitätenmethode

Die Annuitätenmethode basiert auf den selben Grundlagen wie die vorgehend beschriebene Kapitalwertmethode[202]. Es müssen dementsprechend auch dieselben Einschränkungen angebracht werden. Bei übereinstimmendem Kapitaleinsatz und identischer Nutzungsdauer ergeben sich aus beiden Verfahren dieselben Präferenzen für verschiedene Alternativen.

Der besondere Wertverlauf einer Liegenschaft, mit Anfall eines hohen Liquidationserlöses, führt zu hohen Einnahme-Annuitäten, die real aber nie anfallen. Die Aussagekraft der Annuitätenmethode ist dadurch gegenüber derjenigen der Kapitalwertmethode eher noch eingeschränkt.

4.1.2.3 Interne Zinsfussmethode

Als *interner Zinsfuss* wird jener Zinsfuss bezeichnet, für den der Kapitalwert einer Ein- und Auszahlungsreihe gleich Null ist. Die Alternative mit dem höchsten internen Zinsfuss ist am vorteilhaftesten. Die Methode des internen Zinsfusses führt nur zu einem mathematisch eindeutigen Resultat, wenn die Kapitalbindung in keinem Zeitpunkt negativ ist.

Für den Vergleich von Alternativen gelten dieselben Einschränkungen, wie sie im Zusammenhang mit der Kapitalwertmethode erläutert wurden: Die Höhe des *Kapitaleinsatzes*, die unterschiedliche *Nutzungsdauer* sowie der *Zeitpunkt* der Rückflüsse werden nur im Rahmen der Abzinsung berücksichtigt, sind jedoch aus dem Resultat nicht mehr transparent ersichtlich. Ähnlich wie bei der Kapitalwertmethode wird an-

---

202   Vgl. dazu **Müller-Hedrich, B.**: Betriebliche Investitionswirtschaft, Seite 157. Müller-Hedrich bezeichnet die Annuitätenmethode als eine modifizierte Kapitalwertrechnung.

genommen, dass Zahlungsüberschüsse zum internen Zinsfuss wieder angelegt werden können. Die Unzulänglichkeit dieser Annahme wird offensichtlich, wenn man zwei Projekte mit *unterschiedlichem* internen Zinsfuss zu vergleichen versucht: Zusätzliche Fremdmittel wären auf demselben Kapitalmarkt im einen Fall mit einem höheren Zinssatz belastet als im anderen, während die Erträge der einen Alternative zu besseren Konditionen angelegt werden könnten als diejenigen einer anderen. Obwohl diese Nachteile bekannt sind, findet die Methode des internen Zinsfusses in der Praxis häufig Anwendung[203].

4.1.2.4 Dynamische Amortisationsrechnung

Mit der dynamischen Amortisationsrechnung wird der Zeitraum bis zum vollständigen Rückfluss des investierten Kapitals, zuzüglich einer bestimmten Verzinsung ermittelt. Ähnlich der statisch errechneten Amortisationsdauer eignet sich die Aussage des dynamischen Verfahrens als grober *Massstab zur Risikobeurteilung*. Durch die wertmässige Korrektur der künftigen Rückflüsse fällt die Amortisationsdauer beim dynamischen Verfahren typischerweise *länger* aus als beim statischen Äquivalent.

Die bei der statischen Amortisationsrechnung angebrachten Schwachstellen finden sich auch bei der dynamischen Berechnungsweise. Aufgrund der vernachlässigten Rückflüsse im Anschluss an die Amortisationsdauer liegen keine Informationen bezüglich der Erfolgsgrössen Gewinn bzw. Rentabilität vor. Allfällige Liquidationserlöse bleiben damit ebenfalls unberücksichtigt.

4.1.2.5 Zusammenfassung

Die dynamischen Rechenverfahren bringen Dank der Berücksichtigung aller einzelnen Rückflüsse eine *deutliche Verbesserung* gegenüber den statischen Verfahren. Schon in einfachen Fällen muss jedoch der Nachteil einer aufwendigeren Berechnungsweise in Kauf genommen werden. Die schwerwiegendste und nicht überwindbare Schwachstelle der dynamischen Verfahren liegt in der *"Negation der horizontalen und vertikalen Interdependenzen"*[204]. Die Folgewirkungen der beurteilten Investition auf andere Projekte bleiben von der Betrachtung ausgeschlossen.

Die Aussagekraft der Resultate aus dynamischen Investitionsrechnungen hängt zu einem grossen Teil von der Zuverlässigkeit der Schätzung zukünftiger Zahlungsströme im Rahmen der Finanzplanung ab. Die Möglichkeit der Zurechnung einzelner Beträ-

---

203 **Büschgen, H.E.:** Betriebliche Finanzwirtschaft, Seite 83.

204 **Müller-Hedrich, B.:** Betriebliche Investitionswirtschaft, Seite 162.

ge zu ganz bestimmten Investitionen ist dafür eine zwingende Voraussetzung: *"Die Isolierung der Ausgaben und Einnahmen ist grundsätzlich um so leichter möglich, je grösser das Investitionsprojekt ist und je mehr es eine selbständige Produktionseinheit bildet."* [205]. Ein Immobilienprojekt ist in dieser Hinsicht gegenüber einer Teilinvestition innerhalb eines Produktionsapparats begünstigt. Die Vorgabe des vollkommenen Kapitalmarkts bleibt eine unbefriedigende Lösung, die aber unter bestimmten Voraussetzungen relativiert wird [206]:

*   Einerseits stellt die exakte Voraussage eines langfristigen Durchschnittszinssatzes den Entscheidenden vor ein kaum lösbares Problem. Mit der Wahl eines Mischzinssatzes wird zwar ein Mittelweg gewählt, doch wäre eine genauere Vorhersage ebenfalls mit Vorsicht zu geniessen.

*   Andererseits ist im Rahmen einer grösseren Unternehmung das Argument, dass die künftigen Rückflüsse als Mittel zur Finanzierung späterer Investitionen herbeigezogen werden und damit Fremdmittel ersetzen, als durchaus realistisch zu betrachten; angesichts dieser Überlegung erweist sich die Annahme eines *einheitlichen* Zinssatzes als vertretbar.

Dem Problem der Langfristigkeit einer Immobilieninvestition kann mit bestimmten Überlegungen entgegengetreten werden. Schränkt man den erfassten Zeitraum auf ein überblickbares Mass ein, bleibt der Einsatz dynamischer Rechenverfahren grundsätzlich offengestellt: *"Es muss möglich sein, die zukünftigen Ausgaben und Einnahmen des zu überprüfenden Investitionsprojekts zu schätzen, und zwar bis zum Ende der Lebensdauer oder bis zum Ende des Zeitraumes, der mit Hilfe der Rechnung erfasst werden soll."* [207] Eine derartige Vorgehensweise entspricht dem Gedanken der Festlegung eines *ökonomischen Horizonts*, der den Betrachtungszeitraum in der Zukunft klar begrenzt.

4.1.3   Andere Verfahren

4.1.3.1 *Ansätze des Operations Research (OR)*

Auf der Suche nach exakteren Mitteln wurden die *Modellansätze des Operations Research* entwickelt. Mit Hilfe dieser mathematischen Methoden wird versucht, die di-

---

205   **Blohm, H./Lüder, K.:** Investition, München 1974, Seite 72; vgl. dazu auch die 6. Auflage, München 1988, Seite 74.

206   Trotzdem ist beim Vergleich von verschiedenen Alternativen äusserst kritisch zu beurteilen, ob den Resultaten gleiche Werte zugrunde liegen.

207   **Blohm,H./Lüder, K.:** Investition, München 1974, Seite 72; vgl. dazu auch die 6. Auflage, München 1988, Seiten 74 und 99.

versen Nachteile der statischen und dynamischen Rechenverfahren zu überbrücken. Hauptsächliches Anliegen ist die gesamtheitliche Erfassung verschiedener betrieblicher Bereiche bzw. der Berücksichtigung von *Wechselwirkungen* und gegenseitigen Abhängigkeiten im Planungs- und Entscheidungsprozess (Lösung des Interdependenzproblems). Mit der Ausformulierung eines Entscheidungsproblems als mathematische Funktion eröffnet sich auch die Möglichkeit, die den dynamischen Ansätzen anhaftende Prämisse des vollkommenen Kapitalmarkts zu überwinden.

Beim praktischen Einsatz der OR-Methoden treten wieder verschiedene *neue Probleme* auf. Für die mathematische Auswertung eines praktischen Tatbestands müssen entsprechende Ausgangsdaten aufgearbeitet werden, was den Einsatz von hochqualifizierten Fachkräften erfordert. Für die anschliessende Verarbeitung sind weiterhin Rechenanlagen notwendig. Dieser verfahrenstechnische Aufwand verursacht unter Umständen erhebliche Kosten.

Um die mathematische Erfassung der Optimierungsprobleme zu ermöglichen, muss das Entscheidungsfeld oft auf einen kleinen Teilbereich reduziert werden. Diese partielle Betrachtung steht damit erneut in einem Widerspruch zur Zielsetzung des Verfahrens, Interdependenzen gebührend zu berücksichtigen. Durch die Einschränkung auf einen bestimmten Teilbereich werden schon zu Beginn mögliche Konflikte ausgeklammert, die tatsächlich vorhanden sind. Die Gefahr einer Reduktion des Aussagegehalts wird damit bewusst in Kauf genommen.

Der Einsatzbereich von OR-Verfahren ist infolge dieser Nachteile schmal[208]. Im Einsatz stehende Rechenmodelle stellen eine Ausnahme dar. Bei diesen handelt es sich meist um "massgeschneiderte" Einzellösungen, die von grösseren Unternehmen zur Abdeckung spezifischer Bedürfnisse entwickelt wurden[209].

4.1.3.2 Nutzwertanalyse

Die Nutzwertanalyse lässt sich als statische oder dynamische Methode einsetzen. Sind alternative Investitionsvorhaben quantitativ nicht erfassbar, und ist daher eine monetäre Bewertung nicht möglich, so stellt die Nutzwertanalyse einen gangbaren Weg zur Entscheidungsfindung dar. Das Verfahren findet insbesondere auch im Bereich von Non-Profit-Organisationen Anwendung, wo die finanzwirtschaftlichen Konsequenzen nur schwer quantifizierbar sind[210]. Aufgrund der vorgängigen Ge-

---

208   **Müller-Hedrich, B.:** Betriebliche Investitionswirtschaft, Seite 167.

209   **Volkart, R.:** Beiträge zur Theorie und Praxis der Finanzmanagements, Seite 15.

210   **Büschgen, H.E.:** Betriebliche Finanzwirtschaft, Seite 55.

wichtung durch die Entscheidungsträger eröffnet es grundsätzlich *allen denkbaren Zielkriterien* den Zugang zu einem Analyseinstrument.

Sollen Immobilieninvestitionen bezüglich Erfolgsgrössen wie Gewinn, Rentabilität oder Liquidität beurteilt werden, erweist sich eine monetäre Bewertung der einzelnen Bestimmungsfaktoren als unumgänglich. In dieser Situation ist ein Ausweichen auf die Nutzwertanalyse nicht angebracht. Bei besonderen Problemstellungen, wie zum Beispiel der Standortwahl von Produktionsstätten, kann die Nutzwertanalyse jedoch durchaus auch im Zusammenhang mit Immobilieninvestitionen zur Anwendung gelangen.

4.1.3.3 MAPI-Methode

Der Vollständigkeit halber sei abschliessend kurz die MAPI-Methode[211] erwähnt. Sie verbindet statische mit dynamischen Elementen und wird vorwiegend zur Beurteilung von Ersatzinvestitionen eingesetzt. Das Verfahren gibt Antwort auf die Frage, ob eine vorhandene Anlage in einem bestimmten Zeitpunkt durch eine neue ersetzt werden soll oder erst später[212]. Für die Beurteilung von Immobilieninvestitionen fällt das Verfahren ausser Betracht.

4.1.4   Zusammenfassung

Die Gegenüberstellung von betriebswirtschaftlichen Verfahren der Investitionsrechnung hat verschiedene Problempunkte angesprochen, die nur teilweise bzw. überhaupt nicht gelöst werden. Vor der abschliessenden Diskussion[213] wird im folgenden Abschnitt auf die *fachspezifischen Beurteilungsverfahren* des Immobiliengeschäfts näher eingetreten. Mit dieser Vorgehensweise können die verschiedenen praktizierten Beurteilungsverfahren verglichen und für den Aufbau des erweiterten Lösungsansatzes herbeigezogen werden.

---

211   Die Bezeichnung des Verfahrens geht auf seine Entwicklung beim *Machinery and Allied Products Institute* in Washington zurück.

212   Eine sinngemässe Anwendung ist auch bezüglich *Erweiterungsinvestitionen* möglich. Vgl. u.a. **Blohm, H./Lüder, K.:** Investition, Seiten 100 ff.

213   Vgl. Abschnitt 4.3.

4.2 Praktische Ansätze zur Beurteilung von Immobilieninvestitionen

Die Frage nach der *praktischen Beurteilung* von Immobilieninvestitionen ist nicht leicht zu beantworten. In der Literatur lassen sich zur Bewertung von Immobilien einige Ansätze finden, die auch in der Praxis zur Anwendung gelangen. Es ist vorauszuschicken, dass diese Verfahren mehrheitlich als *Instrumente zur Momentbeurteilung* dienen. Beurteilt wird dadurch der Wert in einem *genau bestimmten* Zeitpunkt. Das Bestreben, dennoch gewisse zukünftige Zahlungsströme einzubeziehen, kommt in der Bewertung mit Hilfe der *Ertragswertmethode* zum Ausdruck.

In diesem Abschnitt werden einleitend die klassischen Wertermittlungsverfahren des Immobiliengeschäfts sowie die entsprechenden Begriffe geklärt. Die anschliessende Darstellung von zwei verfeinerten Methoden bildet das Bindeglied zwischen praktischen Usanzen der Immobilienbranche und betriebswirtschaftlichen Elementen der Investitionsentscheidung.

4.2.1 Die klassischen Wertermittlungsverfahren

Die Wertermittlung von Immobilien kennt eine vielfältige Palette von Verfahren, Methoden und Begriffen. Durch die folgende Abgrenzung der wesentlichen *Wertbegriffe* wird eine Systematisierung angestrebt und die Werte in einen Gesamtzusammenhang gestellt.

Abbildung 10 zeigt die verschiedenen Termini sowie ihre gegenseitigen Beziehungen [214]. Im Gegensatz zu dieser schematischen Darstellung sind die vertikal übereinanderliegenden Werte in der praktischen Anwendung *nicht* als gleichrangig zu betrachten. In Abhängigkeit von der Beurteilungssituation kann ihnen unterschiedliches Gewicht beigemessen werden [215].

Mit einer Wertermittlung können, entsprechend den vielseitigen Informationsbedürfnissen, unterschiedliche Aussagen angestrebt werden. Während im Zusammenhang mit dem Immobilienhandel in der Regel der *Verkehrswert* ermittelt wird, steht für die Gebäudeversicherung der *Gebäudewert* im Vordergrund. Es wird damit versucht,

---

214 Die Gliederung der Darstellung stellt ein Konzentrat verschiedenster Quellen dar und ist auf die Begriffsverwendung in dieser Arbeit abgestimmt.

215 Während zum Beispiel der Verkehrswert zu *Steuerzwecken im Kanton Zürich* nach einer festen Formel (Realwert/Ertragswert = 1/3) berechnet wird, wird im *Handel* mit Immobilien versucht, die genauen Umstände (wie Unterhaltszustand, Nutzungsart etc.) zu beachten. Vgl. dazu die folgenden Abschnitte.

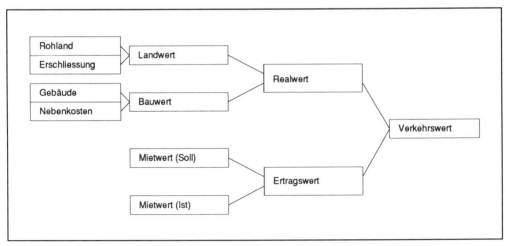

Abbildung 10: Begriffe der Immobilienwertermittlung

eine adäquate Antwort auf die jeweilige Problemstellung zu finden. Die einzelnen Begriffe aus Abbildung 10 werden nachfolgend, ausgehend vom Verkehrswert, eingehend erläutert.

4.2.1.1 Verkehrswert

Der Verkehrswert entspricht theoretisch dem Marktwert eines Objekts, das heisst dem Verkaufspreis, der unter normalen Umständen bei einem Verkauf erzielt werden sollte[216]. Im Gegensatz zum Verkaufspreis handelt es sich dabei jedoch um eine *nicht realisierte* Bewertung.

Der Verkehrswert setzt sich rechnerisch zusammen aus Real- und Ertragswert, wobei dem Ertragswert in der Regel grösseres Gewicht zukommt. Der Grund für diese Gewichtung liegt in der realisierbaren Nutzung: Die Kombination aus Grundstück und Gebäude ist auf dem Markt nur so viel wert, wie sie aufgrund ihrer Nutzenspendung wieder einzubringen vermag. Nägeli schlägt als Richtwerte bei unterschiedlicher Ertragsintensität eine Gewichtung in Abhängigkeit des prozentualen Unterschieds zwischen Real- und Ertragswert gemäss Abbildung 11 vor[217].

---

216   Vgl. **Hägi, A.:** Die Bewertung von Liegenschaften, Seite 184.

217   **Nägeli, W./Hungerbühler, J.:** Handbuch des Liegenschaftenschätzers, Seite 123.

Abweichung Real-/Ertragswert	Gewichtung
0 bis 10%	1 : 1
10 bis 20%	1 : 2
20 bis 30%	1 : 3
30 bis 40%	1 : 4
40% und mehr	1 : 5

Abbildung 11: Gewichtung des Ertragswertes nach Nägeli [217]

Eine Sonderstellung bei der Bewertung nehmen sogenannte *Liebhaberobjekte* ein, bei denen anstelle eines angemessenen Mietertrags ein *individueller* Mehrnutzen vorliegt. Die Zielsetzung dieser Arbeit erlaubt jedoch, derartige Ausnahmen zu vernachlässigen.

4.2.1.2 Realwert

Der Realwert setzt sich aus den beiden *substanziellen Komponenten* einer Liegenschaft zusammen: dem *Landwert* und dem *Bauwert* [218].

Bauwert:

Unter dem Bauwert werden die verschiedenen Aufwendung für die spätere Nutzenerbringung zusammengefasst. Der bedeutendste Teil davon wird durch den *Gebäudewert* verkörpert. Im Grundsatz entspricht dieser den gesamten Erstellungskosten (Neubauwert) abzüglich der Altersentwertung. Bei älteren Gebäuden liegt dieser Wert unter Umständen nicht in der gewünschten Form vor und muss vorgängig eruiert werden.

Es anerbieten sich dazu zwei Vorgehensweisen: Die Bereinigung kann entweder mittels Hochrechnung der ursprünglichen Erstellungskosten, unter Zuhilfenahme eines Baukostenindex [219] erfolgen oder, in Ermangelung zuverlässiger Indizes, durch eine Abschätzung der aktuellen Neubaukosten ersetzt werden.

Massgebend zur Bestimmung der *Altersentwertung* ist der Zustand der Gebäu-

---

218   Vgl. dazu **Nägeli, W./Hungerbühler, J.:** Handbuch des Liegenschaftenschätzers, Seite 19.

219   Gesamtschweizerisch wird kein Baukostenindex geführt. Die Städte Zürich und Bern sowie die Brandversicherung des Kantons Luzern führen je einen regionalen Index. Als Vergleichsbasis dienen einzelne Objekte. Eine vorbehaltlose Übertragung auf beliebige Objekte ist teilweise problematisch.

de, sowohl in technischer wie auch in wirtschaftlicher Hinsicht. Baumängel, falsche Materialien oder unfachmännische Arbeit sind gesondert zu berücksichtigen.

Neben den eigentlichen Gebäudekosten sind auch die *Baunebenkosten* Bestandteil des Bauwertes. Dazu gehören Aufwendungen wie Umgebungsarbeiten, Werksleitungen, Bauzinsen etc. [220]

Landwert:

Bei der Bestimmung des Landwertes stehen vier Verfahren im Vordergrund [221]: Die *Vergleichswertmethode* (Vergleich von Marktdaten) [222], die *Zuerkennungsmethode* (Abstraktions-/Rückwärtsrechnung), die *Methode der zu erwartenden Nutzung* (Erschliessungsmethode) und die *Grundrestmethode* (Real- und Ertragswertmethode).

Einzelne Begriffe werden in der Praxis nicht einheitlich verstanden, auch überschneiden sich verschiedene Verfahren in ihrer Aussage. Im Vordergrund der anschliessenden Abgrenzung steht daher die *Vorgehensweise* der einzelnen Verfahren.

Vergleichswertmethode:

Aufgrund von Verkaufsdaten gleichartig überbauter Parzellen kann ein Durchschnittswert als Referenz errechnet werden. Wo direkt vergleichbare Beispiele fehlen, kann aufgrund ähnlicher Objekte eine Annäherung gesucht werden.

Preisvergleiche dieser Art sind kritisch zu beurteilen. Um die erfassten Marktdaten richtig zu interpretieren, braucht es zusätzliche Informationen über das *Zustandekommen* der zu Rate gezogenen Referenzpreise. Findet beispielsweise ein Handwechsel unter besonderen Umständen, wie Arrondierung (eher preistreibend) oder Liquidation (eher preisdrückend) statt, ergeben sich *Verzerrungen* in der Preisvorstellung. Auch allfällig auf einem veräusserten Grundstück lastende Grunddienstbarkeiten können den Preis wesentlich beeinflussen.

---

220   Vgl. dazu auch die Kostenzusammenstellung in Abschnitt 6.1.2.

221   Vgl. dazu auch **Verein zur Herausgabe von Immobilienfachbüchern (Hrsg.):** Die Bewertung von Liegenschaften, Genf 1981, Seiten 146 ff. Anmerkung: Es handelt sich bei diesem Werk um eine übersetzte und von Schweizer Immobilienexperten überarbeitete Version eines amerikanischen Werkes. Titel der Originalausgabe: The Appraisal Of Real Estate, 7. Auflage, Chicago 1978.

222   Bei den in Klammer angeführten Begriffen handelt es sich um weitere, ebenfalls übliche Verfahrensbezeichnungen.

Neben den Hintergrundinformationen des Einzelfalls erfordert der *zeitliche Verzug* zwischen dem Anfall Marktdaten in der Vergangenheit und dem Bewertungszeitpunkt eine ergänzende Berücksichtigung der allgemeinen Wirtschaftsentwicklung.

Vergleichsobjekte können nur bei genauer Kenntnis der zugrunde liegenden Verhältnisse als zuverlässige Referenz herbeigezogen werden. Die Methode des Preisvergleichs eignet sich daher nur für bestimmte Objekte, wie zum Beispiel für unüberbaute Einfamilienhausparzellen an gleicher Lage, die in kurzer Folge verkauft werden.

Zuerkennungsmethode:

Das Zuerkennungsverfahren teilt den Gesamtpreis einer Liegenschaft in Boden und bauliche Anlagen auf. Aufgrund der Erkenntnis, dass zwischen einzelnen Bestandteilen der Liegenschaft (z.B. Boden/Gebäude) in der Regel ein ganz bestimmtes und für eine jeweilige Lage typisches Wertverhältnis besteht, kann auch bei überbauten Grundstücken ein Wert berechnet werden. Diese Erkenntnis ist die Basis der *Lageklassenmethode von Nägeli*. Sie ist Thema des Abschnitts 4.2.2 und wird dort ausführlich besprochen.

Nutzenerwartung:

Bei der Bewertung von unüberbautem, unerschlossenem und unparzelliertem Boden kann zu Bewertungszwecken ein Vergleich mit voll erschlossenem Baugrund und adäquaten Nutzungsmöglichkeiten angestellt werden. Vom Vergleichspreis werden die Aufwendungen für Erschliessung und Verkaufsvorbereitung in Abzug gebracht.

Grundrestmethode[223]:

Die Grundresttechnik kann zur Wertermittlung beigezogen werden, wenn keine Daten über vergleichbare Landverkäufe vorliegen. Durch die Schätzung der erzielbaren Nettoeinkünfte bei optimaler Nutzung wird das *effektive Ertragspotential* errechnet. Bringt man davon Fremd- und Eigenmittelverzinsung, Betriebskosten und Abschreibung in Abzug, verbleiben die

---

223 Vgl. **Nägeli, W./Hungerbühler, J.:** Handbuch des Liegenschaftenschätzers, Seite 38.
Nägeli versteht unter der *Rückwärtsrechnung* ein Verfahren zur Bewertung von Bauland und Abbruchobjekten, bei welchem aufgrund eines Projekts der Nutzwert der Liegenschaft errechnet wird. Das entspricht ungefähr der im Text beschriebenen *Grundrestmethode*. In einem Beispiel zeigt er zudem, dass bei diesem Verfahren ein enormer Ermessensspielraum besteht: Durch eine kleine Veränderung der Ausgangsdaten konnte der Landpreis von 14.- bis zu 219.- Fr./m² variiert werden.

überschüssigen Nettoeinkünfte, die dem Boden zugerechnet werden können. Der Wert des Grundstücks berechnet sich anschliessend mittels *Kapitalisierung* [224] dieses Restbetrags.

Die hier aufgeführten Bewertungsmethoden dienen jeweils einer bestimmten praktischen Fragestellung. In Anbetracht der vielfach notwendigen subjektiven Beurteilungen kann die Situation jedoch auch eine kombinierte Anwendung mehrerer Verfahren erfordern. Die Vorgehensweise der genannten Schätzverfahren unterstreicht deutlich das Gewicht der qualitativen Merkmale des Bodens [225].

4.2.1.3 Ertragswert

Die Bewertung aufgrund von Erträgen kann grundsätzlich bei allen Renditeobjekten angewendet werden. Für die Beurteilung geht man davon aus, dass ein Objekt nur soviel wert sein kann, wie sich aus ihm erwirtschaften lässt. Im Gegensatz zu den vorgehend aufgeführten Verfahren wird bei der Ermittlung des Ertragswertes *keine wertmässige Unterscheidung* von Gebäuden und Boden vorgenommen.

Die Berechnung des Ertragswertes erfolgt, ähnlich der Grundrestmethode, über die *Kapitalisierung* des Ertrags; Abbildung 12 zeigt ein schematisches Beispiel dieser Berechnungsweise.

In der praktischen Anwendung liegt das eigentliche Problem dieses Verfahrens in der Festlegung des Kapitalisierungszinssatzes. Eine Faustregel der Immobilienbranche verlangt einen Wert, der rund 1 - 3 Prozent über dem gültigen Satz für erste Hypotheken liegt [226]. Die individuelle Bestimmung sollte zusätzlich mindestens Unterhaltsintensität, Alterung und Abnutzungsintensität berücksichtigen [227]. Auf den Problemkreis des *Kapitalisierungszinssatzes* wird später noch zurückzukommen sein. Wesentlich ist die Erkenntnis, dass schon kleine Veränderungen des gewählten Satzes nachhaltigen Einfluss auf das Resultat nehmen: eine Erhöhung um eine halbes Prozent bewirkt beim Rechenbeispiel in Abbildung 12 eine Veränderung des Ertragswertes von rund 7 Prozent.

---

224   Vgl. dazu Abbildung 12.

225   Vgl. auch **Büttler, H.:** Eine empirische Untersuchung der privaten und öffentlichen Brutto-Bauinvestitionen der Schweiz sowie des Boden- und Wohnungsmarkts von Bern, Zürich und Basel in den Jahren 1948-1971, Bern 1975, Seite 15; vgl. auch Abschnitt 2.1.2.

226   Vgl. dazu Fussnote 98 in Abschnitt 2.3.2.

227   Vgl. dazu **Naef, J.:** Moderne Formen der Wohnbaufinanzierung aus bankwirtschaftlicher Sicht, Bern 1976, Seite 69.

Die Aussage des Ertragswertes kann über die Definition des *Jahresertrags* noch weiter differenziert werden. Von grundlegender Bedeutung ist insbesondere die Entscheidung, ob sich der resultierende Wert auf den *SOLL*- oder *IST-Werten* abstützt:

- Basiert man auf dem *Mietwert* (SOLL-Grösse), entspricht dies dem *theoretisch erzielbaren* Wert, festgelegt in Anlehnung an vergleichbare Objekte, unter *Annahme* der Realisierbarkeit. Man kann daher auch vom *Ertragspotential* unter optimalen Voraussetzungen sprechen.

- Die Abstützung auf den *Mietertrag* (IST-Grösse), das heisst der Summe der effektiv einkassierten

Ausgangsdaten:
- Jahresertrag (E_J): Fr. 50'000.--
- Kapitalisierungszinssatz (r_K): 6 %

Berechnung:
- Als Formel:

$$\frac{E_J}{r_K} = \text{Ertragswert}$$

- In Zahlen:

$$\frac{\text{Fr. } 50'000}{0,06} = \text{Fr. } 833'333.\text{--}$$

Abbildung 12: Beispiel zur Ertragswertberechnung

Mieten, entspricht einer *objektiven* Betrachtungsweise. Es werden keinerlei Annahmen getroffen, sondern ausschliesslich vollendete Tatbestände berücksichtigt.

Die Unterscheidung dieser beiden Werte ist für die sinngemässe Bewertung einer Liegenschaft wesentlich. Ursache von konkreten Unterschieden sind zum Beispiel Leerstände, Eigenmiete, vertragliche Einschränkungen [228] oder auch eine ungenügende Bewirtschaftung. Unter diesem Aspekt erscheinen die IST-Werte als korrekte Basis der Wertermittlung. Liegen keine realen Werte aus dem Betrieb vor, bleibt die Verwendung der SOLL-Werte aber unumgänglich. Analog zum Stellenwert des Kapitalisierungssatzes gilt es auch hier zu bedenken, dass sich jede Differenz in der Festlegung des Jahresertrags *proportional* auf den Ertragswert auswirkt.

---

[228] Vertragliche Einschränkungen können zum Beispiel in Form einer *langfristigen Bindung* an bestehende Mieter auftreten. Das effektive Ertragspotential kann in solchen Fällen, obwohl vorhanden, nicht ausgeschöpft werden.

4.2.2   Die Lageklassenmethode von Nägeli

Die Lageklassenmethode von Nägeli nimmt unter den Bewertungsansätzen eine Sonderstellung ein. Die auf allgemein-wirtschaftlichen Zusammenhängen basierende
Methode hat sich seit 30 Jahren in der Praxis einen festen Platz erobert [229]. Ein
grosser Vorteil der Methode ist in der Tatsache zu sehen, dass sie sich auch für Situationen eignet, in denen keine vergleichbaren Objekte existieren. Typische Beispiele dieser Art sind überalterte oder ertragslose Gebäude, Abbruchobjekte sowie unüberbaute Parzellen.

Die Lageklassenmethode basiert auf der Erkenntnis, dass bei Objekten gleicher Lage
die Grössen *Jahreszins*, *Baulandwert* und *Gesamtanlagewert* stets in einem klar definierten Verhältnis zueinander stehen [230]. Mit der Bezeichnung *Lage* wird nicht ein
bestimmter geographischer Ort, sondern die *qualitative* Ausprägung bestimmter ob-
jekt- bzw. lagespezifischer Merkmale umschrieben.

Für die praktische Anwendung der
Methode wurde ein entsprechender *La-*
geklassenschlüssel erstellt, der es ermöglicht, jedes Objekt einer Lageklasse zuzuordnen [231]. Die Bewertung
erfolgt mit Hilfe des Schlüssels getrennt nach *sechs Kriterien* (vgl. Abbildung 13): für jedes Kriterium werden, eingeteilt nach den acht Lageklassen, die typischen Merkmale beschrieben [232]. Die für das einzelne Kriterium zutreffende Bewertung (eine Zahl
zwischen eins und acht) wird jeweils
notiert. Von den resultierenden sechs
Einzelwerten wird abschliessend der

Lageklassenschlüssel
Hauptkriterien:
• Allgemeine Situation (Übersicht)
• Verkehrsrelation
• Nutzungsintensität/Ausbaustandard
• Wohnsektor
• Handels- und Dienstleistungssektor
• Industrie
Korrekturkriterien:
• Steigerungsfaktoren
• Reduktionsfaktoren

Abbildung 13: Lageklassenschlüssel [232]

229   Vgl. dazu **Nägeli, W./Hungerbühler, J.:** Handbuch des Liegenschaftenschätzers, Seiten
      43 f. In den Jahren 1960 bis 1968 wurden allein in den Kantonen SH, BE und LU 260'000
      Liegenschaften nach der Lageklassenmethode bewertet.

230   **Nägeli, W./Hungerbühler, J.:** Handbuch des Liegenschaftenschätzers, Seite 46. Der Origi-
      naltext lautet: *"..., dass Objekte in gleicher Lage stets gleiche Verhältniszahlen von Gesamt-*
      anlagewert, Mietzinstotal und Landwert besitzen." Der Bezug der Verhältniszahlen ist darin
      nicht klar verständlich enthalten.

231   Seit der Veröffentlichung der ersten Fassung von 1958 wurde die Gliederung zunehmend
      differenzierter. Die jüngste Version stammt aus dem Jahr 1988.

232   Die detaillierten Typisierungsmerkmale der einzelnen Kriterien sind zu finden bei
      Nägeli, W./Hungerbühler, J.: Handbuch des Liegenschaftenschätzers, Seiten 49 ff.

Mittelwert gebildet, der wie die Einzelwerte zwischen 1 und 8 liegt. Ausserordentliche Objekt-Merkmale können mit den beiden *Korrekturkriterien* als Zuschlag oder Abzug (0,1 bis 0,4 Punkte) gesondert berücksichtigt werden[233].

Die Erfahrungswerte aus der Schätzungspraxis Nägelis sind in Abbildung 14 graphisch dargestellt[234]. Aufgrund von *Gebäudebauwert*, *Landwert* und *Mietzinstotal* wurden die einzelnen Schätzungsergebnisse in diesem Koordinatensystem eingetragen. Es ergab sich das *Bild eines Keils*. Die meisten geschätzten Objekte bewegen sich darin entlang der Mittelachse. Innerhalb der oberen und unteren Begrenzungslinie liegt die Mehrheit aller geschätzten Objekte.

Bewegt sich ein Objekt links bzw. oberhalb des Keils, zeichnet es sich gegenüber einem durchschnittlichen Objekt durch eine besonders gute Rendite aus. Man kann in diesem Fall von einer *Unterbewertung* sprechen. Da Gebäudewert und Mietzinstotal feststehen, kann die Positionierung allein durch eine *Erhöhung des Landwertes* in den Bereich des Keils verschoben werden[235]. Umgekehrt gelten Objekte unterhalb des Keils als *überbewertet*.

Aus Abbildung 14 ist nun auch ersichtlich, worauf die Numerierung der Lageklassen (abgekürzt LK) beruht. Sie entspricht dem *Vielfachen* des Jahres-Mietzinstotals gegenüber dem Landwert. Ein Beispiel: LK 3 bedeutet, dass der Landwert dem 3-fachen des Jahresmietzinses entspricht[236].

---

233 Aufgrund der *individuellen* Bewertung einzelner Stärken und Schwächen können Objekte verschiedenen Charakters der selben Lageklasse zugeordnet werden.

234 **Nägeli, W./Hungerbühler, J.:** Handbuch des Liegenschaftenschätzers, Seite 47.

235 Ergänzend dazu ein Zahlenbeispiel: Ein Objekt mit Gebäudebauwert 70, Landwert 30 und Mietzinstotal 10 liegt oberhalb des Keils. Erhöht man den Landwert ebenfalls auf 70, liegt das Objekt wieder im Bereich des Keils.

(Beträge in Tausend Fr.)	Variante A	Variante B
Gebäudewert	70	70
Landwert	30	70
Mietzinstotal	10	10
Anteil Bauland an Gesamtanlagekosten	30%	50%
Jahresmietzins zu Baulandwert	1:3	1:7

236 Vgl. dazu in Abbildung 14 die Numerierung oberhalb des Koordinatensystems.

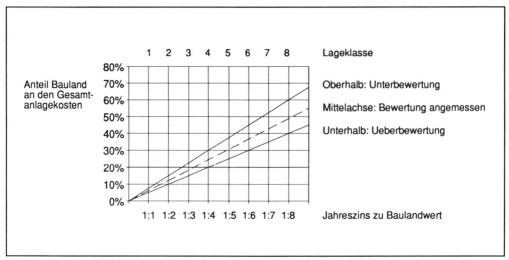

Abbildung 14:   Koordinatensystem zur Wertberechnung des Baulands nach der Lageklassenmethode von Nägeli [234]

Gesondert wird der Einfluss des Kapitalzinsniveaus berücksichtigt. Nägeli geht davon aus, dass das Verhältnis von Gesamtanlagewert zu Bauland *unabhängig* von der Kapitalverzinsung ist. Die Relation Mietwert/Landwert verändert sich jedoch infolge von Mietzinsveränderungen [237]. Als Grundlage zur Definition der Lageklassen diente ein Kapitalisierungssatz von 6,25%. Für die Berechnung des Landwertanteils aufgrund des Mietzinstotals bei anderen Kapitalisierungssätzen hilft eine Umrechnungstabelle, die den Lageklassenwert korrigiert. Die Berechnungsweise ist bei Nägeli nicht näher erläutert, lässt sich aber aus der veröffentlichten Tabelle rekonstruieren (Abbildung 15).

$$\frac{LK_B * r_B}{r_K} = LK$$

LK_B:	Lageklasse nach Schlüssel
LK:	Lageklasse für Koordinatensystem
r_K:	Kapitalisierungszinssatz
r_B:	Basiszinssatz (6.25%)

Abbildung 15: Umrechnungsformel

---

237   **Nägeli, W./Hungerbühler, J.:** Handbuch des Liegenschaftsschätzers, Seite 70.

Aufgrund der praktischen Erfassung von zahlreichen Objekten konnten zwei weitere Annahmen verifiziert werden:

- Die durchschnittlichen Nebenkosten stehen, in Abhängigkeit von der Lageklasse, in einem typischen Verhältnis zu den gesamten Gebäudekosten.
- Der Landwert darf nicht mit dem m^2-Preis verwechselt werden, da oft grosse Unterschiede bezüglich Baugrund, bestehenden Gebäuden und Form des Grundstücks bestehen.

Mit den verschiedenen Abhängigkeiten wird ein Netz geschaffen, das offensichtliche Missverhältnisse klar aufdecken soll. Sind zwei Grössen bekannt, oder liegen zumindest entsprechend zuverlässige Annahmen vor, lassen sich aufgrund des Koordinatensystems jeweils Schlüsse auf die dritte Grösse ziehen.

Die Auseinandersetzung mit dem Lageklassenschlüssel ermöglicht auch eine Beurteilung der Auswirkungen von Umweltentwicklungen auf ein einzelnes Objekt. Durch Veränderungen der Infrastruktur [238] kann sich die Lageklasseneinstufung, und damit auch der Wert, mit der Zeit verändern.

4.2.3   Bewertung von Immobilien nach Fierz

Fierz hat aufgrund seiner praktischen Tätigkeit im Immobilienbereich einen eigenen Bewertungsansatz für Immobilien entwickelt. In seinem Buch "Wert und Zins bei Immobilien" [239] befasst er sich mit dem Problemkreis der Immobilienbewertung aus ökonomischer Sicht.

Während für die meisten Güter aufgrund der Nutzenerwartung ein klarer Marktpreis existiert, sind Liegenschaften und gebrauchte Anlagen normalerweise *zu unterschiedlich* bezüglich der künftigen Nutzenspendung, so dass *kein klarer Marktpreis* vorliegt. Der Ansatz geht daher davon aus, dass jedem Geschäftsabschluss im Bereich von Immobilien eine zweiseitige Wertermittlung vorausgeht. Dabei beurteilen Käufer und Verkäufer dasselbe Objekt nach ihren subjektiven Wertmassstäben bezüglich dem zukünftigen Nutzen. *"Der ökonomisch richtige Ansatz für die Bewertung von*

238   Damit werden beispielsweise Veränderungen in den Bereichen Strassenbau, Bahn- und Buslinien, Einkaufszentren etc. angesprochen.

239   **Fierz, K.:** Wert und Zins bei Immobilien (Darstellung der ökonomischen Grundlagen für die Bewertung von Anlagen, Bauten und Grundstücken samt Diskussion an einigen Fällen aus der Praxis), Zürich 1984.

*Liegenschaften und gebrauchten Anlagen muss deshalb zum Ziele haben, diesen Zu-
kunftsnutzen zu quantifizieren (Bewertungsgrundsatz)."* [240]

Die Wertermittlung erfolgt durch die Berechnung des *Barwertes* [241]. Dem Objekt
werden dazu die Zahlungsströme der künftigen Erträge und Aufwendungen für die
Restlebensdauer zugerechnet. Bei voll in Betrieb stehenden Immobilien kann die *Zurechnung* der notwendigen Werte aufgrund von aktuellen Abrechnungen relativ zuverlässig erfolgen. Fehlen Grundlagen dieser Art, muss eine Ertragsschätzung vorgenommen werden. Dabei *"ist indessen mit Umsicht zu Werke zu gehen"* [242]. Als
Ausweichmöglichkeit, falls eine Ertragsschätzung unmöglich erscheint, aber auch zur
Kontrolle, kann dieser Wert behelfsmässig über die Ermittlung des *Restwertes* der
Liegenschaft und über den *Strukturwert* des Bodens ermittelt werden [243].

Für die Bewertung wird die *Restlebensdauer* des Bodens als unendlich angenommen. Zur Restwertbestimmung der Gebäude wird die rohe Gebäudestruktur *getrennt*
vom Ausbau betrachtet. Mit dieser Abgrenzung wird es möglich, die *Renovationsfähigkeit* von Bauten und maschinellen Anlagen zu berücksichtigen, die ihrerseits den
Ertragswert für die normale Lebensdauer der rohen Gebäudestruktur abzusichern
vermag [244].

Aufgrund des vernachlässigbar kleinen Barwertes einer Zahlung die erst in ferner
Zukunft erfolgt, wird die Betrachtung auf einen Zeitraum von 75 bis 100 Jahren beschränkt [245]. Als *Verzinsungsrate* wird der Wert eingesetzt, der bei einer Anlage
der Mittel in *öffentlichen Anleihen* erzielbar wäre oder der allfällig *tatsächlich erzielbare* Zinssatz. Von einem Risikozuschlag beim Kalkulationszinssatz sieht Fierz ab:
Die zusätzlichen Risiken, die mit dem Erwerb einer Liegenschaft verbunden sind,
werden über die Einnahmen und Ausgaben in der Betriebshochrechnung berücksichtigt [246].

Als Basis für die praktischen Berechnungen verwendet Fierz die nachfolgend erläuterten Ausgangsdaten:

---

240   Vgl. **Fierz, K.**: Wert und Zins bei Immobilien, Seite 7.

241   Vgl. zur Barwertberechnung Abschnitt 4.1.2.1.

242   **Fierz, K.**: Wert und Zins bei Immobilien, Seite 19.

243   Der *Strukturwert* lehnt sich an der Lageklassenmethode von Nägeli an; vgl. dazu Abschnitt
      4.2.2.

244   Auf die Problematik der Abschreibung wird in Kapitel 8 noch näher eingegangen.

245   Diese Vorgehensweise entspricht erneut dem Gedanken des *ökonomischen Horizonts*. Vgl.
      dazu **Fierz, K.**: Wert und Zins bei Immobilien, Seite 20; vgl. auch die Zusammenfassung
      bezüglich der dynamischen Verfahren in Abschnitt 4.1.2.5.

246   **Fierz, K.**: Wert und Zins bei Immobilien, Seite 22.

Nutzfläche:

Als Bezugsgrösse der Ertragsbeurteilung dient die Nettonutzfläche in Quadratmetern, das heisst die aufgrund der *Innenmasse* des Gebäudes berechneten Flächen. Zu dieser Kategorie werden auch Flure, WC-Anlagen, Abstellräume etc. gerechnet. Nicht in die Zusammenstellung einbezogen werden Treppenhäuser, Liftschächte und ähnliche Flächen, was allgemein unter dem Begriff Erschliessungsflächen zusammengefasst werden kann.

Die ausgeschiedenen Nutzflächen werden weiter eingeteilt in verschiedene Untergruppen. Dazu gehören Laden- und Büroflächen, heizbare Werk- und Lagerhallen sowie offene Werk- und Lagerhallen.

Umbauter Raum:

Als Grundlage für die Abschätzung der Gebäudekosten wird der Gebäudekubus, berechnet nach SIA 116[247], beigezogen.

Gebäudekosten:

Die Kubikmeter nach SIA 116 können mit Erfahrungszahlen über die Erstellungskosten multipliziert werden, woraus der *Neubauwert* resultiert. Die so errechneten Gebäudekosten genügen in den meisten Fällen. Für spezielle Objekte sind allenfalls ergänzende Erhebungen erforderlich.

Zusatzkosten:

Die Zusatzkosten (Vorbereitungskosten, Umgebungs- und Baunebenkosten) werden, entsprechend dem bewerteten Objekt, bei Bedarf ebenfalls berücksichtigt. Bei der Bezifferung hilft eine Zusammenstellung von Erfahrungszahlen für die wesentlichen Faktoren.

Jährlicher Bruttomietertrag:

Die Berechnung des Bruttomietertrags basiert auf den oben definierten Nutzflächen. Das jeweilige Ertragspotential wird aufgrund eines "Strukturschlüssels"[248] anhand von Erfahrungszahlen bewertet. Sofern weitere Informationen zur Verfügung stehen, sollten die Ertragszahlen noch genauer bewertet werden.

---

247 Vgl. **Schweizerischer Ingenieur- und Architekten-Verein (Hrsg.):** SIA Normenwerk, Norm Nr.116: Norm für die kubische Berechnung von Hochbauten, Zürich 1952. Die Norm dient der *"Ermittlung der ungefähren Ausführungskosten eines Baus nach vorhandenen Skizzen oder Bauprojekten nach Rauminhalt und erfahrungsgemässen Preisen für die Raumeinheit".*

248 **Fierz, K.:** Wert und Zins bei Immobilien, Seiten 183 ff.

Jährliche Betriebskosten:

> Der Betriebskostenanteil wird mit ca. 8 bis 12% des Bruttomietertrags veranschlagt. Zusätzlich sind von diesem Betrag 2 bis 4% als Verwaltungskosten vorzusehen.

Aufgrund dieser Kennziffern lässt sich ein jährlicher Betriebsüberschuss errechnen. Ausgehend von dieser Basis erfolgt die Barwertberechnung bis maximal an den ökonomischen Horizont von rund 75 Jahren. Zur Bestimmung des Landwertes muss der so errechnete Barwert noch um die Investitionssumme[249] und die notwendigen Renovationsaufwendungen korrigiert werden[250].

Der so ausgewiesene Landwert kann für einen Vergleich mit den tatsächlich zu bezahlenden Preisen herbeigezogen werden. Einen *direkten* Rückschluss auf den effektiven Wert ziehen zu wollen, scheint dennoch fragwürdig: Verschiedene in die Berechnung einfliessende Grössen sind Annahmen genereller Art, die im Rahmen einer derart langfristigen Betrachtung bestenfalls als angenäherte Werte verstanden werden dürfen.

Die Bewertungsmethode von Fierz ist ein sehr vielseitiges und anpassungsfähiges Instrument. Sie bezweckt eine Entscheidungsunterstützung in der Situation des Handwechsels einer Liegenschaft. Die Beurteilung der Vorteilhaftigkeit erfolgt aufgrund der Berechnung des Barwertes der verschiedenen Alternativen. Der Beurteilende sollte sich bei der Interpretation der Resultate insbesondere folgender Prämissen bewusst sein:

- Der Barwert als alleinige Entscheidungsbasis ist *nicht unproblematisch.* Aus mathematischer Sicht entspricht die Annahme des vollkommenen Kapitalmarkts nicht den realen Umständen[251]. Nun wird aber jede zukunftsbezogene Entscheidung von bestimmten Annahmen ausgehen müssen, die nicht völlig der Realität entsprechen.

- Die *Vernachlässigung der Teuerungskomponente*[252] führte in einem durchgerechneten Beispiel zu einem Unterschied des Landwertes von +85%. Diese Differenz wird nicht nur durch die Annahme der zukünftigen Teuerungsrate verursacht. Die Quote der *Teuerungsüberwälzung* auf die Erträge muss ebenfalls in die Kalkulation einbezogen werden. Bei Immobilien ist vorwiegend die

---

249   Die Investitionssumme setzt sich aus den oben erwähnten Gebäude- sowie allfälligen Zusatzkosten zusammen.

250   Für die Bewertung dieser Renovationsaufwendungen werden je nach Objektart wiederum verschiedene Erfahrungszahlen zur Verfügung gestellt; vgl. **Fierz, K.:** Wert und Zins bei Immobilien, Seite 181.

251   Vgl. auch Abschnitt 4.1.2.

252   **Fierz, K.:** Wert und Zins bei Immobilien, Seite 32.

vorgesehene Nutzung eines Objekts bestimmend für den tatsächlichen Über-
wälzungsfaktor[253].

- Die verschiedenen verwendeten Erfahrungszahlen sind eine wertvolle Basis für
  den Bewertungsvorgang, lassen sich jedoch nicht vorbehaltlos auf beliebige
  Objekte übertragen. Im Ansatz von Fierz wird deshalb empfohlen, jeweils weitere Abklärungen zu treffen. Diese Vorgehensweise führt zu einem genaueren
  Resultat. Verständlichkeit und Transparenz für den Entscheidungsträger nehmen zugleich ab, da aus dem Endresultat nur noch ein Bruchteil der vorgängig
  aufbereiteten Information abzulesen ist.

Gerade anhand dieses letztgenannten Arguments zeigt sich die Problematik der Informationsaufbereitung innerhalb des Entscheidungsprozesses. Im Laufe der Aufbereitung ist konsequent zu berücksichtigen, dass der Entscheidungsträger oft mit weniger Fachwissen gerüstet ist als die einzelnen Fachspezialisten.

4.2.4 Zusammenfassung

Mit der Bewertung allein ist die Frage nach der Vorteilhaftigkeit einer bestimmten
Investition nicht genügend beantwortet. Im Vordergrund der erläuterten Verfahren
steht die Beurteilung, ob ein geforderter Preis gerechtfertigt bzw. marktkonform ist.
Damit ist der Praxis ein wichtiges Instrument zur *aktuellen Beurteilung* von Immobilien gegeben. Der *Ansatz* zum vermehrten Einbezug dynamischer Komponenten der
Immobilieninvestition ist wohl zu erkennen, auf eine *systematische* Analyse der zukünftigen Zahlungsströme wird im Rahmen der bekannten Methoden aber verzichtet.

Verfahrenstechnisch lassen sich unter den diskutierten Bewertungsmethoden ähnliche
Abläufe erkennen. Allgemein kann diesbezüglich festgestellt werden, dass aufgrund
von einzelnen Teilinformationen ein *Rückschluss* auf die gesuchten Werte erfolgt. So
wird zum Beispiel aufgrund von Baukosten und Ertragswert auf den Wertanteil des
Bodens geschlossen. Während dem Vorgang der Bewertung fliessen etwelche Annahmen ein, deren Unzulänglichkeiten aus dem Resultat nicht mehr ersichtlich sind.

Es ist festzuhalten, dass diesen Ansätzen beim Handel mit Immobilien eine wesentliche Bedeutung zukommt, sie für einen Investitionsentscheid aber keineswegs *allein*
ausschlaggebend sein dürfen. Innerhalb des Entscheidungsprozesses sind sie lediglich ein notwendiger Ausgangspunkt. Durch die Charakteristik der Momentbeurteilung besteht die Gefahr, dass die Überprüfung der Marktkonformität in den Vordergrund rückt, unbesehen der ökonomischen Verhältnisse im Hinblick auf den zukünf-

---

253 Bundesbeschluss über Massnahmen gegen Missbräuche im Mietwesen vom 30. Juni 1972
sowie entsprechende Verordnung vom 10. Juli 1972.

tigen Betrieb[254]. Die Annahme, dass der Unterschied zwischen Verkehrswert und Marktpreis auf dem *Total-Return* gründet, bleibt infolge fehlender Transparenz der Entscheidungsgrundlagen unbestätigt.

4.3 Folgerung

Im Rahmen dieses Abschnitts werden die vorhergehend besprochenen Beurteilungs-verfahren einander vergleichend gegenübergestellt. Die einzelnen Methoden werden individuell bezüglich bestimmter Kriterien überprüft und bewertet. Die Betrachtung konzentriert sich auf jene Merkmale, die hinsichtlich der Zielsetzungen dieser Arbeit relevant sind. Ein Anspruch auf *vollumfängliche Berücksichtigung* der gesamten In-vestitionsproblematik wird damit nicht erhoben.

Die nachfolgend tabellarisch dargestellte Charakterisierung der Investitionsbeurtei-lungsverfahren ist in fünf Gruppen gegliedert, deren Detailkriterien jeweils einer *no-minalen* oder *ordinalen* Bewertung unterzogen wurden. Abbildung 16 vermittelt einen allgemeinen Überblick und dient gleichzeitig als Legende zu den Bewertungen in den Abbildungen 17 bis 21.

---

254 Diese Problematik wird anhand des folgenden Zitats drastisch verdeutlicht: *"Der Verkehrs-wert, das Resultat aus Realwert und Ertragswert, muss nicht der Preis sein, der für eine Liegenschaft mit einem Verkauf erzielt werden kann, sondern muss als Wert, der unter Würdigung der Wirtschaftlichkeit einer Liegenschaft im Verhältnis zu deren Anlagewert er-mittelt wurde und vom Ertrags- und Realwert abhängig ist, angesehen werden. Der Markt-wert kann nicht errechnet, sondern muss aufgrund von Angebot und Nachfrage ermittelt werden ...".* Das Zitat ist Teil eines Interviews mit einem Schätzungsexperten; vgl. **Haefeli, M.:** Die Bewertung von Liegenschaften - eine verantwortungsvolle Tätigkeit, in: Immobi-lien Markt Nr. 3/1990, Seite 45.

Gruppe	Kriterien	Beurteilungslegende
Informationsbasis	• Investitionsbetrag • Ausgaben/Kosten einperiodig • Ausgaben/Kosten mehrperiodig • Einnahmen/Erlöse einperiodig • Einnahmen/Erlöse mehrperiodig • Liquidationserlös • Nutzungsdauer • Kalkulatorischer Zinssatz • Weitere Basiswerte	
Prämissen	• Vollkommenheit des Kapitalmarkts • Unbeschränktheit der Mittel • Fester Planungshorizont	*Nominale Bewertung:* /: nicht bewertbar X: notwendig oder zutreffend O: nicht notwendig oder zutreffend (X): teilweise/beschränkt notwendig oder zutreffend
Verfolgte Zielgrössen	• Gewinn • Rentabilität • Rückzahlfrist • Liquidität • Kapitalstruktur • Andere Zielsetzungen	
Zeitlicher Bezug der Zielgrössen	• Einperiodig • Mehrperiodig/Summarisch • Mehrperiodig/Detailliert	
Informationsaufwand	• Datenaufbereitung • Datenverarbeitung • Datenverwendung	*Ordinale Bewertung:* +: einfach, geeignet, zweckmässig o: mittel -: schwierig, ungeeignet, un- zweckmässig -/+: abhängig vom vorliegenden Fall
Transparenz der Resultate	• Finanzierungsverhältnisse • Zeitlicher Anfall der Zahlungsströme • Detailliertheit der Zahlungsströme	

Abbildung 16: Gliederung und Legende zur Beurteilung der diskutierten Verfahren

Beurteilung der Informationsbasis	Investitionsbetrag	Ausgaben/Kosten einperiodig	Ausgaben/Kosten mehrperiodig	Einnahmen/Erlöse einperiodig	Einnahmen/Erlöse mehrperiodig	Liquidationserlös	Nutzungsdauer	Kalkulatorischer Zinssatz	Weitere Basiswerte
Statische Verfahren									
Kostenvergleich	X	X	O	O	O	(X)	X	X	O
Gewinnvergleich	X	X	O	X	O	(X)	X	X	O
Rentabilitätsrechnung	X	X	O	X	O	O	X	X	O
Amortisationsrechnung	X	X	O	X	O	O	X	X	O
Dynamische Verfahren									
Kapitalwertmethode	X	O	X	O	X	X	X	X	O
Annuitätenmethode	X	O	X	O	X	(X)	X	X	O
Interne Zinsfussmethode	X	O	X	O	X	X	X	X	O
Amortisationsrechnung	X	O	X	O	X	X	X	X	O
Andere Verfahren									
Ansätze des Operations Research	X	O	X	O	X	X	X	X	X
Nutzwertanalyse	/	/	/	/	/	/	/	/	X
MAPI-Verfahren	X	X	O	X	O	X	X	X	O
Immobilienspezifische Wertermittlungsverfahren									
Verkehrswert	X	O	O	O	X	O	O	X	X
Realwert	(X)	O	O	O	O	O	O	O	X
Ertragswert		O	O	O	X	O	O	X	O
Lageklassenmethode nach Nägeli	X	O	O	O	X	O	O	X	X
Barwertberechnung nach Fierz	X	O	X	O	X	X	X	X	X

Die als Ausgangsbasis verwendete Information kann bezüglich Vor- und Nachteilen wie folgt charakterisiert werden:

- *Breite Abstützung:* Mit zunehmender Informationsdichte kann grundsätzlich auch mit einem höheren Aussagegehalt der Resultate gerechnet werden. Damit verbunden ist gleichzeitig der Nachteil eines vermehrten Informationsaufwands.

- *Schmale Abstützung:* Der Verzicht auf zusätzliche Information vereinfacht zwar das Vorgehen, insbesondere bei komplexen Problemstellungen relativiert sich dabei die Zuverlässigkeit der Resultate.

Eine breite Abstützung fällt besonders bei den *Ansätzen des Operation-Research* sowie bei der *Barwertberechnung nach Fierz* auf. Hinter dem Kriterium "weitere Basiswerte" stehen indessen unterschiedliche Erweiterungen. Während der Ansatz von *Fierz* vermehrt Erfahrungswerte einfliessen lässt, versucht man mit den OR-Verfahren die Zusammenhänge mathematisch näher zu beschreiben.

Abbildung 17: Bewertungstabelle Informationsbasis

Beurteilung der Prämissen	Vollkommenheit des Kapitalmarkts	Unbeschränktheit der Mittel	Fester Planungshorizont						
Statische Verfahren									
Kostenvergleich	O	X	X						
Gewinnvergleich	O	X	X						
Rentabilitätsrechnung	O	(X)	X						
Amortisationsrechnung	O	X	X						
Dynamische Verfahren									
Kapitalwertmethode	X	X	X						
Annuitätenmethode	X	X	X						
Interne Zinsfussmethode	X	X	X						
Amortisationsrechnung	X	X	X						
Andere Verfahren									
Ansätze des Operations Research	O	O	(X)						
Nutzwertanalyse	/	/	/						
MAPI-Verfahren	X	X	X						
Immobilienspezifische Wertermittlungsverfahren									
Verkehrswert	/	/	/						
Realwert	/	/	/						
Ertragswert	/	/	/						
Lageklassenmethode nach Nägeli	/	/	/						
Barwertberechnung nach Fierz	X	X	X						

Die in den Abschnitten über die klassischen Investitionsrechnungsverfahren angesprochenen *Prämissen* lassen sich bei Einsatz von OR-Verfahren weitestgehend eliminieren. Die immobilienspezifischen Wertermittlungsverfahren lassen sich diesbezüglich grösstenteils nicht einordnen, da sie sich auf eine Momentbeurteilung beschränken.

Abbildung 18: Bewertungstabelle Prämissen

Beurteilung der verfolgten Zielgrössen sowie ihres zeitlichen Bezugs	Gewinn	Rentabilität	Rückzahlfrist	Liquidität	Kapitalstruktur	Andere Zielsetzungen	Einperiodiger Bezug	Summarischer Bezug (mehrperiodig)	Detaillierter Bezug (mehrperiodig)
Statische Verfahren									
Kostenvergleich						X		X	
Gewinnvergleich	X							X	
Rentabilitätsrechnung		X						X	
Amortisationsrechnung			X					X	
Dynamische Verfahren									
Kapitalwertmethode	X							X	
Annuitätenmethode	X						X		
Interne Zinsfussmethode		X						X	
Amortisationsrechnung			X					X	
Andere Verfahren									
Ansätze des Operations Research	X	X	X	X	X	X		X	
Nutzwertanalyse						X		X	
MAPI-Verfahren						X		X	
Immobilienspezifische Wertermittlungsverfahren									
Verkehrswert	(X)	(X)				X		X	
Realwert						X		X	
Ertragswert						X		X	
Lageklassenmethode nach Nägeli	(X)	(X)				X		X	
Barwertberechnung nach Fierz	(X)	(X)				X		X	

Aufgrund der Tabelle wird klar ersichtlich, dass zur Verfolgung eines *mehrdimensionalen Zielsystems* entweder eine *Kombination mehrerer* statischer bzw. dynamischer Methoden oder ein OR-Verfahren entsprechender Ausgestaltung einzusetzen ist. Der errechnete *Zielbeitrag* ist in allen Fällen eine *summarische* Grösse, d.h. ein Wert, der sich als Total aus *mehreren Teilperioden* ergibt. Keines der untersuchten Verfahren gibt *detailliert* Auskunft über den *zeitlichen Zusammenhang* einzelner Zielbeiträge.

Abbildung 19: Bewertungstabelle Zielgrössen

Beurteilung des Informationsaufwands	Datenaufbereitung	Datenverarbeitung	Datenverwendung					
Statische Verfahren								
Kostenvergleich	+	+	+					
Gewinnvergleich	+	+	+					
Rentabilitätsrechnung	+	+	+					
Amortisationsrechnung	+	+	+					
Dynamische Verfahren								
Kapitalwertmethode	o	o	+					
Annuitätenmethode	o	o	+					
Interne Zinsfussmethode	o	o	+					
Amortisationsrechnung	o	o	+					
Andere Verfahren								
Ansätze des Operations Research	-	-	+					
Nutzwertanalyse	-	+	+					
MAPI-Verfahren	o	o	+					
Immobilienspezifische Wertermittlungsverfahren								
Verkehrswert	-	+	-					
Realwert	-/+	+	o					
Ertragswert	-/+	+	o					
Lageklassenmethode nach Nägeli	-	o	o					
Barwertberechnung nach Fierz	-	o	o					

Die bisher festgehaltenen Vor- und Nachteile finden ihr Spiegelbild in der Problematik der Informationskosten, sowohl in wirtschaftlicher wie auch in personeller und zeitlicher Hinsicht. Bei den immobilienspezifischen Wertermittlungsverfahren ergeben sich situationsbedingt unterschiedliche Aufwendungen: So lässt sich beispielsweise bei einer voll vermieteten Liegenschaft der Ertragswert mühelos abgrenzen, während die Beurteilung derselben Grösse für eine projektierte Überbauung nur nach umfangreichen Vorarbeiten möglich ist.

Der *Aufwand zur Interpretation* der Resultate wird durch die Verfolgung eindimensionaler Zielsysteme bzw. die summarische Wiedergabe der Zielbeiträge als *niedrig* eingeschätzt.

Abbildung 20: Bewertungstabelle Informationsaufwand

Beurteilung der Transparenz der Resultate	Finanzierungsver-hältnisse	Zeitlicher Anfall der Zahlungsströme	Detailliertheit der Zahlungsströme						
Statische Verfahren									
Kostenvergleich	-	-	-						
Gewinnvergleich	-	-	-						
Rentabilitätsrechnung	-	-	-						
Amortisationsrechnung	-	-	-						
Dynamische Verfahren									
Kapitalwertmethode	-	-	-						
Annuitätenmethode	-	-	-						
Interne Zinsfussmethode	-	-	-						
Amortisationsrechnung	-	-	-						
Andere Verfahren									
Ansätze des Operations Research	-	-	-						
Nutzwertanalyse	/	/	/						
MAPI-Verfahren	+	-	-						
Immobilienspezifische Wertermittlungsverfahren									
Verkehrswert	-	-	-						
Realwert	-	-	-						
Ertragswert	-	-	-						
Lageklassenmethode nach Nägeli	-	-	-						
Barwertberechnung nach Fierz	-	-	-						

Sämtliche Verfahren *verzichten* auf eine transparente Darstellung der verwendeten und aufbereiteten Daten. Diese Feststellung steht in direktem Zusammenhang mit dem Kriterium des Informationsaufwands. Mit zunehmender Transparenz steigt in erster Linie der Aufwand der Datenverarbeitung und -verwendung; sind zusätzliche Informationen zu berücksichtigen, gilt dies auch für die Datenaufbereitung.

Die detaillierte Zuordnung von Zielbeiträgen, unter gleichzeitiger Annahme mehrdimensionaler Zielsysteme, erfordert fast zwangsläufig eine transparente Darstellung von Ausgangs- und Endwerten.

Abbildung 21: Bewertungstabelle Transparenz

Aufgrund der systematischen Gegenüberstellung erweist sich die empirisch bestätigte Feststellung, dass die *dynamischen Verfahren* in der betrieblichen Praxis am häufigsten eingesetzt werden[255], als naheliegend: Der Einsatz der Verfahren ist mit vertretbarem Aufwand realisierbar, ihr Aussagegehalt ist aber im Vergleich mit den statischen Methoden entschieden differenzierter. Die Beschränkung der Aussage auf jeweils *eine Zielgrösse* verlangt unter Umständen nach *modifizierten* oder *kombiniert eingesetzten* Rechenverfahren[256].

Entscheidungsmodelle des Operations Research gelangen vor allem dort zur Anwendung, wo sie als massgeschneiderte, praxisorientierte Entscheidungshilfsmittel entwickelt wurden. Der Grund hierfür ist vor allem im notwendigen Aufwand für die Aufbereitung und Verarbeitung der Information zu sehen. Ähnlich den dynamischen oder statischen Verfahren bleibt die *Interpretation* der Resultate einfach; trotz der verbesserten Berücksichtigung von Interdependenzen reflektiert die aufbereitete Information nur ein *Ausschnitt der Wirklichkeit*[257].

Der Erfolg einer *Immobilieninvestition* wird bestimmt durch eine Vielzahl von schwer zu schätzenden Einflussfaktoren. Der Einsatz von Hilfsmitteln zur Entscheidungsvorbereitung ist daher besonders interessant. Während bei einfach strukturierten Entscheidungsproblemen (mit eng begrenztem Zielsystem) allein aufgrund von kardinalen, ordinalen oder nominalen Aussagen entschieden werden kann, sollte dem Urteilenden mit zunehmendem Umfang eines Investitionsvorhabens eine breitere Entscheidungsbasis zur Verfügung stehen. Mit der *Reduktion* auf wenige entscheidungsrelevante Informationselemente[258] kommt die Komplexität des Investitionsobjekts im Entscheidungszeitpunkt nur noch bedingt zum Ausdruck. Mit den heute bekannten Verfahren ist eine zufriedenstellende Berücksichtigung von Interdependenzen bei *gleichzeitig transparenter* Informationsvermittlung nicht gewährleistet. Diese Einschränkung gilt selbst unter der Annahme, dass umfangreiche Anstrengun-

---

255 Vgl. **Volkart, R.:** Beiträge zur Theorie und Praxis des Finanzmanagements, Seite 15; **Volkart, R.:** Investitionsentscheidung und -rechnung in schweizerischen Grossunternehmen, Seiten 146 bis 148.

256 **Büschgen, H. E.:** Betriebliche Finanzwirtschaft, Seite 27; **Volkart, R.:** Investitionsentscheidung und -rechnung in schweizerischen Grossunternehmen, Seiten 146 und 150: Die Wahl der Analyseverfahren hängt z.B. mit *Art und Umfang* der untersuchten Investitionen zusammen.

257 Vgl. u.a. **Müller-Hedrich, B.:** Betriebliche Investitionswirtschaft, Seite 167. *"So können für die Investitionsentscheidungen die Ergebnisse dieser Verfahren nur den Charakter von Zusatzinformationen haben, weil wichtige Bestandteile der Realität nicht in das Modell aufgenommen werden können."*

258 Damit sind beispielsweise die Resultate der klassischen Investitionsrechnungsverfahren angesprochen.

gen zur Erlangung zuverlässigen Datenmaterials unternommen worden sind. Ineffizient ist jede Informationsverdichtung, die unter hohem Aufwand erarbeitete, qualitativ hochstehende Informationen zu einer indifferenten, dafür aber einfachen Aussage reduziert; vielmehr ist auf eine transparente Vermittlung der Informationsvielfalt an den Entscheidungsträger abzuzielen. Aufgrund dieser Erkenntnis sollen im folgenden Kapitel die *Anforderungen an ein erweitertes Entscheidungsinstrument* formuliert werden.

5. Erweiterter Lösungsansatz

5.1 Abgrenzung der Anforderungen

Die Implementierung eines weiterentwickelten Entscheidungsinstruments erfordert als Basis eine klare Formulierung der zu erfüllenden Anforderungen, unter Berücksichtigung der bisher erarbeiteten Erkenntnisse. Zweck dieses Abschnitts ist die Herleitung entsprechender *Grundsätze* und deren verfahrenstechnische *Integration*. In erster Linie wird dazu auf die Folgerungen in Abschnitt 4.3 abgestützt[259], mitunter fliessen aber auch Erkenntniselemente aus den Kapiteln 1 bis 4 mit ein.

5.1.1 Anforderungen an das Entscheidungsinstrument

Die anschliessend dargestellten Grundsätze beschreiben einen *Idealzustand*. Die *Praktikabilität* wird vorerst angenommen, soll aber im Rahmen der folgenden Kapitel näher überprüft werden.

1. Grundsatz:

> Die Möglichkeit der *separaten Betrachtung* einer Liegenschaft als geschlossene Betriebseinheit kann zur Abgrenzung von Zahlungsströmen als Vorteil genutzt werden.

2. Grundsatz:

> Für das gesuchte Entscheidungsinstrument ist von einer *breiten Datenbasis* auszugehen[260]. Ergänzend zu den "klassischen" Komponenten wie Investitionsbetrag, periodischen Zahlungsströmen, Liquidationserlös soll auch deren *Ursprung* detailliert erfasst werden. Ausserordentliche "Sonderaufwendungen" wie zum Beispiel Steuerabgaben, Bewilligungen etc., die als Folge einer Investition anfallen, gehören ebenfalls zur Informationsbasis. Neben diesen *objektbezogenen* Informationen sind auch die langfristige *Umweltentwicklung* und die Bedeutung der *relativen Knappheit* des Bodens einzubeziehen[261].

---

259 Insbesondere wird auch Bezug genommen auf die Aussage der Tabellen in den Abbildungen 17 bis 21.

260 Vgl. dazu auch Abbildung 17.

261 Von Interesse sind alle Einflussfaktoren demographischer, regionaler, wirtschaftlicher und gesetzlicher Art, die sich auf die beobachteten Zahlungsströme auswirken.

Mit diesen Massnahmen wird einerseits eine verstärkte *Objektivität* der beurteilten Daten angestrebt, andererseits auch ein wesentlicher Grundstein zur Erlangung einer hohen *Transparenz* gelegt.

3. Grundsatz:

Die Nutzungsdauer ist Bestandteil aller betriebswirtschaftlichen Investitionsrechnungen. Die schon mehrmals angesprochene *langfristige* Charakteristik der
Immobilieninvestition überfordert die Mittel dieser Verfahren, da die Nutzungsdauer normalerweise nicht exakt bestimmt werden kann. Mit der Festlegung eines ökonomischen Horizonts lässt sich das Bewertungsproblem aus
theoretischer Sicht zufriedenstellend lösen. Die Annahme eines 75- oder 100-
jährigen Planungshorizonts ist jedoch unrealistisch [262]. Die *Prämisse des festen Planungshorizonts* sollte daher nach Möglichkeit überbrückt werden.

4. Grundsatz:

Die Berücksichtigung des *Liquidationserlöses* bildet einen notwendigen Bestandteil der Beurteilung von monetären Zielinhalten. Der hohe Restwert von
Immobilien, grösstenteils zurückzuführen auf die Wertsteigerung des unverzehrbaren Baugrunds, verleiht der Bedeutung dieser Komponente erst recht
Nachdruck.

Damit eng verbunden ist die Problematik des dritten Grundsatzes. Kann der
Liquidationszeitpunkt nicht fixiert werden, sieht man sich mit der Bezifferung
des künftigen Liquidationserlöses im herkömmlichen Sinn einer unlösbaren
Aufgabe gegenübergestellt. Idealerweise muss daher ein Weg gefunden werden, den Veräusserungswert für *jeden Zeitpunkt* der Planungsperiode zur Verfügung zu stellen.

5. Grundsatz:

Der Bedeutung des *Nutzwertes* [263] von Liegenschaften muss erhöhte Aufmerksamkeit zukommen. Sind Veränderungspotentiale im Rahmen der Planungsperiode absehbar, sollten die daraus abzuleitenden Auswirkungen in die
Entscheidungsgrundlage einfliessen können. Dies gilt auch für allfällig geplante Veränderungen des *Nutzpotentials* durch Renovationen oder Umgestaltung.

---

262   Dies zeigt auch die betriebswirtschaftliche Unterscheidung von *kurzfristigen* (bis 1 Jahr),
      mittelfristigen (1 bis 3 Jahre) und *langfristigen* (über 3 Jahre) Zielen. Vgl. u.a. **Thommen,
      J.-P.:** Betriebswirtschaftslehre, Band 1: Unternehmung und Umwelt - Marketing, Zürich
      1989, Seite 54.

263   Vgl. zum Begriff des Nutzwertes bzw. dessen Bedeutung und Veränderungspotential Ab-
      schnitt 2.1.2 sowie Abbildung 2.1.2.

6. Grundsatz:

Die den meisten Rechenverfahren anhaftenden Prämissen der *Vollkommenheit des Kapitalmarkts* und der *Unbeschränktheit der Mittel* sollen überwunden werden. Diese Forderung entspricht vermehrt der Höhe der bei Immobilieninvestitionen üblichen Investitionssummen.

7. Grundsatz:

Ähnlich den Ansätzen des Operations Research ist es von Vorteil, mehrdimensionale Zielsysteme verfolgen zu können. Die Konzentration auf *monetäre Zielinhalte* erscheint für die Diskussion der Investitionsproblematik sinnvoll, die Wiedergabe der Zielbeiträge soll jedoch *mehrperiodig* und *detailliert* für jede einzelne Zielgrösse erfolgen[264]. Das gesuchte Entscheidungsinstrument wandelt sich damit vom zeitpunktbezogenen zum *zeitraumbezogenen* Beurteilungshilfsmittel.

8. Grundsatz:

Als unbefriedigend für umfangreiche Investitionsvorhaben erweist sich bei allen diskutierten Verfahren die ungenügende *Transparenz der Resultate*. Angestrebt wird eine transparente Darstellung von In- und Outputgrössen, die auch der in Grundsatz sieben geforderten Detailliertheit gerecht wird.

9. Grundsatz:

Der zur Realisation der Grundsätze 1 bis 8 notwendige Informationsaufwand wird im Vergleich zur Mehrheit der praktizierten Verfahren mit Sicherheit *höher* ausfallen. Um dennoch ein optimales Verhältnis von Aufwand und Nutzen zur erzielen, ist besonderes Gewicht auf eine realitätsnahe *Systematisierung* der verarbeiteten Informationen zu legen. Dadurch kann schon bei der Datenaufbereitung auf Wahrung der *Konsistenz* hingearbeitet werden. Im Zuge der Datenverwendung gewährleistet die Systematik eine vereinfachte *Verifikation* der Resultate.

Der in der praktischen Anwendung notwendige Aufwand sollte sich auf die *Datenaufbereitung* konzentrieren und durch den Vorgang der *Datenverarbeitung* nur minimal erhöht werden.

Werden diese neun Grundsätze beim Aufbau des Beurteilungsansatzes beachtet, kann gegenüber den klassischen Verfahren eine Erweiterung des momentbezogenen Entscheidungsinstruments in Richtung eines flexiblen und aussagekräftigen *Füh-*

---

264 Die detaillierte Angabe der Zielbeiträge ist besonders für die Beurteilung der *Liquidität* von Bedeutung.

rungsinstruments erreicht werden, welches sich durch weitgehende *Transparenz* bezüglich der Interdependenzen zwischen Input- und Outputgrössen auszeichnet.

Um diese Anforderungen zu erfüllen wird eine *modellmässige* Lösung gesucht. In welchem Umfang die Grundsätze eingehalten werden können, welchen *Aussagegehalt* das Modell im Vergleich zu den bisher beschriebenen Entscheidungsinstrumenten erreicht und welche *praktischen Probleme* damit verbunden sind, soll im Rahmen der folgenden Kapitel untersucht werden.

5.1.2 Modellmässige Entscheidungsgrundlage

Der Begriff des *Modells* wird von Laager treffend einfach umschrieben: *"Das Modell ist ein Abbild der Wirklichkeit"* [265]. Dieses Abbild enthält *"nur diejenigen Elemente des untersuchten Systems, die für die gegebene Problemstellung relevant sind; die Modellbildung kann daher als Abstrahierungsvorgang gesehen werden. Beobachtungen der Auswirkung von Veränderungen am Modell werden durch geeignete Interpretation auf die Ebene des untersuchten Systems übertragen"* [266]. Die Reduktion auf die relevanten Daten muss sehr vorsichtig erfolgen: Das Modell sollte vom *Unwesentlichen befreit* sein [267], jedoch ohne Gefahr zu laufen, den Entscheidungsträger zu einer falschen Schlussfolgerung zu führen.

Da ein Modell in der Praxis nie mit der Realität *strukturgleich* (isomorph) aufgebaut werden kann, ist eine möglichst hohe *Strukturähnlichkeit* (Homomorphie) anzustreben. Der Einsatz eines Modells als *ausschlaggebendes* Entscheidungskriterium kann daher nur akzeptiert werden, wenn die Strukturähnlichkeit so hoch ist, dass die Rangfolge der Alternativen derjenigen der Wirklichkeit entspricht. Andernfalls ist ein Einsatz als *Entscheidungsgrundlage* möglich, aber nur unter Berücksichtigung weiterer Kriterien.

Die Unsicherheit in der Entscheidungssituation kann erheblich reduziert werden, wenn es gelingt, mit Hilfe eines Modells die Nachteile der bekannten Rechenverfahren zu umgehen und gleichzeitig die folgenden Punkte zu beachten:

- Es sind die *relevanten Primärdaten* zusammenzustellen und die notwendigen Planungsparameter zu quantifizieren.

---

265   **Laager, F.:** Die Bildung problemangepasster Entscheidungsmodelle, Schriftenreihe des betriebswirtschaftlichen Instituts der ETH Zürich, Band 4, Zürich 1974, Seite 13.

266   **Küsgen, H.:** Planungsökonomie - was kosten Planungsentscheidungen?, Arbeitsberichte zur Planungsmethodik 3, Stuttgart/Bern 1970, Seite 48.

267   Vgl. **Hürlimann, W.:** Exakte Hilfsmittel der Unternehmensführung, In: Technische Rundschau, Bern/Stuttgart 1971, Seite 52.

- Die *Zahlungsflüsse* müssen dem einzelnen Investitionsobjekt klar *zugeordnet* werden können.

- Den *Interdependenzen* darf nicht durch Vereinfachung ausgewichen werden. Sie müssen sich im Modell möglichst realitätsnah auswirken können.

Mit dem Einsatz eines Modells als *Entscheidungsgrundlage* verzichtet man zugunsten einer grosszügigen Informationsvermittlung auf eine ordinale Entscheidungsvorwegnahme. Damit kann Fehlinterpretationen als Folge ungenügender Strukturähnlichkeit vorgebeugt werden, gleichzeitig erhöht sich aber auch der Interpretationsaufwand.

Die im Modell erarbeiteten Informationen widerspiegeln so ein *Abbild der Zukunft* für die einzelnen Alternativen, ohne jedoch den Nachteil einer "Black-Box-Lösung"[268] mitzubringen. Damit kann der Sachkundige insbesondere in zwei Situationen *aktiv* in der Entscheidungsfindung unterstützt werden:

- Selbst bei komplexen Problemstellungen ist der Entscheidungsträger aufgrund seines Fachwissens oft in der Lage, den Zusammenhang schon anhand unstrukturierter oder unvollständiger Daten zu erkennen. Bei geringen Unstimmigkeiten wird er jedoch zweifeln. Da ihm die Gesamtproblematik bewusst ist, neigt er zur Ablehnung.

- Diese Unsicherheit kann auch durch das Vorliegen von Resultaten einer "Black-Box-Lösung" nicht beseitigt werden.

Dass der Lösungsansatz über ein *umfassendes Informationssystem* in der Immobilien-Praxis gesucht wird, verdeutlicht ein Artikel von Giondow[269]. Eine amerikanischen Fallstudie zeigt, dass der Aufbau eines Rechenmodells zwangsläufig zur *Strukturierung und Systematisierung* des Investitionsproblems bei Immobilien führt. Durch die vermehrte Auseinandersetzung mit den entscheidungsrelevanten Daten kann eine hohe Qualität der aufbereiteten Information erreicht werden.

Die Vielzahl schwer schätzbarer Faktoren im Immobiliengeschäft erschwert Investitionsentscheide stark. Falls die gestellten Anforderungen erfüllt werden, ist der Einsatz eines Modells als Entscheidungsgrundlage daher sehr wertvoll. Durch Verändern der Inputfaktoren werden die unterschiedlichen Konsequenzen alternativer Investitionsvorhaben ersichtlich.

---

268   Unter diesen Begriff fallen letztendlich alle Verfahren, die eine Entscheidungsvorwegnahme bezwecken, ohne gleichzeitig der Anforderung der Isomorphie zu genügen.

269   **Giondow, M.:** Bewertung von Immobilien - Vermehrte Transparenz durch PC-Einsatz, in: Der Schweizerische Treuhänder 4/87, Seiten 138 bis 142.

Das gesuchte Modell kann aber weder die verschiedenen praktischen Schätzverfahren noch die dynamischen Methoden der Investitionsrechnung ersetzen[270]. Die beschriebenen Verfahren zur Wertermittlung werden teilweise wieder in das Modell einfliessen, zum einen als Schätzung und Kontrolle für bestimmte Grössen, zum anderen als Vergleichsmöglichkeit für die erzielbaren Resultate.

5.1.3   Anforderungen an die Daten

Der Aussagegehalt eines Entscheidungsmodells wird unter anderem zu einem wesentlichen Teil durch die Qualität der darin eingebrachten *Daten* und die *Verständlichkeit der Resultate* bestimmt. Im Hinblick auf die *Qualitätssicherung* können daher drei weitere Grundsätze formuliert werden.

Grundsatz 10:

> Die Ausgangsdaten sollten möglichst *direkt* in das Modell eingebracht werden. Eine externe Berechnung von Zahlen reduziert sowohl die Transparenz als auch die Flexibilität des Modells.

Grundsatz 11:

> Aussagekraft und Verständlichkeit des Modells werden durch die Verwendung allgemein anerkannter und in der Praxis eingesetzter Zahlen erhöht. Damit verbunden ist der Vorteil, dass sich derart standardisierte Zahlen einfacher beschaffen lassen. Für die Beantwortung spezieller Fragestellungen sind bei Bedarf neue Kennziffern zu definieren.

Grundsatz 12:

> Die verwendeten Werte müssen genau *definiert* sein. Damit wird erst eine echte *Vergleichbarkeit* von Alternativen erreicht, gleichzeitig wird damit der Gefahr von Fehlinterpretationen entgegengewirkt. Die notwendigen Definitionen sind ein Bestandteil des Modellaufbaus.

Nach der Fixierung der einzuhaltenden Grundsätze teilt sich der Rest des Kapitels in eine *konzeptionelle* bzw. *inhaltliche* Gliederung des Modellansatzes und führt damit zu einer *ersten Integration* der verschiedenen Anforderungen zu einem praktikablen Entscheidungsinstrument.

---

270   Vergleiche dazu Abschnitt 4.1; in Frage kommen insbesondere die *Kapitalwertmethode* und die *Methode des internen Zinsfusses*.

5.2 Konzeptionelle Gliederung des Modellansatzes

5.2.1 Gliederungsprinzipien

Die komplexe Struktur des Immobiliengeschäfts stellt eine Vielzahl von Kennziffern zur Verfügung. Für die *Verständlichkeit* der Resultate ist daher eine Gruppierung der Kennziffern in thematisch abgegrenzten Einheiten zweckmässig. Es stellt sich die Frage, nach *welchem* Kriterium diese Gliederung erfolgen soll.

*   Der praktisch einfach zu realisierende Weg ist eine *institutionelle* Gliederung. Folgt man diesem Prinzip, so stellt jede *beteiligte Instanz* ihre eigenen Kennziffern zusammen. Der schwerwiegende Nachteil dieser Gliederung liegt in der eingeschränkten Berücksichtigung von gegenseitigen Interdependenzen der involvierten Fachgebiete (Bereichsdenken).

*   Mit der *funktionalen* Gliederung richtet man sich mehr nach dem Entscheidungsablauf. Die Zusammenfassung verschiedenster Kennziffern folgt damit der Systematik der Projektentwicklung. Der Entscheidungsträger oder stellvertretend der Projektleiter funktioniert als zentrale *Informationssammelstelle*.

Im folgenden soll ein Feld von Kennziffern aufgebaut werden, das verschiedenen Problemstellungen dienen kann. Neben der Erfassung von *Neubauten* sind insbesondere auch *Renovationen* oder *käufliche Übernahme* von in Betrieb stehenden Objekten von Interesse. Unter diesem Gesichtspunkt nimmt die flexible *Darstellung der Interdependenzen* einen besonders hohen Stellenwert ein. Dem *funktionalen Aufbau* wird daher der Vorzug gegeben.

5.2.2 Konzept

Für die praktische Implementation des Entscheidungsinstruments werden vier Bereiche unterschieden, die sinngemäss in sich geschlossen sind und jeweils Informationen von verschiedensten Fachbereichen vereinen.

Den Mittelpunkt dieses Systems bildet eine *mehrstufige Betriebsrechnung*, die detailliert bezüglich der Zielerreichung Auskunft gibt. Sie kann als eigentliches Entscheidungsinstrument bezeichnet werden. Die anderen drei Bereiche stellen die gezielte Aufbereitung der für die Betriebsrechnung notwendigen Daten sicher. Diese drei Bereiche umfassen die *Projekt-Grunddaten*, eine *Investitionsübersicht* sowie einen *Marktspiegel*.

Die vier Bereiche werden in Abbildung 22 als konzentrisches System dargestellt. Für den äusseren Ring wurde der Ausdruck *Datenkranz* gewählt: im inneren liegt die Betriebsrechnung, die damit auch als *Datenkern* bezeichnet werden kann. Mit dieser Darstellung soll die *Notwendigkeit* der umliegenden Daten für das zentrale Entscheidungsinstrument klar zum Ausdruck gebracht werden. Die primär fachtechnischen Daten des äusseren Rings bilden die Basis für die im Zentrum schematisch dargestellte *Betriebsrechnung*.

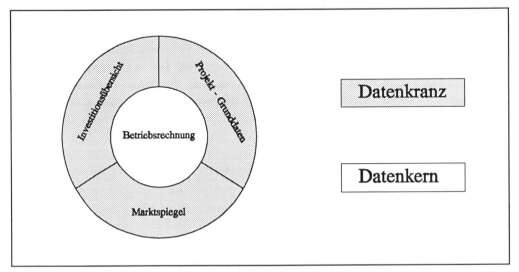

Abbildung 22: Konzeptionelle Gliederung des Entscheidungsinstruments

Mit der *breiten Abstützung* der Betriebsrechnung auf dem Datenkranz kann eine aussagekräftige und zugleich transparente Entscheidungsgrundlage im Sinne von *Grundsatz 2* realisiert werden. Der Vorteil der vielseitigen Berücksichtigung von Basisdaten kann an dieser Stelle am besten anhand eines Beispiels erklärt werden: Wird in der Betriebsrechnung ein Ertrag aus Vermietung von Büroräumlichkeiten ausgewiesen, so müssen einerseits die zugehörigen Ertragsdetails im Marktspiegel und andererseits die Flächenausweise bei den Projekt-Grunddaten zu finden sein. Die *verknüpfte Struktur* zielt auf eine möglichst lückenlose Konsistenz der verwendeten Daten und gewährleistet damit eine erhöhte Verifizierbarkeit der Informationselemente.

5.3   Inhaltliche Gliederung des Modellansatzes

In den folgenden zwei Kapiteln wird das Kennzifferfeld genau definiert. Neben der *Abgrenzung* sollen auch die *Abhängigkeiten* zwischen den einzelnen Grössen aufgezeigt werden. Das Netz der Kennziffern muss so eng geknüpft werden, dass eine

Überprüfung der einzelnen Zahlen möglich ist. Durch die minuziöse Berücksichtigung vieler Details können Informationslücken reduziert werden. Abbildung 23 gibt einen allgemeinen Überblick über die *inhaltliche* Gliederung der Kennziffern.

Projekt-Grunddaten	Investitionsübersicht	Marktspiegel	Betriebsrechnung
• Allgemeines • Bauordnung • Bruttogeschossflächen • Kubaturen • Bruttonutzflächen • Relative Werte • Qualitätssicherung • Gebäudehülle	• Grundstücke • Direkte Baukosten • Indirekte Baukosten • Inbetriebnahme • Veräusserung • Relative Werte	• Basiswerte • Vergleichswerte	• Ertrag • Aufwand • kalk. Gewinn • Eigentümer • Investition • Bewertung • Finanzierung • Renditen

Abbildung 23: Funktionale Gliederung der Kennziffern

Im anschliessenden Kapitel werden die Elemente des Kennziffermodells zusammengestellt. Im Vordergrund steht der Inhalt des *Datenkranzes*[271]. Während die meisten Werte dem Immobilienfach entstammen, werden einzelne Kennziffern neu definiert oder präzisiert. Grundsätzlich werden diejenigen Werte ausgewählt, die auf den Investitionsentscheid massgeblich Einfluss nehmen. Der Inhalt des *Datenkerns* wird vorerst nur im Überblick charakterisiert. Die ausführliche Diskussion erfolgt dann im übernächsten Kapitel. Die Wahl der Bearbeitungsreihenfolge ist ein Eingeständnis an die komplexe Natur der Immobilieninvestition. Aufgrund der verschiedenen unbeeinflussbaren Rahmenbedingungen wäre bei einer umgekehrten Vorgehensweise vermehrt mit unlösbaren Konflikten zu rechnen.

Während dem Aufbau des Kennzifferfelds werden verschiedene Zusammenhänge bzw. wechselseitige Auswirkungen einzelner Kennziffern angesprochen. Diese Diskussion soll aufgrund praktischer Beispiele in einem späteren Kapitel noch vertieft werden.

---

271 Das fertig aufgebaute Kennziffermodell findet sich in Kapitel 8, Seiten 179 bis 185. Für das Verständnis des Zusammenhangs ist es zweckmässig, vor und während dem Aufbau des Kennzifferfelds die entsprechenden Seiten mitzuverfolgen.

6. Informationselemente des Kennziffermodells

Dieses Kapitel bezweckt die Abgrenzung der in *Grundsatz 2*[272] geforderten Informationsbasis. Sein Aufbau folgt dazu der konzeptionellen Gliederung gemäss Abbildung 22. Das Schwergewicht der Betrachtung gilt den drei Informationsbereichen des *Datenkranzes*. Um trotzdem schon einen Überblick des Gesamtsystems vermitteln zu können, werden in Abschnitt 6.2 auch die Informationselemente des *Datenkerns* angesprochen[273].

Die drei anschliessend im Detail dargestellten Informationsbereiche des Datenkranzes zeichnen sich durch Informationselemente aus, die einerseits völlig *verschiedenen Charakters*, andererseits aber in höchstem Masse *interdependenter Natur* sind. Während sich eine Gliederung in einzelne Teilbereiche sowohl aus systematischer wie auch aus funktionaler Sicht aufdrängt, muss sich der gedankliche Aufbau nach der verknüpften Datenstruktur der Realität richten. Dementsprechend wird sich dem Leser im Laufe der folgenden Kapitel ein zunehmend dichteres Netz von *gegenseitigen Abhängigkeiten* präsentieren, sowohl innerhalb des Datenkranzes wie auch zwischen diesem und dem zentralen Entscheidungsinstrument, der Betriebsrechnung.

Der Datenkranz enthält, der Natur des Entscheidungsobjekts entsprechend, eine grosse Zahl von Immobilienfachbegriffen. Nicht zuletzt verfolgt dieses Kapitel deshalb auch das Ziel, den betriebswirtschaftlich orientierten Leser mit dieser Terminologie vertraut zu machen. Die Diskussion konzentriert sich zweckorientiert auf die im Rahmen der gestellten Aufgabe *notwendigen* Begriffe, ohne jedoch auf fachtechnische Einzelheiten einzutreten.

6.1 Elemente des Datenkranzes

6.1.1 Projekt-Grunddaten

Bei den *Projekt-Grunddaten* handelt es sich in erster Linie um *Volumen- und Flächenzahlen* sowie um allgemeine, durch Gesetz und Lage bestimmte *Vorgaben*. Die Flächen- und Raummasse dienen mit fortschreitendem Projektverlauf verschiedenen

---

272   Vgl. Abschnitt 5.1.1.
273   Die *ausführliche* Darlegung der Betriebsrechnung bildet den Inhalt von Kapitel 7.

Informationsbedürfnissen. Nach der ersten Abschätzung von Baukosten und Nutzungsmöglichkeiten finden sie in der *Konkretisierungs- und Entscheidungsphase*[274] vorwiegend Verwendung bei Planungsarbeiten und Baueingaben. Mit dem Übergang zur *Realisationsphase* fliessen die Informationen nach und nach in den physischen Erstellungsprozess ein. Nach der bautechnischen Verwendung bilden diese Daten auch die Grundlage der späteren Vermarktung, indem die Verkaufs- und Mietpreise in Relation zu geschaffenen Raum- und Flächenpotentialen bewertet werden. Die Bedeutung der Flächen- und Raummasse greift schliesslich auch in die *Nutzungsphase* über, beispielsweise bei der Verteilung von Heiz- oder Nebenkostenanteilen auf die einzelnen Raumeinheiten.

Um all den verschiedenen Zwecken gerecht zu werden, gelangen in der Praxis mehrere, den speziellen Anforderungen angepasste "Messverfahren" zur Anwendung. Für *bautechnische* Angaben werden in der Schweiz mehrheitlich die Vorschriften des Schweizerischen Ingenieur- und Architektenvereins (SIA) als Standard-Richtlinien angewendet[275]. Auch hier existieren, dem Zweck entsprechend, zahlreiche Berechnungsgrundsätze. Als *anerkannte Standards* helfen sie, ungeachtet ihres planerischen Wertes, Projekte *transparenter* bzw. *allgemein verständlich* zu machen[276].

Da sich Bauvorschriften und Bautätigkeit an eigenen Bedürfnissen orientieren, kennt man verschiedenste Masse zur Quantifizierung des späteren Nutzpotentials[277]. Um der *wirtschaftlichen* Betrachtungsweise mehr Gewicht beizumessen, werden unter dem Begriff *Bruttonutzflächen* (BNF) verschiedene Flächenmesszahlen zusätzlich *neu* definiert, die eine gezielte Bewertung der Objekte im Hinblick auf Vermietung/ Verkauf ermöglichen und damit dem Gedanken des *Nutzwertes* besser entsprechen. Die nachfolgend detaillierten Erläuterungen sind inhaltlich entsprechend dem Überblick in Abbildung 23 gruppiert[278].

---

274 Vgl. dazu die einzelnen *Phasen des Immobiliengeschäfts* nach Abbildung 2.

275 **Schweizerischer Ingenieur- und Architekten-Verein (Hrsg.):** SIA Normenwerk, Zürich; die Normen werden laufend auf den aktuellen Stand gebracht.

276 Die grundlegende Bedeutung der SIA-Normen kommt beispielsweise bei Lendi deutlich zum Ausdruck: *"Die SIA-Normen stellen in ihrer Gesamtheit ein imponierendes Werk dar, ..."*; *"Sie vermitteln nach Lehre und Praxis gesichertes Wissen über das Bauen in all seinen Aspekten..* **Lendi, M.:** Lebensraum Technik Recht, Seite 171.

277 Bei der Berechnung der kommerziell nutzbaren Flächen treten vor allem Unterschiede in den folgenden Bereichen auf:
• Verrechnungsweise der Aussen- und Zwischenmauern,
• Verteilung von allgemeinen Nutzzonen auf die Hauptnutzer und
• Berücksichtigung von Dachschrägen.

278 Vgl. dazu das fertige Modell, Seiten 176 und 177.

Allgemeines:

• Objekt	Identifikationskriterium [279].
• Eigentümer	Identifikationskriterium.
• Lage	Spezielle Bemerkung zur Lage des Grundstücks [280].
• Lageklasse	Einstufung nach dem Lageklassenverfahren von Nägeli [281]. Die Integration dieses Wertes vermittelt eine aufschlussreiche Information zum Nutzwert des Projekts.
• Baujahr	Das Alter ist mitbestimmend für Nutzungsmöglichkeiten und notwendige Unterhaltsaufwendungen. Es formt auch die Gesamtvorstellung über ein Objekt.
• Haustyp	Zur Charakterisierung der Gebäude kann eine der folgenden Varianten zutreffen: Einfamilienhaus, Reihenhaus, Mehrfamilienhaus (geeignet/ungeeignet für Stockwerkeigentum), Bürohaus, Gewerbe/Gastgewerbebau, Ladenbau oder eine gemischte Nutzung.

Grundlagen gemäss Bauordnung:

• Grundstück Kataster-Nr.	Mit der Kataster-Nummer (Grundbuch) wird eine genaue Identifikation des oder der dem Projekt zugrundegelegten Grundstücke erreicht.
• Grundstücksfläche	Die im Grundbuch eingetragene(n) Fläche(n) in m².
• Anrechenbare Grundstücksfläche	Durch Nutzungstransfer [282] kann die tatsächliche Grundstücksfläche, bei der Berechnung der zulässigen Ausnützung vergrössert oder verkleinert werden. Einschränkungen oder Erweiterungen der rechnerischen Basisfläche beeinflussen den Landwert und damit den Preis je m².

---

279 Die spätere Erarbeitung der verschiedenen Kennziffern soll aufgrund von vorbereiteten Formularen erfolgen können. Die hier erwähnten *Identifikationskriterien* sind für die betriebswirtschaftliche Interpretation des Kennziffermodells von keiner Bedeutung, gehören jedoch als Informationselemente ebenfalls zur Gesamtheit des Entscheidungsinstruments.

280 Normalerweise kann aufgrund von Bauzone und Adresse einer Liegenschaft nicht deutlich genug ausgedrückt werden, welche Besonderheiten eine Lage auszeichnen. In einer Kernzone können zum Beispiel eine Fussgängerzone und eine stark frequentierte Verkehrsachse in einem Umkreis von 50 Metern liegen. Die Nutzungsmöglichkeiten sind in diesem Fall nicht vergleichbar.

281 Vgl. zur Lageklassen-Methode von Nägeli mit Abschnitt 4.2.2.

282 Unter Nutzungstransfer wird die Übertragung eines bestimmten Ausnützungsanteils von einem Grundstück auf ein anderes verstanden.

• Bauzone	Der geltende Bauzonenplan bestimmt einen grossen Teil der möglichen Nutzung durch Einschränkungen von Art, Höhe, Bruttogeschossflächen oder -kubaturen der geplanten Gebäude.
• Ausnützungsziffer	Abhängig von Bauzone und Nutzung, kann sich die obere Beschränkung des Bauvorhabens auf die erstellten Bruttogeschossflächen oder auf den kubischen Inhalt beziehen. Dafür wird von den Bauverordnungen die Ausnützungsziffer für die einzelnen Zonen festgelegt. Aus der Multiplikation von anrechenbarer Grundstücksfläche und Ausnützungsziffer wird die obere Grenze der Ausnutzung (Bruttonutzfläche) für ein Bauvorhaben errechnet. Dies schränkt entsprechend die Nutzungsmöglichkeiten ein.
• Zulässige Bruttogeschossfläche	Beschreibung siehe Ausnützungsziffer.
• Zulässige Baumasse	Vorwiegend für industrielle Bauzonen kann die zulässige Ausnützung auch kubisch berechnet werden (effektive Baumasse in m³, oberirdisch).

Bruttogeschossflächen:

• Bruttogeschossflächen (BGF)	Gemessen wird das Gebäude, Fassadenmauerwerk aussen, inklusive Fassadenputz. Separat ausgewiesen und gleich gemessen werden Balkone, Sitzplätze und Anbauten. Die in einem Projekt *realisierten* Bruttogeschossflächen setzen sich zusammen aus anrechnungspflichtigen und nicht anrechnungspflichtigen Flächen. Sie werden für die Baueingabe benötigt und nach den entsprechenden Verordnungen berechnet.
• Anrechnungspflichtige BGF	Die anrechnungspflichtige BGF darf die zulässige BGF nicht überschreiten. Vergleiche dazu auch mit der weiter oben erwähnten *Ausnützungsziffer.*
• Nicht anrechnungspflichtige BGF	Flächen, die in der Baueingabe *nicht* aufgerechnet werden (vergleiche letzter Punkt).

Kubaturen:

• Umbauter Raum Untergeschoss (UG)	Für die Kubaturen wird nach SIA Norm Nr. 116 gerechnet. Diese Norm dient als *Kostenäquivalent*[283]. Um mit einem durchschnittlichen m³-Preis die Kosten abgrenzen zu können, müssen verteuernde Konstruktionsteile als zusätzliche m³ erfasst werden. Mit der

---

283   Vergleiche dazu Seite 103.

Trennung in UG und OG kann die unterschiedliche Kostenstruktur einzelner Gebäudeteile berücksichtigt werden.

Der so berechnete kubische Wert ist eine *kalkulatorische* Grösse. Die Anzahl m³ erlaubt *keine* Aussage über den tatsächlichen *Rauminhalt* des Gebäudes.

- Umbauter Raum Obergeschoss (OG)   Wird getrennt vom UG berechnet; vergleiche vorhergehender Punkt.

- Umbauter Raum Unterniveaugarage   Die Erstellung einer Unterniveaugarage als separates Bauwerk weist eine andere Kostenstruktur auf und wird separat berechnet.

Realisierte Bruttonutzflächen (BNF):

Der Begriff der *Bruttonutzflächen* ist keine klassische Immobilienkenngrösse. Er wird hier *neu* definiert und orientiert sich, im Gegensatz zu den bekannten Flächenziffern, nicht an gebäudetechnischen Merkmalen, sondern umfasst nur jene Flächen, die für die Nutzung effektiv zur Verfügung stehen.

Brutto-Nutzflächen (BNF)			
innerhalb		ausserhalb	
UG	OG	gedeckt	offen

Abbildung 24: BNF-Aufgliederung

Es werden somit ausschliesslich die *ertragswirksamen* Flächen erfasst, sei es für den Verkauf oder die Vermietung.

Die Bruttonutzflächen dienen der wirtschaftlichen Beurteilung des Projekts und werden separat ausgewiesen für Grundstück, Gebäude und Fassade. Innerhalb jeder dieser drei Hauptgruppen wird entsprechend Abbildung 24 weiter unterschieden:

- *Flächen innerhalb der Gebäudehülle:*
  Die Flächen im inneren der Gebäudehülle werden separat ausgewiesen für UG und OG. Gemessen wird innerhalb der festen Begrenzungsflächen (Fassaden-, Lift- und Treppenhauswände, Brandmauern), jedoch inklusive Stützen und inneren Trennwänden, entsprechend der maximalen Fläche, welche pro Stockwerk einem individuellen Nutzer zur alleinigen Benutzung zugewiesen werden kann.

- *Flächen ausserhalb der Gebäudehülle:*
  Die genau begrenzbaren Flächen ausserhalb der Gebäudehülle werden nochmals gegliedert in gedeckte und offene Flächen [284].

- *Dachschrägen:*
  Dachschrägen unter 1.20 m Höhe werden separat ausgewiesen. Sie stellen eine eindeutige Beschränkung des Nutzens dar.

---

284   Gedeckte Flächen sind beispielsweise *Vordächer*, während *Terrassen* in die Kategorie der offenen Flächen fallen.

Realisierte BNF Grundstück:

- Gebäudegrundfläche

Gemessen wird ausserhalb von Kellerumfassungswänden, jedoch ohne Fundationsvorsprung. Die Gebäudegrundfläche bestimmt normalerweise den Hauptteil der direkt ertragswirksamen Fläche, kann jedoch nicht selbst als Bruttonutzfläche betrachtet werden. Sie wird aufgrund des Zusammenhangs an dieser Stelle eingeordnet.

- Individuell nutzbare Teilflächen

Gartenanteile, Warenumschlagsplätze und ähnliches sind ebenfalls direkt ertragswirksame Flächen.

- Kinderspielplätze

Spielplätze werten in Wohnbereichen die Umgebung qualitativ auf. Sie beeinflussen die Kosten, sind jedoch *nicht* direkt ertragswirksam.

- Autoabstellplätze

In Abhängigkeit von der Nutzung besteht eine Notwendigkeit für Parkflächen (allenfalls auch in Form von gesetzlich vorgeschriebenen Pflichtparkplätzen).

- Lagerflächen

Für Industrie und Gewerbebauten; erfordern unter Umständen besondere Vorkehrungen in Bereichen wie Gewässerschutz, Belastbarkeit etc.

- Fahrwege

Notwendigkeit zur Erschliessung von Garagen, Parkplätzen, Anlieferung.

- Gehwege

Dienen ebenfalls der Erschliessung. Fahrwege und Gehwege sind abhängig von der Nutzung.

- Allgemeine Umgebung

Sämtliche Restflächen des Grundstücks.

Realisierte BNF Gebäude:

- Hauptnutzflächen

Flächen, die individuell nutzbar sind und den *primären Zweck* des Objekts erfüllen. Auf den Hauptnutzflächen muss der grösste Teil des Ertrags erwirtschaftet werden können. Je nach Nutzung gelangt eine Auswahl der folgenden Nutzungsmöglichkeiten zur Bewertung: Gastgewerbe, Gewerbe, Büro, Atelier, Praxis, Läden, Lager, Wohnflächen, Parking.

- Nebennutzflächen

Nebennutzflächen sind Flächen, die individuell nutzbar sind, jedoch nur *sekundären Nutzen* erbringen[285]. Dazu gehören Lagerflächen, Parkingflächen, Abstell-

---

285 Die Nebennutzflächen stellen eine *Ergänzung* der Hauptnutzflächen dar. Trotz der sekundären Bedeutung bei der Ertragsbewertung können Nebennutzflächen wesentlich zur Optimierung des Leistungsangebots einer Liegenschaft beitragen.

	keller, Estrich, Luftschutzkeller, individuelle Dachterrassen und Balkone, Sitz- und Vorplätze, Mehrzweckräume, Anlieferungsflächen.
• Allgemeine Nutzflächen	Flächen, die nicht individuell nutzbar, aber zur allgemeinen Nutzung notwendig sind.

Realisierte BNF Fassade:

• Reklameflächen	In Abhängigkeit von Lage und Nutzung kann auch aus Fassadenflächen Ertrag erwirtschaftet werden.
• Schaufenster/Vitrinen	Schaufenster und Vitrinen können die bestehenden Flächen aufwerten (bei einer entsprechenden Nutzung).

Relative Werte:

• Landanteil 1	Verhältnis zwischen der totalen Landfläche und der Hauptnutzfläche (BNF Gebäude).
• Landanteil 2	Verhältnis zwischen der totalen Landfläche und dem Total BNF Gebäude.
• Wirkungsgrad 1	Verhältnis zwischen der zulässigen BGF und der Hauptnutzfläche (BNF Gebäude).
• Wirkungsgrad 2	Verhältnis zwischen der zulässigen BGF und dem Total BNF Gebäude.
• Parkingintensität	Verhältnis zwischen m^2 Parking-BNF und der Anzahl Parkplätze.

Die relativen Werte werden zur Messung der *Projekteffizienz* definiert. Die Kennziffern *Landanteil* geben Vergleichsmöglichkeiten zu anderen Objekten. Es wird damit eine Aussage über den *realisierten Nutzwert* bei gegebener Landfläche und Ausnützungsziffer gemacht. Der *Wirkungsgrad* ermöglicht eine ähnliche Aussage, ohne jedoch dem Einfluss der Ausnützungsziffer ausgesetzt zu sein. Mit der Berechnung der *Parkingintensität* können konzeptionelle Mängel bei der Nutzung der Parkflächen aufgedeckt werden.

Alle relativen Werte müssen mit Rücksicht auf das Gesamtprojekt beurteilt werden. Es ist zum Beispiel möglich, dass die Projekteffizienz schlechter ausfällt, die Ursache aber dem vermehrten Einsatz von Technik entspringt[286]. Der Ertrag wird durch die qualitative Aufwertung dennoch sichergestellt.

---

286 Als Beispiel: Klimaanlagen mit technischen Räumen, Sicherheitstechnik, Überwachungszentren.

Qualitätssicherung (bautechnisch):

• Wärmeschutz	Zur Beurteilung des Wärmeschutzes kann entweder die Energiekennzahl in MJ/m² a nach SIA 180/4 [287] oder der k-Wert in W/m² K nach SIA 180/1 [288] herbeigezogen werden. Im Hinblick auf die Nutzung des Objekts sind licht- und wärmetechnische Gegebenheiten wichtige Kriterien.
• Schallschutz	Unterscheidung: keine / Mindestanforderungen / erhöhte Anforderungen (nach SIA 181 [289]).

Gebäudehülle (bautechnisch):

• Fassadenflächen	Aufteilung der Gebäudehülle in folgende Kriterien (separat für jede Himmelsrichtung): Brandmauern, geschlossene Flächen, Türen/Tore/Fenster, langfristige Werbung, Plakatanschlag, Schaufenster/Vitrinen.
• Dachflächen schräg	Fensterflächen werden getrennt ausgewiesen.
• Dachflächen flach	Unterteilt nach den Kriterien begrünt/nicht begrünt und begehbar/nicht begehbar.

Die bautechnischen Daten über Gebäudehülle und Qualitätssicherung sind nicht direkt für den Investitionsentscheid notwendig. Dem Fachspezialisten wird aber damit Information zur Beurteilung seines eigenen Teilbereichs bereitgestellt.

---

287   Vgl. **Schweizerischer Ingenieur- und Architekten-Verein (Hrsg.):** SIA Normenwerk, Empfehlung Nr. 180/4: Energiekennzahl. Zürich 1982. Mit der *Energiekennzahl* kann ein Gebäude in seiner Eigenschaft als Energieverbraucher beurteilt werden.

288   Vgl. **Schweizerischer Ingenieur- und Architekten-Verein (Hrsg.):** SIA Normenwerk, Empfehlung Nr. 180/1: Nachweis des mittleren k-Wertes der Gebäudehülle, Zürich 1988. Mit der Festlegung des mittleren Wärmedurchgangskoeffizienten kann die Gebäudehülle auf Wärmeverluste hin untersucht werden.

289   **Schweizerischer Ingenieur- und Architekten-Verein (Hrsg.):** SIA Normenwerk, Norm Nr. 181: Schallschutz im Hochbau, Zürich 1988. Die Norm befasst sich mit dem Schallschutz von Räumen, die eine lärmempfindliche Nutzung aufweisen.

6.1.2 Investitionsübersicht

Während die bisher zusammengestellten Werte primär die *physische Struktur* eines Projekts beschreiben, dient die Investitionsübersicht der monetären Bewertung. Bei verschiedenen Grössen wird Bezug genommen auf Kennziffern aus dem physischen Bereich: Die Grundstücksfläche steht beispielsweise in einem direkten Zusammenhang mit dem Landpreis.

Die Feingliederung der Investitionsübersicht orientiert sich an der Kostenzusammenstellung gemäss *Baukostenplan* CRB[290]. Es handelt sich auch dabei um einen standardisierten *Anlagekontenplan*, der sämtliche Kosten bei der Erstellung baulicher Anlagen aufnimmt. Da die Investitionsübersicht erneut der *wirtschaftlichen* Überlegung folgt, kommt die Numerierung nach Baukostenplan[291] aber nur teilweise zum Einsatz. Wichtige Kennziffern, die Einfluss nehmen auf die Bereiche Ertrag, Finanzierung und die Inbetriebnahme, müssen detaillierter aufgeführt werden[292].

Die Investitionsübersicht hat allein betrachtet nur eine geringe Bedeutung für den Investitionsentscheid. Sie ermöglicht eine ausführliche Kontrolle der Kostenkalkulation, gibt aber keine Auskunft über die betrieblichen Eigenschaften eines Objekts[293].

Grundstücke:

- Vorstudien zum Erwerb

  Mit der Berücksichtigung von verschiedenen beeinflussenden Werten soll ein Umdenken vom m²-Preis zum Landwert herbeigeführt werden[294]. Insbesondere sind auch dem Landerwerb zeitlich vorgelagerte Aufwendungen zu berücksichtigen.

- Land

  Von Interesse ist der effektiv bezahlte Landpreis und die Fläche des gekauften Landstücks. Falls der Landpreis nicht festgestellt werden kann, ist eine Verkehrswertschatzung vorzunehmen.

---

290   **CRB, Schweizerische Zentralstelle für Baurationalisierung (Hrsg.):** Baukostenplan, Zürich 1989.

291   Die allgemein gültige Abkürzung für den *Baukostenplan* ist "BKP". Sie wird im folgenden ebenfalls verwendet.

292   Die ausführlichere Auflistung erfolgt in der Absicht, transparente Querverbindungen zu anderen Kennziffern zu ermöglichen.

293   Vergleiche dazu Kapitel 8, Seite 179. Um die einzelnen Kennziffern im Zusammenhang zu sehen, sollte wieder das fertige Modell beachtet werden.

294   Vgl. dazu Abschnitt 4.2.2, Seite 101.

• Nebenkosten	Unter die Nebenkosten fallen Ausgaben wie Notariatsspesen, Steuern, Provisionen etc.
• Folgekosten	Quartierplan, Erschliessung und Betriebskosten sind direkt mit dem Land beziehungsweise mit der Erstellung der Baureife verbunden.
• Verzinsung auf Vorstudien und Land	Da insbesondere bei Rohland eine grosse Zeitspanne zwischen Kauf und Nutzung von Land besteht, ist eine Berücksichtigung der fälligen Kapitalzinsen ab Kauf bis Baubeginn angezeigt. Damit können die durch den Landkauf verursachten Finanzierungskosten getrennt vom Gesamtprojekt dem Grundstück zugewiesen werden, was die Bezifferung des Landpreises per Baubeginn ermöglicht.
• Subtotal Grundstücke	Wird die Summe der verschiedenen Kosten im Zusammenhang mit dem Grundstück auf die m^2 umgelegt, resultiert ein bereinigter m^2-Preis, der mit Angebotsalternativen verglichen werden kann[295].

Direkte Baukosten:

• Vorbereitungsarbeiten	Die Position Vorbereitungsarbeiten dient der Entlastung der folgenden Positionen (Gebäude und Umgebung) von allen Kosten, die vor dem eigentlichen Baubeginn anfallen. Als Beispiel sind zu nennen Abbruch, schlechter Baugrund etc.
• Gebäude	"Die Gebäudekosten umfassen die Aufwendungen für jene Bauleistungen, die ein Gebäude für den Menschen langfristig benützbar machen"[296].
• Betriebseinrichtungen	Zu den Betriebseinrichtungen zählen alle fest eingebauten Einrichtungen für die spezialisierte Nutzung des Gebäudes.
• Umgebung	In den Umgebungskosten integriert sind alle Erdbewegungen, Rohbau-, Ausbau- und Installationsarbeiten innerhalb der Grundstücksgrenzen.
• Baunebenkosten	Hier wird die Gliederung nach BKP wieder durchbrochen. Finanzierung und Bauherrenvertretung werden im Projekt separat ausgewiesen. Diese Trennung kann der Führungs- und Finanzierungsproblematik besser gerecht werden.

---

295 Für den Vergleich wird eine identische Lageklasse vorausgesetzt; vgl. dazu die klassischen Wertermittlungsverfahren der Immobilienpraxis in Abschnitt 4.2.1.

296 Vgl. **CRB, Schweizerische Zentralstelle für Baurationalisierung (Hrsg.):** Baukostenplan, Seite 18.

• Bauteuerung	Falls die Beträge nicht einzeln terminiert wurden, ist die Teuerung als Pauschale zu berücksichtigen.

Indirekte Baukosten:

• GU-Honorar	Nur bei Risikoübernahme durch den Generalunternehmer.
• Spezielle Entwicklungskosten	Für verschiedenste Aufwendungen, die konkret mit dem Projekt in Zusammenhang stehen, aber nicht in den Normpositionen Platz finden, ist hier ein "Sammelbecken" vorzusehen.
• Ausstattung	Unter den Begriff *Ausstattung* fallen alle Gegenstände, die ohne nennenswerte Aufwendungen bewegt werden können.
• Finanzierungskosten	Die gesamten Finanzierungskosten während der Bauzeit bis zur Ablösung durch normale Finanzierung (zum Beispiel Hypothekarzinsaufnahme). Dazuzurechnen sind auch die Kosten für die Grundstücksfinanzierung ab Baubeginn[297].
• Grundpfand-Errichtung	Abhängig von den Baukosten.
• Bauherrenvertretung	Honorar für die Vertretung des Bauherrn.
• Erstvermietungshonorar	In Prozent der Jahresmiete Netto-Soll; abhängig von der zukünftigen Nutzung.
• Nebenkosten Erstvermietung	Inserate, Prospekte etc.
• Anlage-Selbstkosten	Dieses Subtotal setzt sich zusammen aus Grundstückskosten, direkten und indirekten Baukosten.

Inbetriebnahme/Veräusserung:

• Risiko und Verdienst	Wird das Objekt nach Bauabschluss veräussert, muss das Risiko der Unternehmer gedeckt sein.
• Leerstandsrisiko	Zwischen der Fertigstellung und dem Bezug/Verkauf kann ein zeitlicher Verzug entstehen. Die Finanzierung muss auch diese Phase mitberücksichtigen.
• Verkaufsprovision	Werden Makler mit dem Verkauf beauftragt, müssen die entsprechenden Provisionen eingerechnet werden.
• Nebenkosten Verkauf	Analog zu den Nebenkosten bei Vermietung fallen auch bei einem Verkauf Kosten für Prospekte, Inserate etc. an.

---

297 Für die Berechnung wird angenommen, dass die Baukosten *linear* über die gesamte Bauzeit anfallen. Vgl. dazu das Modell auf Seite 179.

- Steuern, Gebühren   Bei einer Veräusserung werden Handänderungs- und
                                       Grundstücksgewinnsteuern fällig.

- Kostenpreis   Mit dem Kostenpreis wird das Total aller Beträge ge-
                                       bildet.

Relative Werte:

- Bruttorendite   Verhältnis zwischen der Jahresmiete Netto-Soll und
                                       dem Kostenpreis.

- Preis pro Parkplatz innen   Um den durchschnittlichen Kostenpreis pro m² Haupt-
                                       BNF berechnen zu können, werden vorgängig die Ko-
                                       sten zur Erstellung der Parkplätze subtrahiert.

- Preis pro Parkplatz aussen   Vgl. vorangehende Position.

- ϕ Kostenpreis pro m² Haupt-BNF   Nach Abzug der Parkingkosten resultiert eine Kenn-
                                       zahl, die ein Aussage über die Kosten pro m² Haupt-
                                       bruttonutzflächen des Gebäudes macht.

Für die Beurteilung der Baukosten muss eine Mittelweg zwischen der überschlagsmässigen Schätzung aufgrund von kubischen Durchschnittswerten und einer detaillierten Auflistung jedes einzelnen Kostenpunkts gefunden werden. Verlangt man in
einer frühen Projektphase eine zu genaue Schätzung, wird der Aufwand zur Informationsbeschaffung unvertretbar. Mit der Konzentration auf die Hauptgruppen des BKP
kann zu Beginn eines Projekts pauschal auf der Basis des durchschnittlichen m³-
Preises aufgebaut werden. Im fortgeschrittenen Projektstudium erfolgt die Rechnung
umgekehrt: Auf der Basis der detaillierten Projektplanung ergibt sich dann ein pro-
jektbezogener Durchschnittswert.

6.1.3 Marktspiegel

Die Investitionsübersicht ergibt als Resultat einen Kostenpreis, der dem Total aller
zu tätigenden Ausgaben entspricht. Im nächsten Schritt werden die *rückfliessenden
Zahlungsströme* beurteilt und mit dem Kostenpreis verglichen. Für den Rückfluss
besteht neben der Möglichkeit der *Vermietung* auch die Variante eines *Verkaufs*.

Die realisierbaren Erträge hängen vom Grad der Abstimmung zwischen den Bedürfnissen des Raummarkts und dem Raumangebot des Objekts ab. Es ist anzunehmen,
dass ein Projekt schon zu Beginn auf die Bedürfnisse des Markts abgestimmt wird.
Mit jeder Konkretisierung stellt sich erneut die Frage, ob die dem Projekt zugrundegelegten Annahmen noch den Anforderungen des Markts entsprechen. Einflüsse wie
persönliche Präferenzen oder gesetzliche Einschränkungen müssen den objektiven
Tatsachen gegenübergestellt werden.

Die Bewertung der Ertragskraft berücksichtigt sowohl das *Nutzpotential* als auch den *Nutzwert* einer projektierten Liegenschaft. Aus den *Projekt-Grunddaten* ist die Aufteilung der Bruttonutzflächen bekannt, die unter Berücksichtigung der Ausstattungsmerkmale das Nutzpotential bestimmt. Analog zu dieser *Objektanalyse* erfolgt eine *Umweltanalyse* zur Beurteilung des Nutzwertes am Markt. Neben der Ertragsbewertung muss in diesem Vorgang auch die *Kongruenz* von Nutzpotential und längerfristigen Bedürfnissen des Markts überprüft werden.

Mit diesem Vorgehen erfolgt eine Ablösung von generellen Ertragsschätzungen zugunsten eines *detaillierten Marktspiegels*. Es folgt wieder eine Zusammenstellung der verwendeten Kennziffern[298].

Basiswerte:

• Raumeinheiten	Ausgehend von den Bruttonutzflächen werden die einzeln vermarktbaren Raumeinheiten aufgeführt. Um die Lesbarkeit des Marktspiegels zu erhöhen, sind die Einheiten mit einer Beschreibung zu ergänzen. Zusätzlich wird mit einem Code Bezug genommen auf die Kategorien der *Bruttonutzfläche*; damit ist der Rückschluss zu den *Projekt-Grunddaten* gewährleistet.
• Bruttonutzfläche pro Einheit	Die Bruttonutzfläche bezieht sich auf die vermarktbare Einheit. In dieser Fläche sind auch allfällige Anteile an der allgemeinen Nutzfläche enthalten.
• Anzahl	Sind mehrere Einheiten gleicher Art vorhanden, können diese zur Vereinfachung zusammengefasst werden. Damit kann vor allem bei grösseren Projekten eine gestraffte Darstellung bzw. eine erhöhte Übersichtlichkeit erreicht werden.
• Mietpreis	Die einzelnen Raumeinheiten werden zu Marktpreisen bewertet. Im Hinblick auf die verschiedenen Nutzmöglichkeiten und deren Eigenarten für Preisangaben muss die Erfassung sowohl in Fr./Monat als auch in Fr./m^2/ Jahr erfolgen können.
• Kaufpreis	Die Bewertung des Kaufpreises erfolgt analog zur Mietpreisbewertung. Die Preise werden in Fr./Einheit oder in Fr./m^2 angegeben. Eine gleichzeitige Bewertung von Miet- und Kaufpreis ist nicht unbedingt notwendig, schafft aber weitere Vergleichsmöglichkeiten.
• Soll-Netto Jahresmiete	Der geschätzte Wert aus der Investitionsübersicht wird zu Vergleichszwecken herbeigezogen. Er sollte der

---

298   Vgl. dazu das Formular in Kapitel 8, Seiten 180 und 181.

Summe der Mietpreise der einzel bewerteten Raumeinheiten entsprechen.

• Kostenpreis   Auf der Ertragsseite steht dem gesamten Kostenpreis
die Summe der Kaufpreise gegenüber.

Vergleichswerte:

• Totale   Die Totale der Miet- und/oder Kaufpreise, der verwer-
teten Fläche und der Anzahl Raumeinheiten. Diese
Grössen stehen in Zusammenhang mit der Investitionsübersicht und den Grunddaten.

• Vergleichswerte Vermietung   Für jede Raumeinheit sollen grundsätzlich alle gängi-
gen Vergleichswerte angegeben werden. Neben den
schon unter "Mietpreis" genannten Fr./m²/Jahr und
Fr./Monat ist auch die Angabe von Fr./Jahr oft anzu-
treffen.

• Vergleichswerte Verkauf   Für jede Raumeinheit werden dieselben Werte wie unter "Kaufpreis" (Fr./Einheit und in Fr./m²) errechnet.

Die so erstellte Auflistung über die vermiet-/verkaufbaren Einheiten ergibt in Kombination mit den entsprechenden Bewertungen einen aktuellen Marktspiegel des Projekts. Dabei ist jeder einzelne m² unter Berücksichtigung seiner real möglichen Vermarktung beurteilt. Die Zusammenstellung macht die Auswirkung von Änderungen
der beabsichtigten Nutzung erkennbar und eröffnet verschiedenste Vergleichsmöglichkeiten. Eine pauschale Bewertung der Gesamtnutzfläche, ohne weitere Differenzierung, kann weder den qualitativen Unterschieden der verschiedenen Flächen noch
der Forderung nach Transparenz für den Entscheidungsträger gerecht werden.

Mit der Gegenüberstellung von Kosten und Ertrag wird eine fundamentale Überprüfung des Investitionsvorhabens auf seine Attraktivität ermöglicht. Die erste Interpretation von Marktspiegel und Investitionsübersicht kann auf einer einfachen Grundre-
gel aufbauen:

• Im Falle eines *Verkaufs* müssen die Rückflüsse mindestens den Kostenpreis
erreichen.

• Im Falle einer *Vermietung* müssen die erzielbaren Mieterträge mindestens so
hoch sein, dass die angestrebte Bruttorendite erreicht wird.

Weichen Kosten und Ertrag eindeutig voneinander ab, so ist das Projekt auf falsche
Annahmen hin zu kontrollieren. Grundsätzlich stellen die Grössen *Risiko und Ver-
dienst* bzw. *Bruttorendite* bis zu diesem Zeitpunkt die einzigen variablen Faktoren
der Gesamtbewertung dar. Sollen diese Werte wie geplant erreicht werden, müssen
Kosten eingespart oder die künftige Ertragslage verbessert werden. Eine bleibende
Differenz kann zum Beispiel auf einen zu hoch eingesetzten Landpreis hinweisen.

6.2 Elemente des Datenkerns

Aus Abbildung 22 geht hervor, dass der Datenkern in Form einer *Betriebsrechnung* ausgeformt werden soll. Dieser Abschnitt vermittelt einen Überblick über Art und Umfang dieses Datenbereichs, die detaillierte Entwicklung erfolgt anschliessend in Kapitel 7.

Die wichtigste Aufgabe der Betriebsrechnung ist eine klare Aussage bezüglich des *Zielerreichungsgrads* der verfolgten Zielinhalte. Mit der Festlegung auf *monetäre Zielgrössen* anerbieten sich daher an erster Stelle die betrieblichen Instrumente der *Bilanzierung* und *Erfolgsrechnung*. Diese Betrachtungsweise wird durch die Abgrenzung der Liegenschaft als betriebliche Einheit in idealer Weise unterstützt.

Für die Beurteilung der geplanten Immobilieninvestition sind die *betrieblichen Eigenschaften* des Objekts von grundlegender Bedeutung. Daneben gilt es aber auch die besonderen Voraussetzungen zu berücksichtigen, die durch den *Investor bzw. den Eigentümer* bedingt werden. Die Erfolgsrechnung muss deshalb auf *zwei Stufen* getrennt Auskunft geben können. Es wird sinngemäss unterschieden zwischen zwei Teilrechnungen:

- Die *Rechnung Betrieb* ermöglicht eine Beurteilung des Projekts aufgrund des betrieblichen Erfolgspotentials.
- Die *Rechnung Eigentümer* gestattet die individuelle Berücksichtigung der besonderen Verhältnisse des Investors.

Parallel zur differenzierten Berechnung der Erfolgsgrösse ergeben sich dieselben Unterschiede auch im Bereich der Rentabilitätsrechnung. Auch hier muss eine getrennte Berechnung beider Stufen erfolgen.

6.3 Zusammenfassung

Die drei beschriebenen Kennzifferbereiche wirken sich nur indirekt auf den Investitionsentscheid aus. Es ist umgekehrt aber erst durch diese fundamentalen Angaben möglich, das Investitionsproblem bei der Wurzel zu erfassen.

Die von Grund aus aufgebauten Beurteilungsgrössen berücksichtigen durch diesen Aufbau verschiedene Interdependenzen und führen zu einem qualitativ hochstehenden, realitätsnahen Modell.

7. Das zentrale Entscheidungsinstrument

Die im Datenkranz zusammengestellten Kennziffern bilden einen wesentlichen Teil der *Informationsbasis* des Entscheidungsinstruments. Dieser *in sich selbst vernetzte* Datenbestand kann zusammenfassend als *periphere Grundlageninformation technischer Natur* charakterisiert werden, die weitgehend auf dem Immobilienfachwissen von Bereichsspezialisten beruht. Unter Berücksichtigung von *Grundsatz 10*[299] ist sie als *notwendiger* Teil des Kennziffermodells zu betrachten, dem unumstössliche Tatsachen zugrunde liegen. Inhalt dieses Kapitels ist der systematische Aufbau einer darauf abgestimmten Betriebsrechnung, die aus *entscheidungsorientierter* Sicht den zentralen Bestandteil des verfolgten Instrumentariums[300] darstellt.

Bei der Konstruktion des *Datenkerns* gilt es, die in den Abschnitten 5.1.1 und 5.1.3 formulierten Grundsätze in konkrete *Lösungen* bzw. *Massnahmen* umzusetzen. Diese Präzisierung bildet den letzten theoretischen Schritt zur Realisierung eines Analyseinstruments, das den praktischen Zusammenhängen des beurteilten Problemkreises gerecht wird. Die Betriebsrechnung kann damit zu einem verdichteten Abbild des gesamten Investitionsvorhabens ausgeformt werden.

7.1 Umsetzung der Anforderungen

7.1.1 Beurteilungsverfahren

Die in Abschnitt 5.1.1 aufgestellten Grundsätze können erkanntermassen unter Einsatz der klassischen Beurteilungsverfahren nicht eingehalten werden. Eine weiterentwickelte Lösung drängt sich hauptsächlich zur Verwirklichung der in *Grundsatz 8* geforderten *Transparenz der Resultate* auf. Den Ansatzpunkt dazu bildet die im letzten Kapitel in ihren Grundzügen skizzierte Betriebsrechnung[301]. Zur Erlangung der Transparenz wird diese *mehrperiodig* ausgelegt.

---

299   Vgl. dazu Abschnitt 5.1.3, Seite 120; *Grundsatz 10* verlangt, dass die Ausgangsdaten möglichst *direkt* in das Modell aufzunehmen sind.

300   Vgl. dazu die konzeptionelle Gliederung des Kennziffermodells Abschnitt 5.2.2, Seite 121.

301   Vgl. dazu Abschnitt 6.2, Seite 139.

Mit der Realisation in Form eines *Zeitreihen-Modells* löst man sich gegenüber den statischen Verfahren von der Abstützung auf Durchschnittswerten, gegenüber den anderen verfolgten Methoden eröffnet sich die Möglichkeit einer detaillierten Zielbeitragsanalyse[302]. Es gelingt somit gleichzeitig, zwei wesentliche Einschränkungen der klassischen Verfahren zu überwinden. Einzeln betrachtet handelt es sich bei den so aufbereiteten Werten um *statische* Elemente, die mittels periodisierter Budgetierung zu einer *dynamischen Aussage* geführt werden.

Mit der Abstützung auf statischen Einzelwerten erübrigt sich die pauschalisierende Abzinsung auf den Investitionszeitpunkt. Die einzelnen Periodenwerte können in Form von *realwertigen* Zahlen in das Modell eingebracht werden. Die beurteilte Zahlenreihe bleibt damit frei vom Einfluss eines subjektiv festgelegten Abzinsungsfaktors. Die Präsentation der Planwerte in *Werteinheiten des Entscheidungszeitpunkts* gewährleistet die *direkte* Vergleichbarkeit sämtlicher Periodenergebnisse.

Die gewählte Methodik erfordert zwangsläufig auch die zeitlich *detaillierte* Erfassung der Betriebsdaten über den gesamten Beurteilungszeitraum. Von grundlegender Bedeutung für die weiteren Ausführungen ist daher der *Planungshorizont* der Modellrechnung.

7.1.2   Planungshorizont

Die den klassischen Investitionsrechenverfahren anhaftende Prämisse des *festen Planungshorizonts*[303] stellt bei der Anwendung auf normale Investitionsvorhaben keine nennenswerte Einschränkung der Praktikabilität eines Verfahrens dar. Diese Feststellung trifft auf sämtliche Projekte zu, deren Lebensdauer relativ genau abgeschätzt werden kann.

Immobilieninvestitionen wurden schon zu Beginn dieser Arbeit als äussert *langfristige Geschäfte* charakterisiert. Ihr *Liquidationszeitpunkt* kann infolge der Renovationsfähigkeit zyklisch herausgeschoben werden. Selbst beim Erreichen der Abbruchreife verbleibt ein bemerkenswerter *Restwert* in Form des unverzehrbaren Baugrunds. Während der ausgedehnten Bestandesdauer können zudem mehrere *Nutzungszyklen* durchlaufen werden. Es muss daher die realistische Annahme getroffen werden, dass die Veräusserung von Immobilien selten mit dem definitiven *Zerfall* ihres Nutzpotentials zusammenfällt, sondern vielmehr mit dem *Wechsel* in eine neue Betriebsphase.

---

302   Vgl. dazu auch die Tabellen in den Abbildungen 17 bis 21.
303   Vgl. dazu auch Abbildung 18.

Im Zeitpunkt der Investition können demnach weder der *Liquidationszeitpunkt* noch der dannzumalige *Erlös* aus Liquidation zuverlässig bestimmt werden. Die Überwindung der *Prämisse des festen Planungshorizonts* erweist sich damit als unumgänglich. Um der Langfristigkeit der Anlage zu entsprechen, ohne gleich bis an den ökonomischen Horizont planen zu müssen, ist an Stelle des *festen Planungshorizonts* ein *entscheidungsrelevanter Betrachtungszeitraum* festzulegen.

In Abstimmung auf das geplante Beurteilungsverfahren wird im Modell ein relativ kurzer Zeitraum von *10 Jahren* berücksichtigt. Verglichen mit der *gesamten* Investitionsdauer erscheint die Wahl einer derart *kurzen Periode* als widersprüchlich. Aufgrund der nachfolgenden Argumente erweist sich diese Beschränkung jedoch als äusserst zweckmässig:

- Mit zehn Jahren bewegt man sich innerhalb eines langfristigen, aber noch *überblickbaren* Zeitraums. Nach Ablauf dieser Zeitspanne sollte sich der Betrieb der Liegenschaft so weit normalisiert haben, dass allfällige Leerstände im Anschluss an die Inbetriebnahme keine weiteren Auswirkungen auf die Ertragssituation mehr haben. Das Objekt repräsentiert damit am Ende des Betrachtungszeitraums seinen *vollen Wert*.

- Bei Neubauten sollten nach dieser Zeitperiode sämtliche Baumängel behoben sein. Dem nächsten Unterhaltszyklus geht noch eine lange Nutzungsperiode voraus.

- Die Schätzung einzelner Parameter auf eine *längere* Zeitspanne wird zunehmend *schwieriger*. Eine erweiterte Fortschreibung würde aufgrund fragwürdiger Annahmen zu einer oberflächlichen Pauschalisierung führen.

Die Wahl eines 10 Jahre dauernden Zeitraums stellt eine zweckmässige Lösung für das Modell dar, umfasst aber *nicht* den gesamten Lebenszyklus der Liegenschaft. Der Endzeitpunkt der Betrachtung fällt bei dieser Betrachtungsweise weder mit dem Ende eines Nutzungszyklus, noch mit dem Abbruch der Gebäude zusammen. Zur Bezifferung von *Liquidationserlös* und *Altersentwertung* muss daher noch eine praktikable Lösung gefunden werden, die der periodisierten Beurteilung gerecht wird.

7.1.3 Abgrenzung der Zahlungsströme

Die korrekte Zuschreibung einzelner Zahlungsströme ist eine grundlegende Voraussetzung der Beurteilung. Trotz der objektbedingten Integrität[304] von Immobilieninvestitionen können Zurechnungsfehler nicht absolut ausgeschlossen werden. Es soll

---

304 Vgl. auch Abschnitt 3.1.3.

daher auf einige typische Tatbestände der Zurechnungsproblematik eingetreten werden. Man kann aber schon zu Beginn festhalten, dass unter konsequenter Einhaltung des Prinzips der *"Liegenschaft als eigenständiger Betrieb"* keine nennenswerten Probleme ungelöst bleiben sollten.

Erfolgsbereich:

Ertragseite: Auf der Ertragseite sind zwei potentielle Fehlerquellen zu erwähnen. Das wohl am häufigsten anzutreffende Problem liegt in der partiellen oder vollständigen *Eigennutzung* von Liegenschaften. Die selbstgenutzten Gebäudeteile sind in solchen Fällen gleich zu bewerten, wie wenn sie von einem Dritten genutzt würden. Wird auf diese neutrale Bewertung verzichtet, verzerrt sich das Abbild des Modells und erlaubt keine Schlussfolgerungen über das Projekt zu ziehen [305].

Ein zweites Problem entspringt der Berücksichtigung von *Leerständen*. Die Ursachen einer zu knappen Nachfrage können vielfältiger Natur sein. Wird projektbedingt mit Leerstandszeiten gerechnet, sollten die Reduktionsbeträge *getrennt* von den projektierten Erträgen angeführt werden.

Um die Problematik von Eigennutzung und Leerständen zweckmässig zu überbrücken, ist die Ertragsgrundlage zuerst in Form eines SOLL-Wertes auszuweisen, der bei Bedarf entsprechend korrigiert werden kann.

Aufwandseite: Ähnlich dem Problem der Eigennutzung müssen *Eigenleistungen* bewusst von der Liegenschaft getrennt bzw. ihr verrechnet werden. Typische Beispiele dieser Art sind Leistungen in den Bereichen der Verwaltung oder der Hauswartung. Auch in diesen Fällen ist so zu bewerten, als würden Drittleistungen in Anspruch genommen.

Vermögensbereich:

Finanzierung: Im Bereich der Finanzierung sind zwei Sachverhalte zu beachten. Einerseits ist eine klare Trennung von Finanzierungs- und Definanzierungsvorgängen gegenüber dem Erfolgsbereich vorzusehen. Davon betroffen werden vor allem Veränderungen des Hypothekenbestandes. Das Fremdkapital darf andererseits ausschliesslich die Finanzierung der Liegenschaft bezwecken.

---

305   Verzerrt werden in diesen Situationen primär die *Rentabilitätsrechnung* sowie die Wertbestimmung nach dem *Ertragswertverfahren*.

Rentabilität: Alle obenerwähnten Abgrenzungsprobleme wirken sich entweder über den *Gewinn* oder das *Kapital* auf die Rentabilität der Liegenschaft aus.

Mit der Diskussion des Abgrenzungsproblems wird auch deutlich, dass sich die Problembereiche der *Zurechnung* und der *Informationsbreite* überschneiden. Das Zurechnungsproblem erfordert in verschiedenen Fällen eine Erweiterung der Informationsbasis [306].

7.1.4 Zielproblematik

In Immobilienkreisen ist es üblich, eine Liegenschaft aufgrund der *Bruttorendite* zu beurteilen, die dem Verhältnis zwischen den *Soll-Netto-Mieten* und investiertem *Kapital* einer Liegenschaft entspricht [307]. Aus betriebswirtschaftlicher Sicht kann die Bruttorendite *nicht* als zuverlässige Massgrösse anerkannt werden. Durch die generelle Vernachlässigung der Aufwandseite ist die Vergleichbarkeit mit Renditen, wie sie zum Beispiel für Wertpapiere berechnet werden, grundsätzlich nicht gegeben [308]. Die Bruttorendite erlaubt weiterhin auch keine Berücksichtigung der *Finanzstruktur*, was sich nachhaltig auf den Zielerreichungsgrad auswirken kann. Auf die Erfassung von *Unterhaltszustand* [309] und *Wertentwicklung* wird gleichwohl verzichtet [310].

Ein echter Vergleich von Immobilien mit Anlagealternativen wird erst durch die Formulierung einer *Netto*rendite möglich. Greift man als Beispiel nochmals den Bereich der Wertpapieranlage auf, kann festgestellt werden, dass sich bei börsenkotierten Wertpapieren eine Nettorendite ganz klar berechnen lässt. Ohne allzu grossen Aufwand zu gewärtigen, können auch Transaktionskosten und Steuereffekte mitbe-

---

306 Die nähere Auseinandersetzung mit der Datenbasis der *Betriebsrechnung* erfolgt in Abschnitt 7.1.5.

307 Vgl. zur Berechnung der Bruttorendite Formel I in Fussnote 98, Seite 49.

308 Die Beurteilung von Immobilien aufgrund der Bruttorendite kann bezüglich ihres Aussagegehalts in etwa verglichen werden mit einer Dividendenausschüttung, die ausschliesslich in *Prozent des Nennwertes* angegeben wird. Im Rahmen einer derartigen Betrachtungsweise stimmen weder Kapitalbasis noch Periodengewinn mit den tatsächlichen Gegebenheiten überein. Sowohl der Kaufpreis (als Kapitalbasis der Periode) als auch die Kurswertsteigerung (Teil des Gewinns) bleiben vernachlässigt.

309 Der Unterhaltszustand ist im Hinblick auf die Erfolgsrechnung als *Abschreibung* zu berücksichtigen.

310 Diese Einschränkung kommt nur bei der Beurteilung von Altliegenschaften zum Tragen.

rücksichtigt werden. Da die Kurswerte auf einem *Markt* (Börse) gebildet werden und im Handel auch zur Anwendung gelangen, können sie als absolut zuverlässige Bewertung erachtet werden. Ein allfälliger Kursgewinn kann damit zusammen mit dem Ertrag aus Dividenden in die Rentabilitätsberechnung aufgenommen werden.

Im Gegensatz zu gehandelten Wertpapieren, für die ein realistischer Marktpreis aufgrund von Nachfrage und Angebot besteht, fehlt eine entsprechend zuverlässige und eindeutige Bewertung bei Immobilien [311]. Der Ausweis eines verbindlichen *Nettoerfolgs* kollidiert seinerseits mit der Abschreibungsproblematik. Unter diesen Voraussetzungen ist es naheliegend, dass in der Praxis des Immobiliengeschäfts üblicherweise *keine* Beurteilung aufgrund von Nettorenditen vorgenommen wird. Soll diese Beurteilung mit Hilfe der Betriebsrechnung ermöglicht werden, sind zur Bestimmung von *Abschreibungsbeträgen* und *Marktwert* zweckmässige Wege zu finden.

Entsprechend *Grundsatz 7* [312] soll das Kennziffermodell bezüglich *verschiedener Zielsetzungen* Auskunft geben können. Von Interesse sind alle monetären Zielinhalte, die in Abschnitt 3.4 angesprochen wurden. Aufgrund der in Abschnitt ? vorgenommenen Unterscheidung zwischen Betriebs- und Eigentümerabrechnung, muss die Zielbeitragsabgrenzung jeweils getrennt für *beide* Bereiche erfolgen. Explizit sollen aus der Betriebsrechnung die folgenden Zielinhalte abzulesen sein:

- *Rechnung Betrieb:* Cash-Flow, Liquidität, Gewinn, Rendite.
- *Rechnung Eigentümer:* Liquidität, Gewinn, Rendite.

Die Beurteilung der Rendite erfolgt aufgrund von zwei unterschiedlichen Betrachtungsweisen. Der Unterschied liegt in der Wahl der zugrundegelegten *Kapitalbasis*. Zum einen kann die Frage nach der Rentabilität bezüglich der investierten *Eigenmittel* gestellt werden: Die Berechnung der Rendite stützt sich in diesem Fall auf den *Buchwert* und kann deshalb auch als *input-orientiert* charakterisiert werden. Zum andern ist es auch möglich, die Rentabilitätsrechnung bezüglich des gebundenen *Eigenkapitals* durchzuführen: Wird dieser Weg gewählt, dient der *Marktwert* als Berechnungsbasis, wobei die Kapitalwertsteigerung gegenüber der letzten Periode gleichzeitig als Gewinnbestandteil erachtet werden muss. Dieses Vorgehen entspricht einer *substanz-orientierten* Berechnungsweise.

Werden die angeführten Zielinhalte vollumfänglich in das Modell integriert, lässt sich für *jeden Zeitpunkt* der 10-jährigen Zeitspanne eine *neutrale* Aussage über die Anlage machen, sowohl unter rein betrieblichen Gesichtspunkten als auch unter Be-

---

311   Vgl. dazu auch die Diskussion der praktischen Ansätze in Abschnitt 4.2.

312   Vgl. Abschnitt 5.1.1.

zugnahme auf die Eigentumsverhältnisse. Die Beurteilung wird gleichzeitig unabhängig von den Eigentums- und Nutzungsverhältnissen [313].

Im Rahmen dieses Abschnitts wurde deutlich, dass die Bewertung des aktuellen Liegenschaftenwertes und die Wahl des Abschreibungsbetrags von eminenter Wichtigkeit für die Zielbeitragsmessung sind. Diesen zwei Themenkreisen wird deshalb im folgenden Abschnitt besondere Aufmerksamkeit gewidmet.

7.1.5 Datenbasis

7.1.5.1 *Liquidationserlös*

Der Liquidationserlös nimmt als Bestandteil des Modells eine besondere Stellung ein, die nach einer separaten Betrachtung verlangt. Zum einen kann er als Element der *verarbeiteten* Datenbasis bezeichnet werden, welches die Erreichung der verfolgten Zielinhalte indirekt über die Abschreibung beeinflusst [314]. Diese Darstellungsweise entspricht einer buchhalterischen Denkweise. Der Liquidationserlös (bzw. Verkaufspreis) einer Liegenschaft müsste sich in diesem Fall aufgrund von *Gestehungskosten* und *Altersentwertung* bestimmen lassen. Zum anderen hat sich aufgrund der Diskussion in Abschnitt 2.3.2 gezeigt, dass mit der Beurteilung einer Investition über den *Total-Return* ein Teil des Liquidationserlöses direkter *Bestandteil* der Zielgrösse ist. Der erzielbare Verkaufspreis lässt sich unter dieser Voraussetzung nicht aufgrund von Bilanzdaten, sondern nur mit Hilfe einer *Schätzung* herleiten.

Unabhängig von der Wahl der Berechnungsweise muss infolge des Verzichts auf einen fixierten Planungshorizont für *jeden Zeitpunkt* der 10-jährigen Beurteilungsperiode ein Liquidationswert zur Verfügung stehen. Für die buchhalterische Betrachtung stellt diese Anforderung keine grossen Probleme, zumal ausgehend von der Anfangsinvestition die jährlichen Abschreibungsbeträge ausgewiesen werden [315]. Schwieriger ist die Bezifferung des Schätzwertes. Folgt man der *Total-Return*-Überlegung, verändert sich der Marktpreis aufgrund der Nachfrage nach dem relativ-knappen Immobilienangebot. Diese spiegelt wiederum die Erwartungen der Anleger bezüglich des Gesamtnutzens aus der Investition. Folgt man dem Gedanken der *Erwartungen*

---

313 Durch die Bewertung des *Mietertrags* bleibt offengestellt, ob die Liegenschaft verkauft oder selbst genutzt werden soll. Die Mietertragsbewertung bezweckt lediglich eine *marktkonforme* Abschätzung des Ertragspotentials.

314 Vgl. dazu auch die Beurteilung der Informationsbasis bei den klassischen Verfahren in Abbildung 17.

315 Vgl. zur Abschreibungsproblematik auch Abschnitt 7.1.5.2.

in den Gesamtnutzen anerbietet sich die in Abschnitt 4.2.1.3 beschriebene *Ertrags-wertberechnung.*

Beide Verfahren zeichnen sich sowohl durch Vor- als auch durch Nachteile aus. Mit der Verwendung von Bilanzwerten liegt das Resultat tendenziell eher zu tief. Man bewegt sich damit auf der "sicheren" Seite des Wertspektrums. Mit der Berechnung eines Ertragswertes wird dem Sachwertcharakter von Immobilien besser entsprochen. Man könnte in diesem Zusammenhang auch von einem SOLL-Wert sprechen, der die Preisentwicklung des Baugrunds mitbewertet. Diese verschiedenartigen Aussagen bilden die Basis der in Abschnitt 7.1.4 unterschiedenen eigenmittel- bzw. eigenkapi-talorientierten Renditeberechnung.

7.1.5.2 Problem der Altersentwertung

Eng angrenzend an die Problematik des Planungshorizonts ist die Bestimmung der Altersentwertung. Werden die betriebswirtschaftlichen Investitionsrechnungsverfah-ren eingesetzt, erfolgt die Berücksichtigung der Abschreibungskomponente indirekt über die Festlegung von Nutzungsdauer und mutmasslichem Liquidationserlös. Die Umlage der gesamten Abschreibungsbeträge auf eine kürzere Zeitspanne erübrigt sich damit. Da innerhalb des im Modell beobachteten Zeitraums das Ende der Nutz-periode einer Liegenschaft nicht erreicht wird, muss das Problem der Altersentwer-tung auf andere Weise erfasst werden.

Die Beurteilung des *Total-Return* von Liegenschaften verführt zu einer Vernachlässi-gung der Abschreibungskomponente. Die Kombination der ausgeprägten *Langlebig-keit* mit den permanenten *Wertsteigerungen auf dem Immobilienmarkt* erweckt den Anschein, dass von einer substanzbezogenen Abschreibung weitgehend abgesehen werden kann. Als gewichtiger werden hingegen allfällige steuerliche Vorteile als Folge von Abschreibungen erachtet. Vermutlich kann diese besondere Sachlage als Ursache für die in der Praxis zur Anwendung gelangenden Abschreibungsusanzen gesehen werden. So findet man beispielsweise die Empfehlung, jährlich *0,5 - 1,0%* *des Brandassekuranzwertes* als Abschreibungsbetrag in die Liegenschaftenabrech-nung einzusetzen, wobei ergänzend darauf hingewiesen wird, dass *in den verschiede-nen Landesgegenden und je nach Alter* verschieden abgeschrieben wird [316].

Die Rücksichtnahme auf spezielle Steuereffekte und davon abgeleitete Abschrei-bungssätze kann sich zu Buchführungszwecken zwar als sinnvoll erweisen, für eine

---

316 Vgl. **Schweizerischer Hauseigentümerverband (Hrsg.):** Buchhaltung für die Liegenschaft, Zürich 1986, Seiten 4 und 5. Es handelt sich dabei um eine Arbeitsunterlage für Liegen-schaftenbesitzer.

betriebswirtschaftlich fundierte Beurteilung von Investitionsalternativen ist dieser Ansatz jedoch *ungeeignet*.

Für die Diskussion der Abschreibungsproblematik soll von einer allgemeinen Definition ausgegangen werden. So gesehen bezwecken die Abschreibungsbeträge eine *Verteilung der Wertminderung* von betrieblichen Vermögensteilen auf einzelne Abrechnungsperioden [317]. Es wird grundsätzlich zwischen *zwei* Arten der Abschreibung unterschieden:

- *Bilanzielle Abschreibung:* Der Wertverzehr von Wirtschaftsgütern des Anlagevermögens wird durch die Aufteilung der Anschaffungskosten auf die einzelnen Nutzungsperioden berücksichtigt. Abgeschrieben wird somit aufgrund der ursprünglichen *Beschaffungskosten*. Der Abschreibungsbetrag kann aufgrund von linearen, progressiven oder degressiven Verfahren bestimmt werden.

- *Kalkulatorische Abschreibung:* Im Rahmen der Kostenrechnung wird der Wertverzehr nicht nur zeitabhängig, sondern auch aus *technischer* und *wirtschaftlicher* Sicht bewertet. Im allgemeinen erfolgt die kalkulatorische Abschreibung auf Basis der *Wiederbeschaffungskosten* [318].

Auch wenn man normalerweise von einer ausgesprochen beständigen Nutzenspendung einer Liegenschaft ausgehen kann, so zeigt sich spätestens im Zeitpunkt einer notwendigen Renovation, dass tatsächlich ein Wertverzehr stattfindet. Es muss damit zwangsläufig auch zur Beurteilung von Liegenschaften eine Umlage der Gesamtentwertung auf die zugrundegelegte Zeitperiode erfolgen [319].

Für den Einsatz des Modells kann die Problematik in Form von zwei grundsätzlichen Fragen weiterverfolgt werden:

- Einerseits stellt sich die Frage nach dem abzuschreibenden Vermögensbestandteil, das heisst der *Abschreibungsbasis*.

- Weiterhin ist festzustellen, in welcher *Art* abzuschreiben ist: bilanziell oder kalkulatorisch.

In der immobilienspezifischen Fachliteratur existieren verschiedene Ansätze zur Abschreibungsproblematik, die sich exakter mit dem Thema auseinandersetzen. Um den Abschreibungsmodus für das Modell festzulegen, werden die Ansätze von Fierz, Wüest/Gabathuler und Nägeli einer genaueren Betrachtung unterzogen.

---

317 Vgl. u.a. **Blohm, H./Lüder, K.:** Investition, Seite 37; **Hörschgen, H.:** Grundbegriffe der Betriebswirtschaftslehre II, Seiten 9 bis 12.

318 Vgl. weiterführend u.a. **Albach, H.:** Die degressive Abschreibung, Wiesbaden 1967; **Coenenberg, A.:** Jahresabschluss und Jahresabschlussanalyse, München 1976, Seiten 94 f.; **Süchting, J.:** Finanzmanagement, Wiesbaden 1976, Seiten 177 f.

319 Für das Kennziffermodell bedeutet dies eine Umlage auf jeweils ein Jahr.

Die Altersentwertung nach Fierz:

Im ökonomisch orientierten Ansatz von Fierz wird eine Liegenschaft aufgrund ihrer *zukünftigen Nutzleistung* bewertet [320]. Dabei werden die notwendigen Abschreibungen durch die Berechnung des *Barwertes* zukünftiger Renovationsaufwendungen berücksichtigt [321]. Als Basis der Berechnung gelangen die ursprünglichen *Erstellungskosten* sowie Erfahrungszahlen bezüglich der *Lebensdauer* einzelner Gebäudeteile zur Anwendung.

Immobilienbestandteil	ϕ - Lebensdauer in Jahren	ϕ - Kostenanteil
Boden		
Unendliche Restlebensdauer		
Rohe Gebäudestruktur		
Wohn- und Geschäftshäuser	75*	49%
Hotelbauten	50 - 75	40%
Gewerbliche Bauten, normale Beanspruchung	40 - 60	70%
Gewerbliche Bauten, starke Beanspruchung	20 - 40	70%
Lagerhallen offen	40 - 60	90%
Ausbau		
Wohn- und Geschäftshäuser	20 - 35	51%
Hotelbauten	15 - 25	60%
Gewerbliche Bauten, normale Beanspruchung	15 - 25	30%
Gewerbliche Bauten, starke Beanspruchung	10 - 15	30%
Lagerhallen offen	15 - 25	10%
*) Ökonomischer Horizont		

Abbildung 25: Altersentwertung nach Fierz [322]

Abbildung 25 zeigt die durchschnittlichen Werte für *Lebensdauer* und *Kostenanteil* typischer Gebäude, getrennt nach den zwei Kategorien *Rohbau* und *Ausbau*. Die Bewertung der Bestandesdauer basiert dabei auf der *technischen* Lebenserwartung der

---

320   Vgl. **Fierz, K.:** Wert und Zins bei Immobilien, Seite 18. Die Aussage kommt durch folgendes Zitat besonders klar zum Ausdruck: *"Eine Liegenschaft oder Anlage ist demnach nur soviel wert, wie die Summe der auf den Bewertungszeitpunkt diskontierten Nutzleistungen, welche ihr inskünftig zurechenbar sind"*.

321   Vgl. dazu auch die Berechnungsbeispiele bei **Fierz, K.:** Wert und Zins bei Immobilien, Seiten 24 und 41.

Anlagen [322]. Die *wirtschaftliche* Lebensdauer kann infolge technischen Fortschritts auch kürzer ausfallen. Soll die Liegenschaft optimal genutzt werden, kann sich insbesondere der Ersatz des Ausbaus schon *vor* dem Erreichen seiner technischen Altersgrenze als notwendig erweisen.

Zur Vereinfachung der rechnerischen Bewertung nach diesem Verfahren trägt die Berücksichtigung des ökonomischen Horizonts bei. In diesem Sinne beschränkt Fierz den Betrachtungshorizont auf 75 - 100 Jahre.

Die Altersentwertung nach Wüest/Gabathuler:

Als Resultat eines Forschungsprojekts an der ETH [323] werden bezüglich Lebensdauer und Kostenanteil einzelner Gebäudeteile die Werte gemäss Abbildung 26 angeführt [324].

Gebäudeteile	φ Lebensdauer (Jahre)	φ Kostenanteil
Rohbau 1	80 und mehr	35%
Rohbau 2	30 - 50	12%
Haustechnik	10 - 30	25%
Ausbau 1	20 - 30	18%
Ausbau 2	10 - 20	10%

Abbildung 26: Altersentwertung nach Wüest/Gabathuler [323]

Ein grosser Erneuerungszyklus kann anhand dieser Tabelle nach Ablauf eines Zeitintervalls von 30 Jahren festgestellt werden. Bezüglich Haustechnik wird auch hier auf

---

322 Vgl. **Fierz, K.:** Wert und Zins bei Immobilien, Seiten 19/180/181. Die Tabelle wurde aufgrund der verschiedenen Angaben zusammengestellt. Zur Verbesserung der Übersicht wurden *nicht* alle Werte des Buches wiedergegeben. Die Abgrenzung von Roh- und Ausbau stützt sich auf den *Baukostenplan der Schweizerischen Zentralstelle für Baurationalisierung*; vgl. dazu FN 296. Zur *rohen Gebäudestruktur* gehören alle Bauteile, deren Lebenserwartung bis zum Abbruch der Gebäude reicht, während im *Ausbau* all jene Teile enthalten sind, die einer regelmässigen Erneuerung bedürfen.

323 Vgl. **Wüest, H./ Gabathuler, C.:** Bauliche Ressourcen und ihre Benützung, Lagebeurteilung und mögliche Veränderungspotentiale, ETH-Forschungsprojekt MANTO, Spezialstudie 2.23, Zürich 1984, Seiten 63 ff.

324 Die Zahlenwerte in Abbildung 26 gelten für *Wohn- und Geschäftshäuser*.

die möglicherweise *reduzierte Lebensdauer* aus wirtschaftlichen Gründen hingewiesen. Bei einer Ausdehnung der Intervalle ist mit einer beschleunigten Alterung der Substanz zu rechnen. Die verspäteten Erneuerungen wären mit überdurchschnittlichen Investitionen verbunden. Im Vergleich mit Fierz wird das Gebäude etwas feiner in seine Bestandteile gegliedert, der Grundgedanke bleibt jedoch derselbe.

Die Altersentwertung nach Nägeli:

Aus Sicht der Schätzungsproblematik distanziert sich Nägeli ausdrücklich von einer *tabellarischen* Altersentwertung. *Jede* pauschale Abschreibung, sei sie progressiv, linear oder degressiv, ist ein Durchschnittswert und gründet einzig auf einem Basiswert sowie einer hypothetischen Lebensdauer, deren Ende in weiter Ferne liegt.

Technische Altersentwertung	
• *Rohbau:*	langsam fortschreitend
• *Installationen:*	schneller, dazu von Material und Fabrikationsqualität abhängig
• *Innenausbau:*	stark unterschiedlich; Gipser und Schlosserarbeiten langsam, Spannteppiche und Tapeten schnell/qualitätsabhängig
• *Nutzungsintensität:*	Sorgfalt der Mieter, Unterhaltsaufwendungen etc.
Wirtschaftliche Altersentwertung	
• *Komfort, Ausrüstung*	
• *Technologie*	
• *Lageveränderungen*	

Abbildung 27: Einflüsse der Altersentwertung nach Nägeli

Zur praktischen Bestimmung der Altersentwertung werden dementsprechend *keine konkreten* Angaben gemacht, sondern es wird vielmehr beschrieben[325], welche Faktoren den Restwert beeinflussen können (Abbildung 27). Der Autor wendet sich damit vom System ab, aufgrund des Erstellungszeitpunkts und einer mutmasslichen Lebenserwartung den Zeitwert zu bestimmen. Er stellt allein auf den *realen Zustand* einer Liegenschaft ab. Als praktisches Hilfsmittel wird ergänzend eine sehr detaillierte Tabelle mit der geschätzten Lebenserwartung einzelner Baubestandteile angeführt[326].

---

325   Vgl. **Nägeli, W./Hungerbühler J.:** Handbuch des Liegenschaftenschätzers, Seite 22.

326   Vgl. **Nägeli W./Hungerbühler J.:** Handbuch des Liegenschaftenschätzers, Seiten 359 f.

Vergleich der verschiedenen Ansätze:

Aufgrund der aufgegriffenen Ansätze kann man feststellen, dass mit Sicherheit *jedes Gebäude* einem altersbedingten Wertverzehr unterliegt, der Boden jedoch *nicht* Gegenstand der Abschreibungsproblematik ist [327]. Die erläuterten Ansätze teilen weiterhin das Anliegen, die Höhe der Abschreibungen *nicht anhand eines Pauschalverfahrens* zu bestimmen [328]. In allen drei Ansätzen wird zumindest individuell nach technischer Lebenserwartung abgegrenzt. Die angewendeten *Abschreibungsprinzipien* können nur bedingt beurteilt werden. Im Vordergrund steht jedoch die *bilanzielle* Sicht [329].

Da sich die zur Diskussion stehenden Ansätze mehr aus dem *Blickwinkel einer Bestandesaufnahme* mit dem Problem der Altersentwertung befassen, kann aus ihnen kein direkter Schluss auf die periodischen Abschreibungsbeträge für den Einsatz im Modell abgeleitet werden. Als zweckmässiger Angelpunkt soll jedoch grundsätzlich das System einer *individuell bewerteten Abschreibung* verfolgt werden. Als Berechnungsbasis wird ebenfalls vom *Bauwert* ausgegangen, da einzig dieser einem leistungsbedingten Verzehr unterliegt.

Folgt man dem eigentlichen Gedanken der Abschreibungstätigkeit, so kann festgehalten werden, dass eine Unternehmung auf lange Sicht in der Lage sein muss, ein verbrauchtes Gut aus eigenen Mitteln zu ersetzen. Soll der Betrieb auf *unbestimmte* Dauer fortgeführt werden, muss dieser Erneuerungsvorgang den Ertragswert des bisherigen Guts *realwertig* ersetzen [330]. Will man die Erhaltung der Ertragskraft sicherstellen, sind die Abschreibungsbeträge daher aufgrund des *kalkulatorischen* Prinzips festzulegen. Zu berücksichtigen ist darin sowohl der *technische* als auch der *wirtschaftliche* Wertverzehr.

Die Festlegung der Abschreibungsbeträge zur praktischen Anwendung im Modell wird mit dieser Betrachtungsweise zusätzlich erschwert. Ist die Abschätzung der *technischen* Lebensdauer aufgrund von Erfahrungszahlen noch möglich, stösst man bei der Quantifizierung der *wirtschaftlichen* Entwertung auf weit grössere Probleme.

---

327   Diese Feststellung deckt sich auch mit der eingangs dieses Abschnitts erwähnten Empfehlung, die Abschreibungen auf Basis des Brandassekuranzwertes zu tätigen.

328   Diese Feststellung steht eindeutig im Widerspruch zur eingangs erwähnten Empfehlung, 0.5% bis 1.0% abzuschreiben.

329   Dies soll anhand des Ansatzes von Fierz näher erläutert werden. In der Barwertberechnung werden die künftig notwendigen Renovationskosten auf der Basis der *Anschaffungskosten* gleichfalls mit ihrem Barwert berücksichtigt. Diese Vorgehensweise wird jedoch auch auf die Erträge angewendet, womit sich ein gewisser Ausgleich ergibt.

330   Buchführungstechnisch kann das Gut jedoch nur zu seinem *nominalen* Wert abgeschrieben werden. Praktisch erfordert dies bei der Neuanschaffung entsprechende Reserven bzw. Rückstellungen.

Mit dem Modell eröffnet sich ein gangbarer Weg zu einer zweckdienlichen Erfassung der Altersentwertung. Für die Bereitstellung der Liquidität wird ein *Erneuerungsfonds* errichtet. Durch die isolierte Betrachtung der Liegenschaft als betriebliche Einheit werden damit sämtliche Wertbestandteile zusammengehalten [331]. Anstelle der jährlichen bilanziellen Abschreibung soll dieser Erneuerungsfonds so gespiesen werden, dass die Liegenschaft als *Gesamtsystem* am Ende der gesamten Nutzungsperiode den selben Realwert darstellt wie zu Beginn. Die Zuweisung an den Fonds entspricht sinngemäss einer *kalkulatorischen Abschreibung*. Die jährliche Beitragshöhe ist so zu bemessen, dass daraus sämtliche zukünftigen ausserordentlichen Unterhaltsaufwendungen [332] finanziert werden können. Die Fondsgelder sind zweckgebundener Bestandteil der *Gesamtunternehmung*. Sie werfen einen *Ertrag aus Verzinsung* ab, der ebenfalls der Liegenschaft zuzurechnen ist.

Betrachtet man die *Einheit* von Liegenschaft und Erneuerungsfonds, so eröffnen sich neue Perspektiven in der Beurteilungsproblematik. Wesentlich ist insbesondere die Tatsache, dass ein vergrösserter Spielraum für die Bezifferung der notwendigen Abschreibungen geschaffen werden kann. Wird die Speisung des Erneuerungsfonds zu hoch angesetzt, so fällt bei einer Liquidation ein entsprechend umfangreicher Kapitalgewinn an. Dies entspricht vollumfänglich der Beurteilung über den *Total-Return*. Auf die *gesamte* Investitionsdauer betrachtet sind damit zwei *Extremsituationen* denkbar:

- Es ist möglich, dass im Liquidationszeitpunkt ein Erneuerungsfonds besteht, der in Kombination mit dem Landerlös die investierten Fremd- und Eigenmittel *real* voll abdecken kann. Das Objekt weist hingegen einen vernachlässigbaren Marktwert auf.

- Umgekehrt ist auch denkbar, das im Liquidationszeitpunkt ein Objekt vorhanden ist, das seinen *Ertragswert* real erhalten konnte. Der Erneuerungsfonds ist in diesem Falle für die Instandhaltung verwendet worden.

Zwischen beiden Extremzuständen sind unendlich viele Kombinationen denkbar, die alle genau der Zielsetzung der Abschreibung entsprechen. Für die 10-jährige Betrachtungsperiode des Modells spielt die *Wahl* eines bestimmten Unterhaltssystems nur eine untergeordnete Rolle. Dies aufgrund der Tatsache, dass in den ersten 10 Betriebsjahren einer Liegenschaft kaum mit Unterhaltsaufwendungen zu rechnen ist.

---

331 Die Existenz eines derartigen Fonds kann man sich auch in der Realität vorstellen. Befindet sich eine oder mehrere Liegenschaften im Besitz einer Immobiliengesellschaft, übernehmen die nicht in Immobilien gebundenen Vermögensbestandteile die entsprechende Sicherstellung der Liquidität.

332 Der Begriff *ausserordentliche Unterhaltsaufwendung* ist immobilienspezifisch zu verstehen. Gemeint sind damit sämtliche *aperiodisch anfallenden* Aufwendungen.

Damit wird offensichtlich, dass die Fondsspeisung unabhängig von der Ausführung der Unterhaltsarbeiten zu erfolgen hat.

Eine Überprüfung des gewählten Betrags der Fondszuweisung kann praktisch anhand eines *Unterhaltsplans* durchgeführt werden. Um zu aussagekräftigen Resultaten gelangen zu können, wäre dazu jedoch ein Betrachtungszeitraum von mindestens *50 bis 75 Jahren* erforderlich. In dieser Zeitperiode fällt die Mehrheit der notwendigen Erneuerungsaufwendungen erstmalig an. Die Gegenüberstellung der so ausgewiesenen Unterhaltsauslagen mit dem Erneuerungsfonds könnte allfällige *Abschreibungslücken* durch den Ausweis ungenügender Liquidität offenlegen. Da sich aus einer detaillierten Unterhaltsplanung für die Betrachtung über 10 Jahre keine bedeutenden Vorteile abzeichnen, wird hier nicht weiter auf diese Möglichkeit eingetreten. Der notwendige Aufwand würde die Praktikabilität in Frage stellen. Die Höhe der Fondszuweisung muss durch den Immobilienspezialisten unter Berücksichtigung der *Gebäudestruktur*[333] individuell festgesetzt werden.

Mit diesen Grundsätzen distanziert sich das Modell in gewisser Hinsicht von praktischen Usanzen. Dieses Vorgehen ändert jedoch nichts an der Tatsache, dass beispielsweise zu Steuerzwecken sowie auch zur gesetzlichen Beurteilung von Mietzinsen trotzdem mit pauschalen Abschreibungssätzen gearbeitet werden muss[334]. Um diesen Bedürfnissen Rechnung zu tragen, werden auch der Buchwert sowie auch ein (bilanzieller) Abschreibungsbetrag im Modell ausgewiesen. Damit werden sowohl *betriebswirtschaftliche* wie auch rein *praktische* Ansprüche zufriedengestellt.

7.1.5.3 Objektbezogene Information

Unter dem Begriff *objektbezogene Information* werden die *betriebsrelevanten* Daten zusammengestellt. In Kombination mit den Informationselementen des Datenkranzes bilden sie die Basis zur Berechnung der *Zielbeiträge*. In diesem Abschnitt werden die grossen Zusammenhänge der Betriebsrechnung *systematisch* aufgebaut[335]. Der Leitgedanke dieser Aufstellung ist die *rechnerische Herleitung* der verfolgten Zielinhalte.

---

333 Von Bedeutung sind die *Kostenanteile* und die erwartete *Lebensdauer*; vgl. dazu auch Abbildungen 26 und 25.

334 Vgl. **Gratz, E.**: Wirtschaftliche Beurteilung des Mietzinses, in: Der Schweizerische Hauseigentümer Nr. 1 vom 1.1.1988, Seite 4.

335 Die daraus abzuleitende, detaillierte Auflistung aller berücksichtigten Elemente erfolgt in Abschnitt 7.3.

Auf den Stufen *Betrieb* und *Eigentümer* werden in Abbildung 28 jeweils die Zielgrössen *Cash-Flow*, *Liquidität* und *Gewinn* ausgewiesen. Da Liegenschaftenabrechnungen in der Praxis kaum nach dieser Systematik aufgebaut werden, sondern eine Durchmischung von betrieblichen und eigentumsorientierten Tatbeständen vorliegt, entspricht die *Rechnung Betrieb* einer sehr *theoretischen* Betrachtungsweise. Die so ausgewiesenen Zielbeiträge ermöglichen jedoch einen völlig neutralen Vergleich verschiedener Liegenschaften, ohne den Eigentumseinflüssen ausgesetzt zu sein.

Die Schnittstelle zur *Rechnung Eigentümer* wird deshalb bewusst *vor* der Berücksichtigung der bilanziellen Abschreibung gezogen. Der Anknüpfungspunkt in Abbildung 29 ist somit die *Liquidität Betrieb*. Im Unterschied zur Stufe *Betrieb* wird hier für den Gewinnausweis mit *kalkulatorischen* Werten gerechnet[336]. Im Sinne der *Total-Return*-Betrachtung wird in der *Rechnung Eigentümer* auch der Anteil der periodischen Wertsteigerung als kalkulatorische Grösse integriert.

Mit dem vollumfänglichen Ausweis des Periodengewinns liegen die notwendigen *Erfolgswerte* für die Rentabilitätsrechnung vor, die noch mit den *vermögensorientierten* Werten für *Eigenmittel* (Abbildung 30) und *Eigenkapital* (Abbildung 31) ergänzt werden müssen.

Rechnung Betrieb
SOLL ERTRAG Betrieb
-     betriebliche Ertragsminderung
EINNAHMEN Betrieb
-     betriebliche Kosten
ERFOLG Betrieb
-     neutraler Aufwand (betriebsfremd und periodenbezogen)
CASH-FLOW (unternehmensbezogen)
-     neutraler Aufwand (periodenfremd)
LIQUIDITÄT Betrieb
±   gewinneutraler Aufwand
-     bilanzielle Abschreibungen
GEWINN Betrieb

Abbildung 28: Systematik der Rechnung Betrieb

---

336   Das kalkulatorische Pendant zur bilanziellen Abschreibung ist die Position *Zuweisung an den Erneuerungsfonds*.

Rechnung Eigentümer	
LIQUIDITÄT Betrieb	
±	liquiditätswirksame und gewinneutrale Zahlungsströme
±	liquiditäts- und gewinnwirksame Zahlungsströme
LIQUIDITÄT Eigentümer	
±	liquiditätswirksame und gewinneutrale Zahlungsströme Betrieb
±	liquiditätswirksame und gewinneutrale Zahlungsströme Eigentümer
+	kalkulatorische Wertvermehrung
GEWINN Eigentümer	

Abbildung 29: Systematik der Rechnung Eigentümer

Ausweis der Eigenmittel	
INVESTITIONSBETRAG	
-	kumulierte Abschreibung (bilanziell)
BUCHWERT	
-	Fremdkapital
EIGENMITTEL Betrieb	
+	Erneuerungsfonds
EIGENMITTEL Eigentümer	

Abbildung 30: Systematik des Eigenmittelausweises

Ausweis Eigenkapital	
ERTRAGSWERT	
-	Fremdkapital
EIGENKAPITAL Betrieb	
+	Erneuerungsfonds
EIGENKAPITAL Eigentümer	

Abbildung 31: Systematik des Eigenkapitalausweises

7.1.5.4 Umweltbezogene Information

Praktisch alle Komponenten der Betriebsrechnung unterliegen sehr direkt dem Einfluss wirtschaftlicher Rahmenfaktoren. Auf der Ertragsseite spiegeln sich Konjunkturschwankungen vor allem in angepassten Mietzinsen, beim Aufwand wirkt sich die Wirtschaftsentwicklung direkt über die Teuerung oder auch indirekt über die Lohn- und Finanzierungskosten aus.

Im Rahmen des gewählten Beurteilungsverfahrens wird die konjunkturbedingte Entwicklung der Umweltfaktoren über eine *realwertige Hochrechnung* der einzelnen Werte auf den gesamten Betrachtungszeitraum von 10 Jahren realisiert. Als Basis der Fortschreibung dient grundsätzlich der *Landesindex der Konsumentenpreise*. Für die Kosten aus Leistungen der Bauwirtschaft wird weiterhin auf den *Zürcher Index der Wohnbaukosten* abgestellt [337]. Mit der Wahl dieser beiden Wirtschaftsindikatoren stützt sich das Modell auf anerkannte Grundlagen, deren Einfluss auf die Betriebsrechnung zu einem grossen Teil als bekannt vorausgesetzt werden kann [338].

Die Hochrechnung der Erträge aus Mietzinsen muss zusätzlich die gesetzlich bedingten *Einschränkungen von Mietzinsanpassungen* berücksichtigen; so können Wohnflächen nur zu ca. 40% der Teuerung angepasst werden, die übrigen Flächen zu ca. 80% [339]. Die *Individualität* des Leistungsangebots einer Liegenschaft verlangt somit nach der Möglichkeit, einzelne Zahlenreihen zu bereinigen. Für diese Korrektur ist ein entsprechender Anpassungsfaktor vorzusehen.

Das Ziel dieser Hochrechnung darf nicht in einer exakten Prognostizierung jedes einzelnen Zahlungsstroms gesehen werden. Von Interesse ist vielmehr die *Simulationsmöglichkeit* im Modell. Begleitend zur Interpretation können auf dieser Basis *WHAT-IF-Versuche* durchgeführt werden, um eine Aussage über die *Sensitivität* des Projekts bezüglich verschiedener Umweltfaktoren zu machen.

Der Entscheidungsträger muss sich bei der Interpretation der Resultate über den Hintergrund der Zahlenreihen vollauf im klaren sein. Die scheinbar präzisen Daten täuschen beim ersten Anblick eine Genauigkeit vor, die nur bedingt vorhanden ist.

---

[337]   Ein gesamtschweizerischer Index für Baukosten existiert nicht.

[338]   Gewisse Zusammenhänge ergeben sich aufgrund von entsprechenden Gesetzeserlassen bzw. Usanzen. Zu dieser Gruppe gehören beispielsweise der *Teuerungsausgleich* oder die *Mieterschutzbestimmungen*.

[339]   Gemäss Bundesbeschluss über Massnahmen gegen Missbräuche im Mietwesen vom 30. Juni 1972 können in der Schweiz *mindestens 40%* der Teuerung auf die Mietzinsen aufgerechnet werden. *Durchschnittlich* liegt die Überwälzungsrate jedoch bei ca. 60-70% der Teuerung (bedingt durch Renovationen, Mieterwechsel etc.). Vgl. dazu **Fierz, K.:** Wert und Zins bei Immobilien, Seite 33.

7.2 Rekapitulation der definitiven Gliederung

Für die Betriebsrechnung zeichnet sich aufgrund der Ausführungen in Abschnitt 7.1 eine klare Gliederung in drei Teile ab. Abbildung 32 stellt die drei Stufen sowie ihre gegenseitige Abhängigkeit schematisch dar:

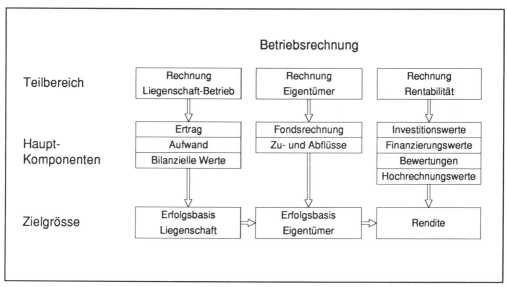

Abbildung 32: Schematische Darstellung der Betriebsrechnung

1. Übergeordnet funktioniert die *Rechnung Betrieb* als Spiegel der Leistungsfähigkeit des Immobiliums. Der Leistungsausweis dieser ersten Stufe konzentriert sich auf den Nutzwert der Liegenschaft und gibt Auskunft bezüglich der Zielgrössen *Cash-Flow*, *Liquidität* und *Gewinn*.

2. Auf zweiter Stufe werden die individuellen Bestimmungsfaktoren aus der Sphäre des Eigentümers in das Modell aufgenommen. Die *Rechnung Eigentümer* basiert auf dem *Cash-Flow* bzw. dem *Liquiditätsausweis* der vorhergehenden Stufe und gibt dem Investor Auskunft über die *ihm zur Verfügung stehende Liquidität* sowie über seinen *effektiven Gewinn*.

3. Die dritte Stufe bezweckt primär den individuell abgegrenzten *Rentabilitätsausweis* des Projekts. Als notwendige Grundlage dieser Berechnungen werden die *Finanzstruktur*, der *Anlageausweis* und die notwendigen *Bewertungen* diesem Bereich zugeordnet.

Stufen eins und zwei können aufgrund des gewählten Aufbaus auch als eigentliche *Erfolgsrechnung*, Stufe 3 auch als *bilanzartige Auswertung* bezeichnet werden. Neben der Integration der einzelnen Informationsbestandteile zu einem betrieblichen Gesamtbild erlaubt diese stufenweise Gliederung eine simultane Beurteilung des Projekts sowohl aus *neutraler* als auch aus *subjektiver* Sicht des Investors.

7.3   Elemente des Datenkerns

Aufgrund der vorhergehenden Abschnitte ist es nun möglich, die Informationselemente der Betriebsrechnung konkret zusammenzustellen. Es wird dazu das in Abbildung 32 gezeigte Gliederungsprinzip aufgenommen. Die drei Teile werden jeweils weiter untergliedert nach der in den Abbildungen 28 bis 31 aufgebauten Systematik [340].

7.3.1   Rechnung Betrieb

Bei der Rechnung Betrieb handelt sich um die eigentliche Erfolgsrechnung des *Objekts*. Die Feingliederung der nachfolgenden Aufstellung orientiert sich an Abbildung 28, wobei die einzelnen Gruppen detailliert ausgeführt werden.

Ausweis der Einnahmen Betrieb:

• Soll-Netto-Mieten (SNM)	Der Soll-Ertrag aus dem Betrieb stellt die wesentlichste Position der Ertragsseite dar. Die hier eingesetzten Werte entstammen der Zusammenstellung aus dem *Marktspiegel*. Im Hinblick auf die Hochrechnung sind die Erträge getrennt nach *Bruttonutzflächenkategorien* auszuweisen [341].
• Ertragsminderung Leerstände	Die Leerstandsausfälle sind notwendig für den Gewinnausweis Betrieb. Sie müssen als separate Position

---

340   Vgl. dazu auch direkt mit der fertig erstellten Betriebsrechnung in Kapitel 8, Seiten 182 und 183.

341   Vgl. dazu die Gliederung der Hauptnutzflächen aus den *Projekt-Grunddaten* in Abschnitt 6.1.1, Seite 130.

	aufgeführt werden. Eine vorgängige Verrechnung mit den *Soll-Netto-Mieten* verwischt die Information [342].
• Zusätzliche Erträge	Ist mit weiteren Erträgen (zum Beispiel aus Nebenkostenabrechnungen) zu rechnen, sind diese ebenfalls dem Objekt zuzuordnen.
• Ertragsminderung durch Eigenmiete	Auch bei allfälliger Eigennutzung sind die marktgerechten Erträge in die *Soll-Netto-Mieten* einzurechnen. Ähnlich der *Ertragsminderung aus Leerständen* sind die Eigenmieten eigentlich *nicht* liquiditätswirksam, im Gegensatz dazu aber Bestandteil der Betriebsgewinns.
• Einnahmen Betrieb	Die Summe von *Soll-Netto-Mieten* und *zusätzlichen Erträgen*, abzüglich *Ertragsminderung Leerstände*, ergibt als Zwischentotal die *Einnahmen Betrieb*. Die *Eigenmieten* werden damit auf Stufe Betrieb als *liquiditätswirksam* angenommen.

Ausweis des Beriebserfolgs (betriebliche Kosten):

• Aufwand Betrieb	Der Betriebsaufwand umfasst alle Kosten, die in direktem Zusammenhang mit der Nutzung des Objekts stehen. Sie können nicht den Mietern weiterverrechnet, sondern müssen vom Hauseigentümer getragen werden. Normalerweise sind darin folgende Aufwandpositionen berücksichtigt:
	• Hauswartspersonalkosten
	• Energiekosten
	• Reparatur- und Unterhaltskosten
	• Stockwerkeigentümerbeiträge (STEG-Beiträge)
	• Versicherungen/Gebühren/Abgaben
	• Baurechtszinsen
	• Verwaltungshonorar (in % der Soll-Netto-Miete)
• Erfolg Betrieb	Aus den *Einnahmen Betrieb*, abzüglich den verschiedenen Kosten, errechnet sich der *Erfolg Betrieb*.

Ausweis des unternehmensbezogenen Cash-Flows:

• Fremdmittelzinsen	Unter die direkten Kapitalkosten fallen Zinsen für Hypotheken und Darlehen.
• Erneuerungsfonds STEG	Fallen bei Stockwerkeigentum periodische Einzahlungen in einen Erneuerungsfonds an, können diese nicht

---

342 Der unverfälschte Ausweis der Soll-Netto-Mieten ist unerlässlich für die Berechnung des Ertragswertes.

| | als Kostenbestandteil bezeichnet werden. Da es sich dem Sinn nach um Rückstellungen für Unterhaltsarbeiten handelt, fallen diese *periodisch* als Aufwand an, dienen aber der Deckung eines *aperiodischen* Bedarfs. |

• Cash-Flow

Aus dem *Erfolg Betrieb*, abzüglich *Fremdmittelzinsen* und *Erneuerungsfonds STEG*, lässt sich der aus dem Betrieb der Liegenschaft erwirtschaftete *Cash-Flow* ableiten.

Ausweis der Liquidität Betrieb:

• Ausserordentlicher (a.o.) Unterhalt

Beim a.o. Unterhalt handelt es sich um bauliche Investitionen, die der Werterhaltung beziehungsweise der Ertragssicherung der Liegenschaft dienen. Diese Aufwendungen fallen aperiodisch an.

• Ertragssichernde Aufwendungen

Im Sinne eines marktorientierten Liegenschaftenbetriebs ist diese Aufwandsposition als Auffanggefäss für Massnahmen der Attraktivitätssteigerung (Werbung, Public Relations etc.) vorgesehen.

• Liquidität Betrieb

Die periodenbezogene Liquidität ergibt sich aus dem *Cash-Flow*, abzüglich *a.o. Unterhalt* und *ertragssichernde Aufwendungen*[343].

Ausweis des Betriebsgewinns:

• Korrektur Aufwand Betrieb

Für den Gewinnausweis muss die Liquidität um den *gewinneutralen* Aufwand korrigiert werden; dies trifft auf die Aufwendungen für den *a.o. Unterhalt* zu.

• Bilanzielle Abschreibung

Die Abschreibung ist als periodenbezogene Bewertung des Güterverzehrs zu verstehen und bildet damit das Gegengewicht zu den *a.o. Unterhaltsaufwendungen* und dem wirtschaftlichen Substanzverlust der Liegenschaft.

• Gewinn Betrieb

Der an dieser Stelle ausgewiesene Gewinn bezieht sich ausschliesslich auf den *Betrieb* der Liegenschaft. Er errechnet sich aufgrund der *Liquidität Betrieb*, korrigiert um den gewinneutralen Aufwand, abzüglich der *bilanziellen Aufwendungen*.

---

343 Die *Liquidität Betrieb* kann starken Schwankungen unterworfen sein, da die ausserordentlichen Unterhaltsaufwendungen unregelmässig, dafür entsprechend umfangreich anfallen.

7.3.2   Rechnung Eigentümer

Die zweite Stufe der Betriebsrechnung gibt Auskunft über die Liegenschaft als Gesamtsystem. Basis der Berechnung bildet die in der *Rechnung Betrieb* ausgewiesene *Liquidität Betrieb*. Anstelle der bilanziellen Abschreibung sind auf dieser Stufe die Bewegungen des Erneuerungsfonds zu integrieren. Die Feingliederung dieses Abschnitts folgt Abbildung 29.

Ausweis der Liquidität Eigentümer:

• Einnahmenminderung Eigenmiete	Die in den Soll-Netto-Mieten enthaltenen *Eigenmietzinsen* sind effektiv *nicht* liquiditätswirksam. Sie müssen daher für den Liquiditätsausweis in Abzug gebracht werden.
• Zuweisung Erneuerungsfonds	Die Bemessung der Fondszuweisung soll, wie in Abschnitt 7.1.5.2 beschrieben, den *a.o. Unterhalt* der Liegenschaft sicherstellen können.
• Entnahmen Erneuerungsfonds	Entsprechend der Zweckbestimmung des Fonds können dem Fonds die Mittel zur Deckung des *a.o. Unterhalts* entnommen werden. Diese Vorgehensweise führt zu einem Ausgleich der Liquidität.
• Verzinsung Erneuerungsfonds	Die im Fonds zurückgestellten Gelder werden zu einem marktüblichen Satz verzinst. Dieser Ertrag wird damit Bestandteil des *Gewinns Eigentümer*.
• Gewinnwirksame Mittelflüsse	Es wird die Möglichkeit vorgesehen, weitere der Liegenschaft zufallende, gewinnwirksame Zu- oder Abflüsse von Mitteln zu berücksichtigen. Die Spanne reicht von besonderen Vermögensverwaltungskosten bis zu Steuerbelangen.
• Renovationen	Als Renovation werden ausserordentliche Aufwendungen erachtet, die eine *ertragsvermehrende* Wirkung auf die Liegenschaft ausüben. Da als Ziel des Erneuerungsfonds nur von einer *realwertigen* Erhaltung ausgegangen wird, erfordern die Renovationsaufwendungen auch eine Verstärkung der Kapitalbasis. Die vom Unterhalt getrennte Erfassung erfolgt aus systematischen Gründen. Im gleichen Zug mit einer hier aufgeführten Renovation muss sich auch die *Ertragsstruktur* verändern [344].

---

344   Vgl. dazu auch den Ausweis der *Liquidität Eigentümer*, Seiten 163 f.

• Notwendiger Eigenmitteleinschuss   Infolge von Renovationen, zur Veränderung der Kapitalverhältnisse oder zum Ausgleich der Betriebsrechnung kann sich eine Anpasung des Eigenmittelbestands aufdrängen.

• Fremdmittelveränderungen   Zusätzlich zu den Begründungen aus dem vorhergehenden Punkt gehört zum Bereich der Fremdmittel auch die Hypothekenamortisation [345].

• Liquidität Eigentümer   Die Berechnung der *Liquidität Eigentümer* geht von der *Liquidität Betrieb* aus und berücksichtigt alle hier genannten Mittelbewegungen. Der damit ausgewiesene Betrag entspricht der *tatsächlich zur Verfügung stehenden* Liquidität des Eigentümers.

Ausweis des Eigentümergewinns:

• Korrektur Aufwand Betrieb   Da auch für die Rechnung Eigentümer von der Liquidität Betrieb ausgegangen wird, muss dieser Betrag hier ebenfalls in Abzug gebracht werden [346].

• Korrektur Eigentümer   Ähnlich der *Korrektur Aufwand Betrieb* sind für die Gewinnrechnung auch die *ausschliesslich liquiditätswirksamen* Zahlungsströme aus der *Rechnung Eigentümer* zu neutralisieren. Im einzelnen betrifft dies die folgenden Positionen: *Ertragsminderung Eigenmiete, Entnahmen Erneuerungsfonds, Renovationen, Eigenmittelveränderungen* und *Fremdmittelveränderungen*.

• Kalkulatorische Wertvermehrung   Allfällige Wertsteigerungen des Landanteils werden auf der Eigentümerstufe als Gewinnanteil betrachtet.

• Gewinn Eigentümer   Wird die *Liquidität Eigentümer* um die Korrekturpositionen bereinigt und dazu die *kalkulatorische Wertvermehrung* addiert, gelangt man zum *Gewinn Eigentümer*.

Die in Abschnitt 7.1.5.4 erläuterte *Hochrechnung* gehört thematisch zu den Bereichen *Rechnung Betrieb* und *Rechnung Eigentümer*. Sie wird zur Vervollständigung der eigentlichen Erfolgsrechnung vor der *Rechnung Rentabilität* hier eingefügt [347].

---

345   Unter diesem Begriff wird die Rückzahlung einer nachrangigen Hypothek verstanden. Üblicherweise wird die Schuld dabei durch periodische Zahlungen abgebaut.

346   Vgl. dazu den *Ausweis des Betriebsgewinns*, Seite 162.

347   Im Modell werden die entsprechenden Werte *nach* der *Rechnung Rentabilität* angefügt. Vgl. dazu Seiten 184 und 185.

Hochrechnung:

- Landesindex der Konsumentenpreise

Für die Hochrechnung der Ertrags- und Aufwandspositionen wird auf den Landesindex der Konsumentenpreise abgestellt. Um eine möglichst genaue Anpassung zu erreichen, soll jede Position mit Hilfe eines Korrekturfaktors einzeln auf den Index abgestimmt werden können [348].

- Zürcher Index der Wohnbaukosten

Für die Hochrechnung der baulichen Belange wird der Zürcher Index der Wohnbaukosten eingesetzt.

7.3.3 Rechnung Rentabilität

Die in den Abbildungen 30 und 31 dargestellten Berechnungsgrundlagen für den Ausweis von *Eigenmitteln* und *Eigenkapital* werden in der Rechnung Rentabilität nach einer funktionalen Gliederungmethodik integriert. Es wird unterschieden zwischen den folgenden Bereichen: *Investition, Bewertung, Finanzierung* und *Renditeberechnung*. Die *Eigenmittel* bzw. das *Eigenkapital* werden im Finanzierungsbereich ausgewiesen, wobei auf die Bereiche Investition und Bewertung zurückgegriffen wird.

Investitionsbereich:

- Landpreis

Um die bilanzielle Abschreibung auf Basis der Baukosten realisieren zu können, wird der Wert des Bodens separat in die Betriebsrechnung übernommen. Er entspricht dem *Total Grundstücke* in der Investitionsübersicht [349].

- Betriebsnotwendiger Eigenmitteleinschuss

Benötigt der Betrieb der Liegenschaft zusätzliche Liquidität, soll diese getrennt von Land- und Baukosten ausgewiesen werden.

- Baukosten

Darunter sind nicht nur die physischen Bauten, sondern die Ergänzung der Grundstückskosten bis zum Kostenpreis zu verstehen [350]. Nachträgliche Aufwendungen (*a.o. Unterhalt* und *Renovationen*) werden kumulativ in die Baukosten eingeschlossen.

---

348 Vgl. dazu auch Abschnitt 7.1.5.4 sowie die definitive Form des Kennziffermodells auf Seiten 184 und 185.

349 Vgl. dazu die Beschreibung der *Investitionsübersicht* in Abschnitt 6.1.2, Seite 134.

350 Vgl. dazu die *Investitionsübersicht* in Abschnitt 6.1.2.

- Total gebundene Mittel Betrieb

  Die Addition von Land- und Baukosten entspricht den direkt für den Betrieb der Liegenschaft gebundenen Mitteln. Man kann in diesem Sinne auch vom *Investitionsbetrag* sprechen.

- Erneuerungsfonds

  Die jährlichen Zuflüsse in den Erneuerungsfonds werden kumuliert. Aus diesem Fonds soll der Liquiditätsbedarf für die *a.o. Unterhaltsaufwendungen* gedeckt werden. Die Mittel des Fonds werden verzinst und bilden einen Gewinnanteil in der *Rechnung Eigentümer*.

- Total gebundene Mittel

  Summe der *gebundenen Mittel Betrieb* und des *Erneuerungsfonds*.

Bewertungen:

- Buchwert/Abschreibung

  Der bilanzielle Buchwert dient hier vor allem Vergleichszwecken[351]. Die Abschreibung wird auf den kumulierten *Baukosten* berechnet und von den *total gebundenen Mitteln Betrieb* subtrahiert.

- Ertragswert Liegenschaft

  Im Immobilienanlagemarkt wird heute mit dem *Total-Return* gerechnet[352]. Um irgendeine Aussage über die Höhe des *Total-Return* zu machen, muss eine Angabe über den Marktwert des Objekts bestehen. Wenn auch der Verkehrswert in einzelnen Fällen noch höher liegen könnte, ist der Ertragswert die *wirtschaftlich* besser vertretbare Grösse. Der hier verwendete Wert entspricht der Kapitalisierung der *Soll-Netto-Mieten*[353].

- Kalkulatorische Wertvermehrung

  Aus den jährlich berechneten Ertragswerten kann eine Wertsteigerung abgeleitet werden.

- Landwert

  Die Differenz zwischen Ertragswert und kumulierten Baukosten entspricht einem marktgerechten Landwert.

Finanzierung:

- Hypotheken

  Die Hypotheken entsprechen dem aktuellen Stand an Fremdkapital. Die Verzinsung des Fremdkapitals erfolgt auf Stufe *Rechnung Betrieb*.

---

351   Vgl. dazu Abschnitt 7.1.5.2, Seite 155.

352   Vgl. dazu auch Abschnitt 2.3.2, Seite 49.

353   Vgl. dazu die ausführliche Diskussion des *Liquidationserlöses* in Abschnitt 7.1.5.1.

- Eigenmittel Betrieb — Als Basis der Eigenmittelberechnung dienen die *Total gebundenen Mittel Betrieb*, abzüglich kumulierte Abschreibungen[354]. Davon werden die Fremdmittelbestände abgezogen. Der resultierende Wert entspricht allen Mitteln, die von den Eigentümern in irgendeiner Art (auch nachträglich) in den Betrieb eingebracht wurden.

- Eigenkapital Betrieb — Analog zu den Eigenmitteln Betrieb wird das Eigenkapital Betrieb errechnet. Als Basis dient der *Ertragswert* anstelle des *Buchwertes*. Davon werden wiederum die Fremdmittel in Abzug gebracht.

- Eigenmittel Eigentümer — Gegenüber den *Eigenmitteln Betrieb* ist der *Erneuerungsfonds* eingeschlossen.

- Eigenkapital Eigentümer — Analog zu den vorherigen Kennziffern setzt sich das *Eigenkapital Eigentümer* aus dem *Ertragswert* und dem *Erneuerungsfonds*, abzüglich Fremdmittel, zusammen.

Renditen:

- Bruttorendite (Betrieb) — Die *Bruttorendite Betrieb* entspricht dem Verhältnis *Soll-Netto-Mieten* zu *total gebundenen Mitteln Betrieb*[355].

- Eigenmittelrendite Betrieb — Die *Eigenmittelrendite Betrieb* entspricht dem Verhältnis *Gewinn Betrieb* zu *Eigenmittel Betrieb*.

- Eigenkapitalrendite Betrieb — Die *Eigenkapitalrendite Betrieb* entspricht dem Verhältnis *Gewinn Betrieb* zu *Eigenkapital* Betrieb.

- Eigenmittelrendite Eigentümer — Die *Eigenmittelrendite Eigentümer* ist gleich dem Verhältnis *Gewinn Eigentümer - kalkulatorische Wertvermehrung*, zu *Eigenmittel Eigentümer*.

- Eigenkapitalrendite Eigentümer — Die *Eigenkapitalrendite Eigentümer* entspricht dem Verhältnis *Gewinn Eigentümer* zu *Eigenkapital Eigentümer*.

---

354 Die Berechnungsbasis entspricht damit dem *Buchwert*.

355 Vgl. dazu auch die Definition in Fussnote 98, Seite 49.

7.4   Zusammenfassung

Die *Betriebsrechnung* stellt den Kern des Kennziffermodells dar. Als zentraler Teil des Entscheidungsinstruments liegt ihr eigentlicher Zweck im *Ausweis der verfolgten Zielbeiträge*. Die Darstellung in Form eines *Zeitreihen-Modells* bildet die Grundlage zur Überwindung der hauptsächlichen Prämissen und Einschränkungen, wie sie von den klassischen Verfahren der Investitionsrechnung her bekannt sind. Im Vordergrund stehen dabei die Prämisse des *festen Planungshorizonts* sowie der Mangel der *transparenten Interpretationsbasis*.

Mit der Begrenzung des entscheidungsrelevanten Zeitraums auf *zehn Jahre* verbindet sich der Vorteil der Überblickbarkeit mit demjenigen der zuverlässigen Schätzung. Die modellmässige Erfassung der dominanten Problemkreise *Altersentwertung* und *Liquidationserlöses* folgt grundsätzlich dem Realwertprinzip, parallel dazu werden zur Erweiterung des Anwendungsspektrums jeweils auch die zugehörigen Buchwerte mitgeführt.

Die Zielbeiträge werden für *Betrieb* und *Eigentümer* getrennt ausgewiesen. Diese Vorgehensweise ermöglicht eine *eigentumsunabhängige* Beurteilung von verschiedenen Liegenschaften. Um der Betrachtung des *Total-Return* Rechnung zu tragen, wird zum Ausweis der Rentabilitätskennziffern schliesslich auch zwischen *Eigenmitteln* und *Eigenkapital* unterschieden.

DRITTER TEIL

Praktische Realisation und Einsatz des Kennziffermodells

8. Praktische Realisation des Kennziffermodells

Das vorliegende Kapitel widmet sich der *praktischen Realisation* des Kennziffermodells auf dem *Personal Computer* (PC). Im Zentrum der Diskussion steht die Zusammenführung der in den Kapiteln 6 und 7 erarbeiteten theoretischen Aussagen zu einem einsatzbereiten Entscheidungsinstrument.

Ein erster Abschnitt befasst sich mit den gewählten Hilfsmitteln aus *technischer* Sicht. Daran anschliessend erfolgt eine *präzisierende* Beschreibung einzelner Details; sie gibt ergänzende Auskunft über die Hintergründe der mathematischen und optischen Informationsaufbereitung. Als Resultat der ersten beiden Schritte ergibt sich schliesslich das *vollständige Modell* für den praktischen Einsatz.

8.1 Technische Aspekte der Modellösung

Die Aufbereitung des in den vorhergehenden Kapiteln abgegrenzten Datenbestands ist ohne Unterstützung durch EDV-Hilfsmittel nicht denkbar. Wie schon in der *Einführung* erwähnt wurde, soll das Kennziffermodell als *PC-gestützte Anwendung* realisiert werden. Die stetige *Leistungssteigerung* von Arbeitsplatzrechnern und Standardsoftware der letzten Jahre geht Hand in Hand mit einer bald schon lückenlosen *Verfügbarkeit* am einzelnen Arbeitsplatz, was gemeinsam ein nahezu *unbegrenztes Potential* an Rechnerkapazität begründet. Aufgrund dieser günstigen Voraussetzungen werden auch umfangreiche Kennzifferanalysen in der täglichen Praxis ermöglicht.

Zur Verwirklichung des *Zeitreihen-Modells* bringen *Tabellenkalkulationsprogramme* [356] die idealen Voraussetzungen mit. Ihre Benutzung erfordert keine technischen EDV-Kenntnisse, sondern erlaubt, eine Problemlösung auf bekannte Art und Weise anzugehen. Die notwendige Arbeitsleistung steht damit mehrheitlich der zur Lösung der *fachlichen* Probleme zur Verfügung. Die verzögerungsfreie Berechnung

---

356 Diese auch unter dem Begriff *Spread-Sheet* bekannte Art von Software stellt dem Benutzer ein grosses elektronisches Arbeitsblatt zur Verfügung. Diese Tabelle besteht aus einzelnen Feldern, von denen jedes einen Text, einen Zahlenwert oder eine Formel enthalten kann. Die Verwendung der einzelnen Felder ist dem Benutzer freigestellt. Die Möglichkeit komplexer Berechnungen wird damit kombiniert mit einem hohen Grad an Gestaltungsfreiheit.

der Resultate ermöglicht ausserdem die *schrittweise* Entwicklung der Tabelle. Infolge der durch das Prinzip der Tabellenkalkulation gegebenen Offenheit bleibt die vollendete Lösung auch absolut *flexibel* gegenüber Modifikationen oder Erweiterungen. In der Anwendung ermöglicht eine fertiggestellte Tabelle die unkomplizierte *Simulation unterschiedlicher Ausgangsdaten* und zeigt deren Auswirkungen auf einzelne Zielgrössen.

Durch den Verzicht auf eine Entscheidungsvorwegnahme erübrigen sich bei der angestrebten Modellösung mathematisch aufwendige Optimierungsrechnungen aufgrund von vorgegebenen Wahrscheinlichkeiten. Die zur Berechnung von Kennziffern und Zeitreihen notwendigen Formeln beschränken sich im wesentlichen auf die *Grundoperationen*, die *Summenbildung* sowie die *Prozentrechnung*.

Die zur Entwicklung eingesetzte *Systemkonfiguration* änderte sich im Laufe der Zeit. Die ursprünglich eingesetzte Kombination eines Rechners Typ *IBM XT* mit der Software *Multiplan 1.0* erwies sich als zu wenig leistungsfähig. Die mit dem Wechsel auf einen schnelleren Rechner Typ *IBM AT03* und die Softwareversion *Multiplan 3.0* erzielten Verbesserungen reichen für den praktischen Einsatz des Kennziffermodells aus. Der erneute Wechsel auf einen *386er Rechner* und die Übertragung der fertigen Tabellen auf die Software *Lotus 1-2-3 2.01* in Verbindung mit *Allways 1.0* verfolgte hauptsächlich das Ziel einer verbesserten Darstellbarkeit bei konstant kurzer Berechnungs- und Ausgabezeit[357].

8.2   Ergänzungen zur praktischen Realisation

Der in *Grundsatz 8*[358] formulierte Anspruch auf eine vermehrte Transparenz der Resultate konnte aus theoretischer Sicht in den Kapiteln 6 und 7 erreicht werden; es fehlt hingegen noch an der entsprechenden *Präsentation* des verarbeiteten Informationsbestands. Eine diesbezügliche *Beschreibung* erübrigt sich durch das Studium des vollständig dargestellten Kennziffermodells auf den Seiten ? bis 185; dieser Abschnitt befasst sich stichwortartig mit wesentlichen *Elementen der Realisation*, die auf den ersten Blick nicht zu erkennen sind.

•   Um den Vorteile der *thematischen Geschlossenheit* mit demjenigen der problemlosen *Handhabung* zu verbinden, wurde jeder der in Abbildung 22 unterschiedenen vier Teilbereiche im *Format DIN-A4* dargestellt.

---

357   Vgl. zum PC-Einsatz im Finanzmanagement auch **Volkart, R.**: Beiträge zur Theorie und Praxis des Finanzmanagements, Seiten 253 ff.

358   Vgl. dazu die *Anforderungen an den neuen Lösungsansatz* in Abschnitt 5.1.1, Seite 115.

- Im Sinne einer besseren Vergleichbarkeit von verschiedenen Objekten wurden die Kennziffern nach Möglichkeit durch *prozentuale Angaben* ergänzt. Diese zusätzlichen Angaben geben zudem auf Anhieb Auskunft über die *Relevanz* eines Betrags im Rahmen des Gesamtprojekts.

- Die nicht zur Eingabe vorgesehenen Felder wurden gegen versehentliche Veränderung geschützt. Mit dieser einfachen Art der *Benutzerunterstützung* kann eine Tabelle selbst von unerfahrenen Personen problemlos bedient werden.

- Zur Unterstützung der Datenaufbereitung wurde ein *Herkunftscode* eingeführt, der auf den Ursprung der benötigten Daten verweist. Neben dem praktischen Vorteil kann damit sichergestellt werden, dass der Beurteilung regelmässig *dieselben Daten* zugrunde gelegt werden [359].

Betrachtet man die vier Teilbereiche in ihrem Zusammenhang, sind auch die verbindenden *Schnittstellen* zu beachten. Die interaktive Verknüpfung der Datenberei-

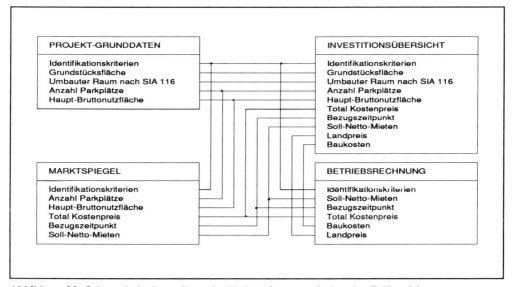

Abbildung 33: Schematische Darstellung der Verknüpfungen zwischen den Teilbereichen

---

359 Dieser Code ist aus den speziellen Voraussetzungen der praktischen Realisation des Modells hervorgegangen und kann nicht als allgemeingültig bezeichnet werden. Die verwendeten Datenquellen dürften sich aber in der Regel ähnlich sein. Die verwendeten Codes werden im Anschluss an das Modell ebenfalls erläutert (Abschnitt 8.3, Seite 186).

che muss als kontinuierliche *Kette von Verbindungspunkten* verstanden werden. Den Ausgangspunkt bilden die Informationselemente der *Projekt-Grunddaten*, das Ziel ist der Ausweis einzelner Zielbeiträge in der *Betriebsrechnung*. Aufgrund dieser *fachlogischen* Systematik bilden die Verknüpfungen das jeweilige Bindeglied zur vorhergehenden Stufe. Die Möglichkeit Daten bis an ihren Ursprung zurückzuverfolgen verleiht dem Modell einen hohen Grad an *Zuverlässigkeit* und erlaubt eine weitgehende *Überprüfung* der resultierenden Zielbeiträge. Abbildung 33 zeigt die realisierten Verbindungen zwischen den vier Teilbereichen im Überblick.

8.3   Vollumfängliche Darstellung des Kennziffermodells

Auf den folgenden Seiten findet sich das Kennziffermodell in seiner definitiven Form. Zur Verbesserung der Leserlichkeit wurden zusätzlich die folgenden Massnahmen getroffen[360]:

- Die Projekt-Grunddaten wurden in zwei Gruppen unterteilt. Die bautechnischen Daten sind Inhalt der *Projekt-Grunddaten I*, die kommerziellen Daten sind Inhalt der *Projekt-Grunddaten II*.

- Die Betriebsrechnung wurde in zwei doppelseitige Bereiche aufgeteilt. Die *Betriebsrechnung I* umfasst sämtliche Informationselemente, die mit dem Inhalt einer Erfolgsrechnung verglichen werden können, die *Betriebsrechnung II* enthält die bilanzartigen Daten.

- Der *Marktspiegel* erstreckt sich ebenfalls über eine Doppelseite. Im rechten Teil sind die Eingabespalten dargestellt, die in der Beurteilung keine Bedeutung haben[361].

- Sämtliche Felder, die eine Eingabe verlangen, sind *hell gerastert*. Felder, die als Knotenpunkt zu anderen Tabellen funktionieren, sind *dunkel gerastert*.

Die restlichen Tabellen konnten in ihrer eigentlichen Darstellung belassen werden. Unter Berücksichtigung dieser Modifikationen finden sich die einzelnen Teilbereiche auf den folgenden Seiten:

---

360   Diese Trennung drängte sich ausschliesslich aufgrund des hier verwendeten Druckformats auf.

361   Diese Struktur ermöglicht eine von der Eingabeeinheit *unabhängige* Ausgabe sämtlicher Kennziffern. Die Mieterträge können beispielsweise entweder in *Fr./Monat* oder in *Fr./m2/Jahr* erfasst werden.

Datenkranz:

Projekt-Grunddaten I: Abbildung 34, Seite 176
Projekt-Grunddaten II: Abbildung 35, Seite 177
Investitionsübersicht: Abbildung 36, Seite 179
Marktspiegel: Abbildung 37, Seiten 180/181

Datenkern:

Betriebsrechnung I: Abbildung 38, Seiten 182/183
Betriebsrechnung II: Abbildung 39, Seiten 184/185

PROJEKT-GRUNDDATEN I (bautechnische Daten) Datenkranz

Objekt :		Lage :		Datum :	
Eigentümer:		Baujahr :		erstellt von :	

ALLGEMEINE OBJEKTMERKMALE

ART DES GEBÄUDES
- Einfamilienhaus
- Reihenhaus
- Mehrfamilienhaus
  - mit Mietwohnungen
  - geeignet für Stockwerkeigentum
- Bürohaus
- Gewerbehaus
- Gastgewerbebau
- Ladenbau

QUALITÄTSSICHERUNG
Wärmeschutz (nach SIA 180/4 oder 180/1):
Energiekennzahl   MJ/m2 a
K-Wert   W/m2 K

Schallschutzmassnahmen (nach SIA 181):
keine
Mindestanforderungen
erhöhte Anforderungen

LAGEKLASSE nach Nägeli: LK: Landanteil:

GRUNDLAGEN GEMÄSS BAUORDNUNG   HEC

Grundstück Kataster-Nr.	GB	
Grundstücksfläche	GB	m2
davon anrechenbar	GB	m2 0.0%
Bauzone	GB	
Ausnützungsziffer (AZ)	GB	
zulässige Bruttogeschossfläche		0 m2

BRUTTOGESCHOSSFLÄCHEN

realisierte Bruttogeschossfläche (BGF)		0 m2	0.0%
davon anrechnungspflichtig		0 m2	0.0%
davon UG	P	m2	0.0%
davon OG	P	m2	0.0%
davon nicht anrechnungspflichtig		0 m2	0.0%
davon UG	P	m2	0.0%
davon OG	P	m2	0.0%

KUBATUR   Kubikmeter umbauter Raum (SIA 116):

Untergeschosse UG	P	m3	0.0%
Obergeschosse OG	P	m3	0.0%
Total Gebäude inklusive Untergeschosse		0 m3	0.0%
Unterniveaugarage (als separates Bauwerk)	P	m3	0.0%
TOTAL Gebäude		0 m3	0.0%

GEBÄUDEHÜLLE

Fassadenflächen

Exposition	Total		Brand-mauern	geschl. Flächen	Türen,Tore Fenster	langfrist. Werbung	Plakat-anschlag	Schaufenst. Vitrinen	Andere
	0	m2							
	0.0%		0.0%	0.0%	0.0%	0.0%	0.0%	0.0%	0.0%
	0	m2							
	0.0%		0.0%	0.0%	0.0%	0.0%	0.0%	0.0%	0.0%
	0	m2							
	0.0%		0.0%	0.0%	0.0%	0.0%	0.0%	0.0%	0.0%
	0	m2							
	0.0%		0.0%	0.0%	0.0%	0.0%	0.0%	0.0%	0.0%
Total	0	m2	0	0	0	0	0	0	0
	0		0.0%	0.0%	0.0%	0.0%	0.0%	0.0%	0.0%

Dachflächen

	Total		flach				schräg	
			begrünt		nicht begrünt			
			begehbar	n. begehbar	begehbar	n. begehbar	Fenster	Fest
	0	m2						
	0.0%		0.0%	0.0%	0.0%	0.0%	0.0%	0.0%

Systemzeit der letzten Berechnung: 16.06.1990/19:24:18

Abbildung 34: Kennzifferblatt Projekt-Grunddaten I

PROJEKT-GRUNDDATEN II (kommerzielle Daten)								Datenkranz

Objekt :		Lage :		Datum :	
Eigentümer :		Baujahr :		erstellt von :	

REALISIERTE BRUTTONUTZFLÄCHEN (BNF)

			Flächenaufteilung				Total	
			innerhalb		ausserhalb			
	HEC	UG m2	OG m2	gedeckt m2	offen m2		m2	in %
GRUNDSTÜCK (Geländeaufteilung)								
Gebäudegrundfläche	P						0	
individuelle Anteile Garten/Umgebung	VP						0	
Kinderspielplätze	P						0	
Autoabstellplätze Anzahl:	VP						0	
Lagerflächen	VP						0	
Fahrwege	P						0	
Gehwege	P						0	
allgemeine Umgebung	P						0	
TOTAL BNF Grundstück		0	0	0	0		0	
GEBÄUDE (Gliederung nach Nutzung)								
HAUPTNUTZFLÄCHEN		0	0	0	0		0	
Gastgewerbefläche	VP						0	
Gewerbeflche	VP						0	
Bürofläche	VP						0	
Atelier-/Praxisfläche	VP						0	
Ladenfläche	VP						0	
Lagerfläche	VP						0	
Wohnfläche	VP						0	
zusätzl. Dachschrägen unter 1,2 m	VP						0	
Parkingflächen Anzahl:	VP						0	
	VP						0	
NEBENNUTZFLÄCHEN		0	0	0	0		0	
Lagerfläche	VP						0	
zusätzl. Dachschrägen unter 1,2 m	VP						0	
Parkingflächen Anzahl:	VP						0	
Abstellkeller/Estrich	VP						0	
LS Keller Personen: m2:	VP						0	
individuelle Dachterrasse, Balkone	VP						0	
Sitzplätze/Vorplätze	VP						0	
Mehrzweckräume	VP						0	
Anlieferungsflächen	VP						0	
	VP						0	
ALLGEMEINE NUTZFLÄCHEN		0	0	0	0		0	
Erschliessungsflächen	VP						0	
technische Räume	VP						0	
Nebenräume	VP						0	
	VP						0	
TOTAL BNF Gebäude		0	0	0	0		0	
FASSADE								
Reklame	VP						0	
Schaufenster / Vitrinen	VP						0	
TOTAL BNF Fassade		0	0	0	0		0	

RELATIVE WERTE

Landanteil 1 (Land/Haupt BNF Gebäude)	:	0.0%
Landanteil 2 (Land/ BNF Gebäude)	:	0.0%
m2 Parking BNF / Parkplatz	:	0 m2
Wirkungsgrad 1 (zulässige BGF/Haupt BNF Gebäude)	:	0.0%
Wirkungsgrad 2 (zulässige BGF/BNF Gebäude)	:	0.0%

Systemzeit der letzten Berechnung: 16.06.1990/19:24:18

Abbildung 35: Kennzifferblatt Projekt-Grunddaten II

INVESTITIONSÜBERSICHT						Datenkranz

Objekt	:		Bauzeit	:		Datum	:	
Eigentümer	:		bezugsbereit	:		erstellt von	:	

Beträge in TFr.   Budget per:

BKP	TITEL		HEC	BETRAG	% v.[D]	KENNZIFFERN
0	GRUNDSTÜCKE					
	Vorstudien zum Grundstückerwerb		KR			
	Land	m2:	FB			Fr./m2
	Nebenkosten (Notariat, Steuern, Provisionen)		KR			
	Quartierplan	per:	FB/KR			
	Erschliessung	per:	FB/KR			
	Betriebskosten	bis:	KR			
	Verzinsung	Satz: Monate:	FB	0		
[A]	**GRUNDSTÜCKE**	Total		0		Fr./m2
1	VORBEREITUNGSARBEITEN (BKP)		KR/GU-2			
	Total [A] + 1			0		Fr./m2
2	GEBÄUDE (BKP)					
	Gebäude inkl. Untergeschosse	m3 SIA:	KR/GU-2			Fr./m3
	UN-Garage (als sep. Bauwerk)	m3 SIA:	KR/GU-2			Fr./m3
	Total GEBÄUDE	m3 SIA: 0	KR/GU-2	0		Fr./m3
3	BETRIEBSEINRICHTUNGEN (BKP)		KR/GU-2			
4	UMGEBUNG (BKP)	m2:	KR/GU-2			Fr./m2
5	BAUNEBENKOSTEN (BKP, ohne 10 und 11)		KR/GU-2			% von 2
	TEUERUNG	Satz: Monate:	KR/GU-2			% von [B]
[B]	**DIREKTE BAUKOSTEN (BKP)**	Total 1 bis 5	KR/GU-2	0		
6	GU-HONORAR (bei Risikoübernahme)		KR			% von [B]
8	SPEZIELLE ENTWICKLUNGSKOSTEN		KR			
9	AUSSTATTUNG		KR			
10	FINANZIERUNG	Satz: Monate:	FB	0		
	Grundpfand-Errichtung		FB			
11	BAUHERRENVERTRETUNG		KR			
12	ERSTVERMIETUNGSHONORAR	% SNM:	KR	0		
	Nebenkosten (Prospekt, Inserate etc.)		KR			
[C]	**INDIREKTE BAUKOSTEN**	Total 6 bis 12	KR	0		
[D]	***ANLAGE-SELBSTKOSTEN***	Total 0 bis 12	FB/KR	0		
13	RISIKO UND VERDIENST		FB			
	Leerstand	% SNM: Monate:	FB/KR	0		
14	VERKAUFSPROVISION		KR			% von [E]
	Nebenkosten (Prospekt, Inserate etc.)		KR			
15	STEUERN, GEBÜHREN		FB			% von [E]
[E]	***KOSTENPREIS***	Total 0 bis 15	FB/KR	0		
	BRUTTORENDITE (SNM / Kostenpreis [E])					SNM:
	Durchschnittl. Kostenpreis pro m2 Haupt-BNF			0	Fr.	m2:
	Preis pro Parkplatz innen				TFr.	Anzahl PP:
	Preis pro Parkplatz aussen				TFr.	Anzahl PP:

Systemzeit der letzten Berechnung: 16.06.1990/19:30:55

Abbildung 36: Kennzifferblatt Investitionsübersicht

MARKTSPIEGEL

| Objekt   : | | | Preise per : | |
| Eigentümer : | | | bezugsbereit: | |

Verzeichnis der vermietbaren / verkaufbaren Einheiten (Preis für Kalkulation/Verkauf/Vermietung)

Basis: Vermietungs-/Verkaufspläne   Massstab 1:

| Angebot | | Anzahl Einh. | Brutto-nutzfläche je Einheit | Vermietung | | | | |
| | | | | pro Einheit | | Total | | |
Code	Text			Fr./ m2/Jahr	Fr./ Monat	Fr./ Jahr	Fr./ Jahr	Anteil in %
							0	
							0	
							0	
							0	
							0	
							0	
							0	
							0	
							0	
							0	
							0	
							0	
							0	
							0	
							0	
							0	
							0	
							0	
							0	
							0	
							0	
							0	
							0	
							0	
							0	
							0	
							0	
							0	
							0	
							0	
							0	
							0	
TOTAL SNM		0	0				0	
Verhandlungsreserve / Rundung							0	
Werte Investitionsübersicht (SNM und Kostenpreis)								

Code: 1=Gastgewerbe / 2=Gewerbe / 3=Büro / 4= Atelier+Praxis / 5= Läden / 6=Lager / 7=Wohnungen / 8=Parking / 9=Abstellkeller und Estric
          10=LS-Keller / 11=individuelle Balkone, Dachterrassen, Sitzplätze / 12=Mehrzweckräume / 13=andere Nutzflächen   Systemzeit

Abbildung 37: Kennzifferblatt Marktspiegel

		Datenkranz			EINGABESPALTEN			
Datum erstellt von:								
Verkauf	Kapitalisiert zu:				Vermietung		Verkauf	
pro Einheit		Total			pro Einheit		pro Einheit	
Fr./ m2	Fr./ Einheit	Fr.	Anteil in %		Fr./ m2/Jahr	Fr./ Monat	Fr./ m2	Fr./ Einheit
		0						
		0						
		0						
		0						
		0						
		0						
		0						
		0						
		0						
		0						
		0						
		0						
		0						
		0						
		0						
		0						
		0						
		0						
		0						
		0						
		0						
		0						
		0						
		0						
		0						
		0						
		0						
		0						
		0						
		0						
		0						
		0						
		0						
		0						
		0						
		0						
		0						
		0						
		0						
		0						
		0						

der letzten Berechnung: 16.06.1990/19:35:12

BETRIEBSRECHNUNG I

Objekt :		Nutzung :
Eigentümer :		Baujahr :

	Index	Anpassungs-Faktor	Soll-Werte in TFr.	in % d. SNM	Hochrechnung 1900
Soll per: 1,900					
1. Jahr :					
alle Beträge in TFr.					
RECHNUNG BETRIEB					
Gastgewerbe	KP	0.8			
Gewerbe	KP	0.8			
Büros	KP	0.8			0
Atelier / Praxis	KP	0.8			0
Läden	KP	0.8			0
Lager	KP	0.8			0
Wohnungen	KP	0.4			0
Parking	KP	0.8			0
	KP	0.8			0
A TOTAL Soll-Netto-Mieten (SNM)			0		0
- Ertragsminderung Leerstand			0		0
+ Ertrag NK/Extern/IV	KP	0.8			
B TOTAL Einnahmen			0		0
Leerstände in % der SNM					
Einnahmeminderung Eigenmiete					
Hauswarts-Personalkosten	KP	1.0			0
Energiekosten	KP	1.0			0
Reparatur + Unterhalt	BK	1.0			0
NK / STEG-Beiträge	KP	1.0			0
Versicherungen, Gebühren, Abgaben	KP	1.0			0
Zusätzliche direkte Fremdkosten	KP	1.0			0
Baurechtszins					0
Verwaltungshonorar in % der SNM: 0.0%			0		0
	KP	1.0			0
C TOTAL Betriebskosten			0		0
ERFOLG Betrieb B - C			0		0
- Fremdmittelzinsen			0		0
- Erneuerungsfonds STEG					
CASH-FLOW unternehmensbezogen			0		0
- a.o. Unterhalt (bauliche Investitionen)					
- ertragssichernde Aufwendungen					
D **LIQUIDITÄT Betrieb**			0		0
± Korrektur Aufwand Betrieb			0		0
- bilanzielle Abschreibung Satz: 0.0%			0		0
E **GEWINN Betrieb**			0		0
RECHNUNG EIGENTÜMER ausgehend von Liquidität Betrieb					
- Einnahmeminderung Eigenmiete					0
- Zuweisung Erneuerungsfonds					
+ Entnahme Erneuerungsfonds für a.o. Unterhalt			0		0
+ Verzinsung Erneuerungsfonds Satz: 0.00%			0		0
± andere gewinnwirksame Mittelflüsse					
- Renovation					
+ notwendiger Eigenmitteleinschuss			0		0
± Veränderung 1. Hypothek					
± Veränderung 2. Hypothek					
LIQUIDITÄT Eigentümer			0		0
± Korrektur Aufwand Betrieb			0		0
± Korrektur Eigentümer			0		0
+ kalkulatorische Wertvermehrung			0		0
F **GEWINN Eigentümer**			0		0

Abbildung 38: Kennzifferblatt Betriebsrechnung I

							Datenkern

							Datum erstellt von:

ɔ

1901	1902	1903	1904	1905	1906	1907	1908	1909
0	0	0	0	0	0	0	0	0
0	0	0	0	0	0	0	0	0
0	0	0	0	0	0	0	0	0
0	0	0	0	0	0	0	0	0
0	0	0	0	0	0	0	0	0
0	0	0	0	0	0	0	0	0
0	0	0	0	0	0	0	0	0
0	0	0	0	0	0	0	0	0
0	0	0	0	0	0	0	0	0
0	0	0	0	0	0	0	0	0
0	0	0	0	0	0	0	0	0
0	0	0	0	0	0	0	0	0
0	0	0	0	0	0	0	0	0
0	0	0	0	0	0	0	0	0
0	0	0	0	0	0	0	0	0
0	0	0	0	0	0	0	0	0
0	0	0	0	0	0	0	0	0
0	0	0	0	0	0	0	0	0
0	0	0	0	0	0	0	0	0
0	0	0	0	0	0	0	0	0
0	0	0	0	0	0	0	0	0
0	0	0	0	0	0	0	0	0
0	0	0	0	0	0	0	0	0
0	0	0	0	0	0	0	0	0
0	0	0	0	0	0	0	0	0
0	0	0	0	0	0	0	0	0
0	0	0	0	0	0	0	0	0
0	0	0	0	0	0	0	0	0
0	0	0	0	0	0	0	0	0
0	0	0	0	0	0	0	0	0
0	0	0	0	0	0	0	0	0
0	0	0	0	0	0	0	0	0
0	0	0	0	0	0	0	0	0
0	0	0	0	0	0	0	0	0
0	0	0	0	0	0	0	0	0
0	0	0	0	0	0	0	0	0
0	0	0	0	0	0	0	0	0
0	0	0	0	0	0	0	0	0
0	0	0	0	0	0	0	0	0

BETRIEBSRECHNUNG II

Objekt :		Nutzung :	
Eigentümer :		Baujahr :	

			Soll TFr.	Soll in % v. 2	Hochrechnun 1,900
INVESTITION					
	Land				0
	betriebsnotwendiger Eigenmitteleinschuss, nicht renovationsbedingt, kumuliert		0		0
1	Baukosten kumuliert, inklusive Renovationen und a.o. Unterhalt				0
2	TOTAL gebundene Mittel Betrieb		0		0
3	+ Erneuerungsfonds kumuliert				0
4	TOTAL gebundene Mittel Eigentümer		0		0
BEWERTUNG					
5	bilanzielle Abschreibung kumuliert				0
6	BUCHWERT	2-5	0		0
7	ERTRAGSWERT:	SNM kapitalsiert zu %: 5.50%	0		0
8	kalkulatorische Wertvermehrung		0		0
9	Landwert	7-1	0		0
FINANZIERUNG					
10	1. Hypothek				0
11	2. Hypothek				0
12	EIGENMITTEL Betrieb	6-10-11	0		0
13	EIGENKAPITAL Betrieb	7-10-11	0		0
14	EIGENMITTEL Eigentümer	4-5-10-11	0		0
15	EIGENKAPITAL Eigentümer	7+3-10-11	0		0
RENDITEN					
	Brutto Betrieb	A/2	0.00%		0.00%
	Eigenmittel Betrieb	E/12v	(ACHTUNG:		0.00%
	Eigenkapital Betrieb	E/13v (v=Vorjahr)	Werte erstes		0.00%
	Eigenmittel Eigentümer	(F-8)/14v	Jahr separat		0.00%
	Eigenkapital Eigentümer	F/15v	betrachten!)		0.00%
WIRTSCHAFTSINDIKATOREN					
	Landesindex der Konsumentenpreise	(Veränderung gegenüber Vorjahr)			
	Zürcher Index der Wohnbaukosten	(Veränderung gegenüber Vorjahr)			
	Zinssatz für 1. Hypotheken		6.00%		6.00%
	Zinssatz für 2. Hypotheken		6.50%		6.50%

Abbildung 39: Kennzifferblatt Betriebsrechnung II

							Datenkern

							Datum	
							erstellt von:	

1,901	1,902	1,903	1,904	1,905	1,906	1,907	1,908	1,909
0	0	0	0	0	0	0	0	0
0	0	0	0	0	0	0	0	0
0	0	0	0	0	0	0	0	0
0	0	0	0	0	0	0	0	0
0	0	0	0	0	0	0	0	0
0	0	0	0	0	0	0	0	0
0	0	0	0	0	0	0	0	0
0	0	0	0	0	0	0	0	0
0	0	0	0	0	0	0	0	0
0	0	0	0	0	0	0	0	0
0	0	0	0	0	0	0	0	0
0	0	0	0	0	0	0	0	0
0	0	0	0	0	0	0	0	0
0	0	0	0	0	0	0	0	0
0	0	0	0	0	0	0	0	0
0	0	0	0	0	0	0	0	0
0	0	0	0	0	0	0	0	0
0.00%	0.00%	0.00%	0.00%	0.00%	0.00%	0.00%	0.00%	0.00%
0.00%	0.00%	0.00%	0.00%	0.00%	0.00%	0.00%	0.00%	0.00%
0.00%	0.00%	0.00%	0.00%	0.00%	0.00%	0.00%	0.00%	0.00%
0.00%	0.00%	0.00%	0.00%	0.00%	0.00%	0.00%	0.00%	0.00%
0.00%	0.00%	0.00%	0.00%	0.00%	0.00%	0.00%	0.00%	0.00%
3.00%	3.00%	3.00%	3.00%	3.00%	3.00%	3.00%	3.00%	3.00%
4.50%	4.50%	4.50%	4.50%	4.50%	4.50%	4.50%	4.50%	4.50%
6.00%	6.00%	6.00%	6.00%	6.00%	6.00%	6.00%	6.00%	6.00%
6.50%	6.50%	6.50%	6.50%	6.50%	6.50%	6.50%	6.50%	6.50%

Systemzeit der letzten Berechnung: 16.06.1990/19:41:37

Herkunftscodes:

Die in den Kennzifferblättern verwendeten Herkunftscodes haben folgende Bedeutung:

GB   Informationen und Angaben aus den *Grundbuchakten* des betreffenden Grundstücks.

P   Projektpläne.

VP   Verkaufs- und Vermietungspläne. Das Objekt ist auf diesen Plänen in marktgerechte Einheiten unterteilt.

KR   Kostenrechnungsunterlagen aus dem Finanz- und Rechnungswesen.

GU-2   Bauabrechungen: Daraus sind die Detailpositionen der Baukosten ersichtlich.

FB   Angaben aus der Finanzbuchhaltung.

9. Einsatz des Modells

Mit dem praktischen Einsatz des Kennziffermodells zur Entscheidungsunterstützung werden die drei Bereiche der *Datenaufbereitung*, der *Datenverarbeitung* und der *Datenverwendung* durchlaufen. Da durch die Realisierung des Modells in Form einer Tabellenkalkulationsanwendung die *Datenverarbeitung* während der Erfassung verzugslos im Hintergrund erfolgt, kann auf die weitere Diskussion dieses Vorgangs verzichtet werden. In der Anwendung fällt damit das entscheidende Gewicht anfänglich der *Datenaufbereitung* und anschliessend der *Datenverwendung* zu. Diese beiden Themengebiete bilden den Inhalt dieses Kapitels.

9.1 Datenaufbereitung

In der Phase der Datenaufbereitung werden die Grundlagen für die *Modellkonsistenz* gelegt. Einerseits gilt es dabei, ein Informationsfeld mit grösster Genauigkeit zu erarbeiten, andererseits muss der Beschaffungsaufwand den erzielbaren Resultaten angemessen sein[362]. Um diese Anforderung auch im komplexen Umfeld eines Immobilienprojekts erfüllen zu können, bieten sich zwei Ansatzpunkte:

• Aufgrund von *wirtschaftlichen* Überlegungen muss für den Prozess der Datenaufbereitung ein *optimaler Rhythmus* gefunden werden, der in den frühen Phasen der Projektentwicklung den Beschaffungsaufwand limitiert. Damit wird konkret festgelegt, *welche Informationen* zu einem *bestimmten Zeitpunkt* benötigt werden.

• Sind notwendige Werte nicht eindeutiger Natur, müssen sie anhand einheitlicher Richtlinien bewertet werden. Mit dieser Vorgehensweise ergibt sich eine *erhöhte Vergleichbarkeit* verschiedener Projektalternativen.

---

362 Vgl. dazu auch Abschnitt 3.2.3, Seite 68.

9.1.1   Rhythmus der Datenaufbereitung

Der wirtschaftlich effiziente Einsatz des aufgebauten Kennziffermodells muss sich
an den *Informationsbedürfnissen* des jeweiligen Projektstandes orientieren. In Anlehnung an Abbildung 2 soll deshalb eine Abgrenzung nach den Phasen der *Planung*,
der *Konkretisierung/Entscheidungsfindung* und der *Realisation* erfolgen.

9.1.1.1 Planungsphase

In der Anfangsphase eines Immobilienprojekts muss bei gegebenen Rahmenbedingungen ein Handlungsraum abgegrenzt werden. Ausgehend von allgemeinen Vorstellungen einerseits und Restriktionen andererseits entstehen in diesem frühen Projektstadium *alternative Nutzungskonzepte*, die bezüglich ihrer Realisierbarkeit erstmals
zu beurteilen sind.

Die zu diesem Zeitpunkt verfügbare Informationsbasis ist sowohl in quantitativer als
auch in qualitativer Hinsicht sehr *eng begrenzt*. Vom Einsatz des kompletten Modells muss daher grundsätzlich abgesehen werden. Als sinnvoll erweist sich jedoch
die Möglichkeit, einzelne Alternativen auf ihre *Ausgewogenheit* von *Nutzwert* und
Investitionsaufwand hin zu überprüfen. Instrumentell anerbieten sich dazu zwei Bestandteile des Kennziffermodells, die wechselseitig miteinander verknüpft sind.

Der Nutzwert lässt sich aufgrund des *Marktspiegels*[363] abschätzen. Die Abgrenzung der Nutzflächen sowie deren marktgerechte Bewertung wird sich dabei sinngemäss auf Flächengruppen beschränken[364]. Als Gegenpol zur Ertragsbewertung ermöglicht die *Investitionsübersicht*[365] eine überschlagsmässige Beurteilung der
Baukosten. Die dazu notwendigen Beträge werden aufgrund von Erfahrungs- bzw.
Durchschnittswerten abgeschätzt. Die aus der Erarbeitung der beiden Formulare gewonnenen Resultate erlauben einen ersten Vergleich von Kosten und Nutzen einzelner Alternativen.

Dieses vereinfachte Verfahren beansprucht *wenig Zeit*, ermöglicht aber trotzdem eine
Vorselektion einzelner Alternativen aus dem Handlungsraum vorzunehmen. Mit der
Verwendung des Teilmodells wird schon in der Planungsphase des Projekts die Ab-
stützung auf eine *einheitliche Entscheidungsgrundlage* verwirklicht[366].

---

363   Vgl. dazu das Modell, Seite 180.

364   Eine detaillierte Auflistung *einzelner* Raumeinheiten ist zu diesem Zeitpunkt in Ermange-
        lung ausführlicher Projektpläne nicht möglich.

365   Vgl. dazu das Modell, Seite 179.

366   Vgl. zur *Planungsphase* auch den obersten Teil des schematisierten Ablaufs in Abbil-
        dung 40.

9.1.1.2 Konkretisierungs- und Entscheidungsphase

Erweist sich eine Alternative aufgrund der ersten Planung als ausgewogen, so stellt sie eine erwägenswerte Basis für ein Projekt dar. Mit der *Konkretisierung* soll nun festgestellt werden, ob die getroffenen Annahmen bezüglich Ertragspotential und Investitionsumfang auch einer vertieften Betrachtung standhalten können. Ziel der fortschreitenden Projektausarbeitung ist die Erlangung der *Entscheidungsreife*. Ausgehend von der rudimentären Erfassung des Vorhabens muss dazu eine *Vervollständigung* der Entscheidungsgrundlagen erreicht werden.

Die vollständige Zusammenstellung der für das Kennziffermodell notwendigen Daten beginnt beim ersten Teil der *Projekt-Grunddaten*[367]. Ausgehend von den *allgemeinen Objektmerkmalen* und den *Grundlagen gemäss Bauordnung* kann der bautechnische Teil nach und nach zusammengetragen werden. Anschliessend an die Fertigstellung der Objektpläne erfolgt im nächsten Schritt die *kommerzielle Gliederung*[368] der geplanten Flächen nach Nutzflächenkategorien. Sind die *Projekt-Grunddaten I und II* komplett erstellt, liegt ein abstraktes Abbild des verfügbaren *Nutzpotentials* vor. Die darin enthaltenen Informationen bilden damit eine *verbindliche Grundlage* für alle anderen Teile des Kennziffermodells.

Die in der Planungsphase vorerst nur überschlagsmässig abgeschätzten Angaben in der *Investitionsübersicht* und im *Marktspiegel* können nun auf dieser Basis einer differenzierten Überarbeitung unterzogen werden. Da es sich dabei um unabhängige Bereiche handelt, die auf derselben Grundlage aufbauen, bleibt die *Reihenfolge* des Vorgehens freigestellt. Wesentlich ist hingegen wieder die *Übereinstimmung* der daraus hervorgehenden Resultate.

Aufgrund der in den *Projekt-Grunddaten II* ausgewiesenen *Bruttonutzflächen* und den zugehörigen Projektplänen können die ertragswirksamen Flächen ausgeschieden werden. Die Erzielung eines hohen Nutzwertes erfordert eine optimale Kombination einzelner Flächenanteile zu nutzbaren Einheiten[369]. Diese Unterteilung in *marktgerechte Raumeinheiten* kann sich damit weitgehend von der Nutzflächengliederung unterscheiden, muss aber in der *Summe der Einzelteile* wieder auf den ausgewiesenen Bruttonutzflächen beruhen. Für die monetäre Bewertung des *Marktspiegels*[370] werden die erzielbaren Miet- oder Verkaufspreise von Spezialisten aus den Berei-

---

367 Vgl. dazu das Modell auf Seite 176.

368 Vgl. dazu das Modell auf Seite 177.

369 Konkret bedeutet dies, dass z.B. Ladenflächen nur zusammen mit Büroräumen, Gewerbenur in Kombination mit Lagerflächen sinnvolle Einheiten ergeben.

370 Vgl. dazu das Modell auf den Seiten 180/181.

chen *Liegenschaftenverwaltung, Verkauf* und *Marketing* erarbeitet. Aus dem Marktspiegel resultieren schliesslich die Totale für die jährlich erzielbaren *Soll-Netto-Mieten* bzw. den *Gesamterlös* des Verkaufs.

Aufgrund von Projektplänen, Grunddaten und allenfalls bereits vorliegenden Offertergebnissen können in der *Investitionsübersicht*[371] die Kosten für die Realisation
detailliert zusammengestellt werden. Die Gegenüberstellung mit dem *Marktspiegel*
sollte an dieser Stelle in doppelter Hinsicht ein kongruentes Bild ergeben:

* Eine erste Übereinstimmung muss beim Vergleich des *Kostenpreises* mit dem
  Total der *Verkaufserlöse* vorliegen. Analog dazu sollte sich aufgrund der erzielbaren *Mieteinnahmen* eine akzeptable *Bruttorendite*[372] erwirtschaften
  lassen.

* Weiterhin ist auch die *Abstimmung* von Ausführungsdetails auf die beabsichtigte Nutzung von grosser Bedeutung. So beeinflusst beispielsweise der Ausbaustandard sowohl die realisierbaren Mieterträge als auch die Kosten.

Zeigen sich bei diesem Vergleich Divergenzen, muss das Projekt ausgehend von einer früheren Stufe überarbeitet und die Kennziffern neu aufbereitet werden. Dieser
Vorgang wiederholt sich in zyklischer Art so lange, bis das Informationsfeld infolge
dieser *systematischen Verfeinerung* der Datenbasis einen *konsistenten Zustand* erreicht.

Die Zusammenstellung der *Betriebsrechnung* bildet immer den *Abschluss* der Entscheidungsvorbereitung. Die Festlegung dieser Reihenfolge ergibt sich aus der Tatsache, dass die wesentlichsten Komponenten der Zielgrössen aus den resultierenden
Kennziffern der *Investitionsübersicht* und des *Marktspiegels* hervorgehen. Dies gilt
insbesondere für die gesamte Ertragsseite sowie auch für den gesamten Bereich der
investierten Mittel. Zusätzlich werden an dieser Stelle die betrieblichen Aufwandspositionen sowie die Komponenten der langfristigen Finanzplanung integriert[373]. Das
Modell steht damit in seiner vollen Detailliertheit als Entscheidungsgrundlage zur
Verfügung. Können die Zielkriterien *nicht* erreicht werden, erweist sich auch auf
dieser Stufe eine *zyklische Überarbeitung* als notwendig.

---

371   Vgl. dazu das Modell auf Seite 179.

372   An dieser Stelle wird auf die Bruttorendite zurückgegriffen, da vor der Zusammenstellung
      der *Betriebsrechnung* keine Nettorendite berechnet werden kann. Dies steht in keinem
      Widerspruch zu bisher Gesagtem, wird doch die Bruttorendite damit nicht als Entscheidungskriterium, sondern nur als *Hilfsgrösse* eingesetzt.

373   Vgl. dazu das Modell, Seiten 182 und 184.

9.1.1.3 Realisationsphase

Das fertig aufbereitete Modell ist in erster Linie *Grundlage für den Ausführungsent-scheid*. Die erarbeitete Datenbasis repräsentiert im Entscheidungszeitpunkt einen *Soll-Zustand*, den es nach Möglichkeit in der *Realisationsphase* zur erreichen gilt. Mit zunehmendem Baufortschritt können Abweichungen zwischen *geplanten* und *effektiven* Werten auftreten, die entsprechende Korrekturentscheide erfordern.

Um die Einhaltung der *Soll-Werte* kontinuierlich zu überprüfen, kann das Kennziffermodell in der Realisationsphase als Instrument des *Bau-Controlling* eingesetzt werden. Die dem Entscheid zugrundegelegten *Soll-Werte* werden, parallel zum Projekt-Fortschritt, laufend durch aktuelle Werte ersetzt und erlauben damit eine permanente Kontrolle der Zieleinhaltung [374]. Mit dem Abschluss des Projekts fliesst die Modellrechnung damit zwangsläufig in eine *Nachkalkulation* über.

9.1.1.4 Schematische Darstellung

Die in den drei vorhergehenden Abschnitten beschriebenen Phasen werden in Abbildung 40 schematisch dargestellt. Die einzelnen Schritte der Datenaufbereitung sind daraus in ihrem *Zusammenhang* ersichtlich.

Als wesentliche Elemente zur Sicherstellung der Modellkonsistenz sind die gegenseitig unabhängige Erarbeitung von *Marktspiegel* und *Investitionsübersicht*, sowie die *stufenweise Überprüfung* des aufbereiteten Datenmaterials zu erkennen. Als Folge der letzten Kontrollfunktion können auf jeder Stufe *zwei Kreisläufe* unterschieden werden: Nach der ersten Aufbereitung, gekennzeichnet durch *schwarze* Pfeile, erfolgt bei fehlender Übereinstimmung jeweils eine Revision des Datenmaterials. In der Darstellung wird dieser zyklische *Überarbeitungsvorgang* durch *weisse* Pfeile dargestellt. Die *gerasterten* Pfeile verbinden jeweils die einzelnen Phasen.

Aufgrund von Abbildung 40 lässt sich weiter auch die *Beanspruchung einzelner Fachspezialisten* für die Zusammenstellung des Kennziffermodells erkennen. Die intensive Auseinandersetzung mit den *interdisziplinär verknüpften* Kennzifferbereichen erfordert auf Spezialistenebene einen hohen Grad an Flexibilität und Koordinationsfähigkeit.

---

374 Damit wird keine *echtzeitige* Nachführung der Kennziffern verlangt. Sinnvolle *Überarbeitungsintervalle* wären beispielsweise: Alternativenbeurteilung, Baueingabe, Projektbereinigung, dominante Bauetappen, Finanzierungsplanung, Bauschlussabrechnung, Betriebsbudgetierung. Bei längerdauernden Projekten ist auch die Festlegung eines regelmässigen *Überarbeitungszeitraums* denkbar. Der Rhythmus sollte ermöglichen, die Auswirkungen grösserer Abweichungen von den *Soll-Werten* frühzeitig und in ihrem vollen Umfang zu erkennen. Der Nachführungsmodus hat sich denn auch nach den *Projekteigenheiten* zu richten.

Zur anfänglichen Erarbeitung des Datenmaterials muss auf verschiedenste Quellen
zurückgegriffen werden. Eine Hilfestellung bezüglich des *Ursprungs* der Information
geben die Herkunftscodes [375]. Ergänzend zum Modell sollten die Quellen soweit
dokumentiert werden, dass jederzeit die Möglichkeit besteht, einzelne Teile der Modellrechnung zu verifizieren. Um diese Überprüfung auch *praktisch* zu ermöglichen,
müssen die wesentlichen Grundlagen in Form einer *begleitenden Dokumentation* zusammengehalten werden.

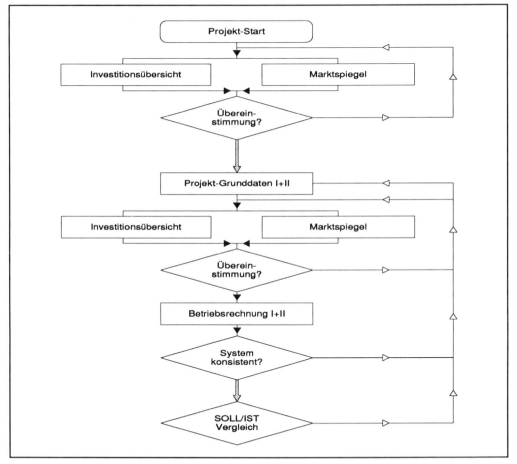

Abbildung 40: Rhythmus der Datenbeschaffung

---

375   Vgl. dazu die Legende im Anschluss an die vollumfängliche Darstellung des Modells, Sei-
       te 186.

9.1.2 Bewertungshilfen in der Datenaufbereitung

Das Kennziffermodell benötigt verschiedene Informationen, die in der praktischen Anwendung zu *Bestimmungsproblemen* führen können. Soll das Modell im Entscheidungszeitpunkt eine systematische Interpretation ermöglichen, sind unumgängliche Bewertungen nach einheitlichen Richtlinien vorzunehmen.

Die anschliessende Diskussion einzelner Werte folgt dem in Abbildung 40 dargestellten *Datenbeschaffungsrhythmus*. Es werden dabei nur diejenigen Grössen herausgegriffen, deren Einfluss auf die vergleichende Interpretation *wesentlich* ist und die gleichzeitig Gegenstand *subjektiven* Ermessensspielraums sind[376]. Abbildung 41 vermittelt einen Überblick der Problemwerte[377].

Investitionsübersicht	Marktspiegel	Betriebsrechnung
• Landpreis • Bauteuerung (Index) • Verzinsung Baukredite • Parkplatzpreise	• Kapitalisierungssatz	• Anpassungsfaktoren • Abschreibung* • Zuweisung Erneuerungsfonds* • Verzinsung Erneuerungsfonds • Hypothekarzinssätze • Kapitalisierungssatz • Bauteuerung (Index) • Allg. Teuerung (Index)
*) Vgl. zur *Abschreibung* und *Zuweisung Erneuerungsfonds* Abschnitt 7.1.5.2.		

Abbildung 41: Problematische Werte der Datenaufbereitung

Das Ziel der aufgestellten Richtlinien kann nicht in einer *richtigen* Bewertung gesehen werden. Vielmehr werden eine *Vereinheitlichung der Denkweise* sowie eine möglichst weitgehende, gegenseitige *Abstimmung der einzelnen Faktoren* angestrebt. Die im Anschluss genannten Richtwerte bilden eine *Basis* für den Einsatz im Rechenmodell. Ihre Festlegung bleibt jedoch, innerhalb gewisser Grenzen, Ermessenssache.

---

[376] Ausgeschlossen von dieser Diskussion sind damit jene Daten, die bis zur Projektvollendung zu einem *Ein- oder Auszahlungsvorgang* führen und somit spätestens im Zeitpunkt der Offertstellung als *Soll-Werte*, im Zeitpunkt der Nachkalkulation dann auch als *Ist-Werte* vorliegen.

[377] Der Bereich der *Projekt-Grunddaten* enthält keine Werte dieser Art. Er wird deshalb in Abbildung 41 nicht erwähnt.

9.1.2.1 *Landpreis*

Aufgrund seines bedeutenden prozentualen Anteils am *Kostenpreis* kommt der Festsetzung des Grundstückpreises grosse Bedeutung für die Beurteilung im Kennziffermodell zu. Grundsätzlich ist eine diesbezügliche Bewertung nur dann erforderlich, wenn sich das Baugrundstück *seit längerer* Zeit im Besitze des Bauherrn befindet und in der Zwischenzeit eine *Wertsteigerung* erfahren hat [378].

Als Basis der Beurteilung kann auf die in Abschnitt 4.2 beschriebenen Verfahren zurückgegriffen werden. Die vielfältigen Einflussfaktoren lassen dabei jedoch einen grossen Bewertungsspielraum, der es praktisch verunmöglicht, zu einer objektiven Wertangabe zu gelangen. Aus diesem Grund soll sich die Wertbestimmung nicht allein an den bekannten Verfahren, sondern direkt auch am marktmässigen *Preisbildungsprozess* orientieren.

Der Entscheidungsträger bildet seine eigene Wertvorstellung hinsichtlich des angemessenen Landpreises aufgrund von *Branchenkenntnissen*, *Angeboten* und weiteren Quellen. Der Vergleich mit dieser Informationsbasis erfolgt in einer Entscheidungssituation weitgehend unbewusst, weitere Abklärungen sind dazu nicht notwendig. In ihren Grundzügen entspricht diese Vorgehensweise dem *Vergleichswertverfahren* [379]. Grenzt man zusätzlich nach dem individuellen Verhalten der beteiligten Parteien ab, so können folgende Annahmen getroffen werden:

- Der *Verkäufer* eines Grundstücks stützt seine Preisvorstellungen mit grösster Wahrscheinlichkeit auf ihm bekannte *Vergleichswerte* ab, womit sich der Preis am aktuellen *Marktgeschehen* orientiert. Als Basis dienen *Verkaufshandlungen* von ähnlichen Immobilien, selbst wenn Vorstellungen bezüglich einer möglichen Wertsteigerung durch entsprechende *Nutzung* bestehen. Hätte der Verkäufer die Möglichkeit, ein Grundstück durch die Realisation eines wertvermehrenden Konzepts selbst aufzuwerten, würde er es nicht veräussern.

- Für den *Käufer*, der ein bestimmtes Projekt zu realisieren gedenkt, wird der angemessene Kaufpreis durch den erzielbaren *Nutzwert* bestimmt [380]. Der für ein Grundstück zu bezahlende Preis wirkt sich direkt auf den Kostenpreis aus, der seinerseits die Basis der *Rentabilitätsberechnung* bildet. Somit kann derje-

---

378 Erfolgt der Landerwerb zielgerichtet im Hinblick auf ein bestimmtes Projekt, kann anstelle einer Neubewertung eine *Verzinsung* auf den Kaufpreis eingesetzt werden. Vgl. dazu auch die Investitionsübersicht auf Seite 179.

379 Vgl. dazu Abschnitt 4.2.1.2, Seite 94.

380 Diese Annahme trifft nur auf einen Käufer zu, der rational nach betriebswirtschaftlichen Grundsätzen urteilt. Die Handänderung von Spekulations- und Liebhaberobjekten zu Phantasiepreisen, die keinen rentablen Betrieb einer Liegenschaft erlauben, folgen grundsätzlich anderen Gesetzen.

nige Preis als gerechtfertigt gelten, der im Endeffekt die *Erreichung der Rentabilitätsziele* gewährleistet.

Folgt man dieser Auffassung, wird der Wert des Bodens primär vom *Ertragspotential* des geplanten Projekts abhängig. Entsprechend den individuellen Vorstellungen bezüglich der künftigen Lageentwicklung ist es somit denkbar, dass verschiedene Interessenten voneinander *abweichende* Preisvorstellungen entwickeln. Das herkömmliche Vergleichswertverfahren kann dieser Tatsache nicht Rechnung tragen, da sich die Betrachtungsweisen von Käufer und Verkäufer zu stark unterscheiden.

Mit der Analyse des Investitionsvorhabens im Modell kann die Ertragsseite eines Projekts konsequent in den Prozess der Entscheidungsfindung integriert werden. Die Frage nach einem an Vergleichsobjekten angelehnten, allgemeingültigen Verkehrswert verliert dadurch an Bedeutung. An ihre Stelle tritt die Frage nach dem Preis, der für ein *bestimmtes Projekt tragbar* ist. Die Abhängigkeit von Landpreis und projektierter Nutzung hat praktisch zur Folge, dass am selben Ort *unterschiedliche* Landpreise als realistisch bezeichnet werden müssen.

9.1.2.2 Parkplatzpreise

Die in der *Investitionsübersicht* notwendigen Preisangaben je Parkplatz werden für die Berechnung eines *durchschnittlichen Kostenpreises* pro m² Haupt-Bruttonutzfläche benötigt [381]. Da es sich bei der zugrundegelegten Fläche um einen Wert aus der *kommerziellen Gliederung* handelt, sind die Parkplätze je zu ihren *Marktpreisen* einzusetzen.

9.1.2.3 Zinssätze

Baukredite:

Der Zinssatz zur Finanzierung der Baukredite stellt das kleinste Problem in der Projektkalkulation dar. Er ist in einem *frühen* Projektstadium bekannt, bezieht sich nicht auf fernen Bezugszeitpunkt und gelangt zudem nur für eine *begrenzte Zeitspanne* zur Anwendung. Liegen keine konkreten Angaben vor, kann annäherungsweise vom *Hypothekarzinssatz* ausgegangen werden.

---

381 Vgl. dazu die Investitionsübersicht auf Seite 179. Dieser Wert bezweckt eine Aussage über das Verhältnis der gesamten *Projekt-Kosten* zur primären *Ertragsbasis*.

Erneuerungsfonds:

Durch seine Aufgabe des *Liquiditätsausgleichs* und der damit verbundenen Einschränkung der *Dispositionsfreiheit*, ist bei der Verzinsung des Erneuerungsfonds relativ vorsichtig zu rechnen. Der Satz muss demnach grundsätzlich *unter* demjenigen für *erste Hypotheken*[382] liegen.

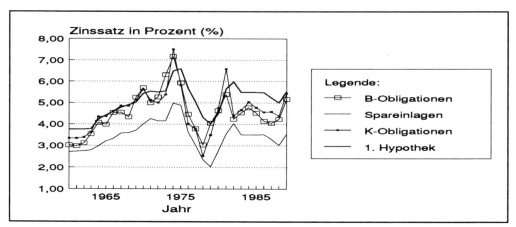

Abbildung 42: Zinssatzentwicklung seit 1960 (Quellen: vgl. FN 382 bis 385)

Der in Abbildung 42 dargestellte Vergleich des *Hypothekarzinssatzes* mit den Sätzen für *Spareinlagen*[383], *Bundesobligationen*[384] und *Kassenobligationen*[385] zeigt, dass der Zinssatz für Spareinlagen in den vergangenen 30 Jahren die *untere Begren-*

382   **Schweizerische Nationalbank (Hrsg.):** Monatsberichte, Tabelle 23 (seit 1984), Erste Hypotheken (alte) für Wohnbau und Landwirtschaft der Kantonalbanken in Prozent, Werte: bis 1988 = Dezember, 1989 = Juli.

383   **Schweizerische Nationalbank (Hrsg.):** Monatsberichte, Tabelle 23 (seit 1984), Zinssätze von Spareinlagen der Kantonalbanken in Prozent, Werte: bis 1988 = Dezember, 1989 = Juli.

384   **Schweizerische Kreditanstalt (Hrsg.):** Heft 62, 1980, Seite 76 (für die Jahre 1960 bis 1970); **Schweizerische Bankgesellschaft (Hrsg.):** Wirtschaftsstudien, Katalognummer MD39, Rendite Bundesobligationen Schweiz in Prozent (für die Jahre 1970 bis 1989, Werte bis 1988 = Dezember, 1989 = Mai).

385   **Schweizerische Nationalbank (Hrsg.):** Monatsberichte, Tabelle 22 (seit 1984), Zinssätze von Kassenobligationen der Grossbanken in Prozent, Werte bis 1988 = Dezember, 1989 = Juli.

zung bildete: Zwischen 1960 und 1989 lag er konstant *ein bis zwei Prozentpunkte* unter dem Zinssatz der Hypothek.

Aufgrund dieser Betrachtung kann man den Zinssatz für Spareinlagen als *gesicherte Minimalverzinsung* bezeichnen. Als *Richtwert* wird daher von einem Satz ausgegangen, der rund 1,5% unter demjenigen für erste Hypotheken liegt. Die *effektive* Verzinsung hängt von den Anlagemöglichkeiten der Fonds-Gelder ab. Werden mehrere Immobilien nebeneinander bewirtschaftet, ist daher durchaus auch eine höhere Verzinsungsrate denkbar [386].

Fremdmittel:

Der Wahl der *Hypothekarzinssätze* kommt in der Betriebsrechnung grosses Gewicht zu. Wird mit einem hohen Fremdmittelanteil finanziert, erwachsen durch die anfallenden Zinsverpflichtungen erhebliche liquiditätswirksame Ausgaben, die gleichzeitig *unabhängig* von den erzielten Erträgen sind.

Da eine längerdauernde Liquiditätsschwäche für den Betrieb nicht tragbar ist, sollte bei der Planung mit einem Wert gerechnet werden, der bei grossräumiger Betrachtung nicht für eine längere Zeitspanne überschritten wird. Aufgrund der in Abbildung 42 aufgezeichneten Werte lag diese Grenze in der Vergangenheit bei rund 6% für erste Hypotheken. Die durch das Modell offerierten Simulationsmöglichkeiten können ergänzend zur Abklärung des *maximal tragbaren* Zinssatzes genutzt werden [387].

9.1.2.4 Indexentwicklung und Anpassungsfaktoren

Aufgrund der Entwicklung von *Konsumenten-* und *Baukostenpreisen* werden in der Betriebsrechnung die Ertrags- und Aufwandskomponenten in die Zukunft hochgerechnet [388]. Um zu einer einheitlichen Aussage zu gelangen, sollen auch hier die Erfahrungen der Vergangenheit zur Fixierung der Richtlinien herbeigezogen werden.

---

386   Da die Verwendung der Fondsgelder entsprechend ihrer Zweckgebundenheit nicht überraschend erfolgt, können sie zwischenzeitlich auch als Ersatz von Fremdmitteln eingesetzt werden. Vgl. zum *Kapazitätserweiterungseffekt* u.a. **Schneider, D.:** Investition und Finanzierung, Seite 629 ff; vgl. dazu auch die Diskussion bezüglich des vollkommenen Kapitalmarkts in Abschnitt 4.1.2.5.

387   Die in den Jahren 1989/1990 zunehmend verschärfte Zinssituation verdeutlicht die Wichtigkeit derartiger Studien in drastischer Art und Weise.

388   Vgl. dazu das Modell, Seite 182.

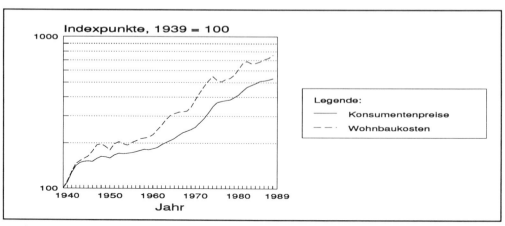

Abbildung 43: Indexentwicklung seit 1940 (Quellen: vgl. FN 389/390)

Abbildung 43 vergleicht die Entwicklung des *Landesindex der Konsumentenprei-se* [389] und des *Zürcher Index der Wohnbaukosten* [390] seit 1940. Aus dieser Gra-fik können zwei wichtige Aussagen abgeleitet werden:

*   Die durchschnittliche Entwicklung des *Zürcher Index der Wohnbaukosten* lag in der Periode von 1940 bis 1988 mit ca. 4,3% *über* derjenigen des *Landesin-dex der Konsumentenpreise*, der im Mittel rund 3,5% jährlich anstieg. Redu-ziert man den Betrachtungszeitraum auf die Nachkriegszeit, ergeben sich als *Richtwerte* rund 4,5% für den *Zürcher Index der Wohnbaukosten* bzw. 3% für den *Landesindex der Konsumentenpreise* [391].

*   Aus der Grafik lässt sich eine Abhängigkeit von denselben Stimulatoren er-kennen. Die Konsumentenpreise reagieren dabei *ruhiger* auf Konjunktur-schwankungen als die Baukosten.

Werden die Werte zu Simulationszwecken variiert, sollte insbesondere auf die Ein-haltung der ersten Aussage geachtet werden, wonach die Entwicklung der Baukosten

---

389   **Statistisches Amt der Stadt Zürich (Hrsg.):** Landesindex der Konsumentenpreise, Basis August 1939 = 100, Werte als Jahresmittel.

390   **Statistisches Amt der Stadt Zürich (Hrsg.):** Zürcher Index der Wohnbaukosten nach Hauptgruppen, Basis 1.6.1939 = 100, Werte: 1940 per 1.6. / 1941 bis 1960 per 1.8. / 1961 bis 1988 per 1.10.

391   Vgl. u.a. auch **Fierz, K.:** Wert und Zins bei Immobilien, Seite 33.

durchschnittlich einem *schnelleren Rhythmus* folgt als diejenige der Konsumenten-preise.

Die im Zusammenhang mit der Hochrechnung über Indizes eingesetzten *Anpas-sungsfaktoren* erlauben eine differenzierte Berücksichtigung der realen Betriebsver-hältnisse. Unter normalen Bedingungen kann aufgrund der geltenden Gesetzesbe-stimmungen bei Wohnungserträgen mit einer 40-prozentigen, bei den übrigen Erträ-gen mit einer 80-prozentigen und bei den Kosten mit einer 100-prozentigen Anpas-sung gerechnet werden[392]. Von diesen Faktoren sollte nur dann abgewichen wer-den, wenn vertraglich begründete Tatsachen vorliegen[393].

9.1.2.5 Kapitalisierungssatz

Der Kapitalisierungssatz[394] wird von *Nägeli* folgendermassen definiert: *"Prozent-satz, mit welchem das Mietentotal eines Jahres zu kapitalisieren ist, um den Ertrags-wert einer Liegenschaft zu erhalten."*[395] Mit der Basierung auf dem Mietentotal wird die Kapitalisierung aufgrund des *Bruttoertrags* durchgeführt[396]. Der Kapitali-sierungssatz entspricht damit der Bruttorendite.

Für die praktische Berechnung des Ertragswertes kann die Frage deshalb umgekehrt auch nach der *angemessenen Bruttorendite* gestellt werden. Nägeli gibt für die prak-tische Anwendung in der Schatzungspraxis entsprechende *Richtwerte* an, die sich ausgehend vom Satz der ersten Hypothek auf rund 1 bis 3 Prozent höherem Niveau bewegen[397]. Da der *Bruttoertrag* kapitalisiert wird, ist die individuelle Satzbestim-mung im Endeffekt abhängig von den *Betriebsaufwendungen* und der *Renditeerwar-tung*.

---

392 Vgl. dazu auch Abschnitt 4.2.3, Seite 104.

393 Es gilt dabei zu berücksichtigen, dass die Mietzinsen selbst bei vollindizierten Verträgen an die *ortsüblichen* Verhältnisse gebunden bleiben.

394 Andernorts wird im selben Zusammenhang auch von *Kapitalisierungsrate* oder *Kapitalisie-rungsfaktor* gesprochen.

395 **Nägeli, W./Hungerbühler, J.:** Handbuch des Liegenschaftenschätzers, Seite 348; vgl. wei-ter u.a. **Verein zur Herausgabe von Immobilienfachbüchern (Hrsg.):** Die Bewertung von Liegenschaften, Seiten 383 ff.

396 Vgl. dazu auch die Erklärung im Zusammenhang mit dem Ertragswert in Abschnitt 4.2.1.3 bzw. Abbildung 12.

397 **Nägeli, W./Hungerbühler, J.:** Handbuch des Liegenschaftenschätzers, Seiten 111 bis 113. Der Abstützung auf dem Zinssatz des Fremdkapitals liegt die Annahme zugrunde, dass die meisten Renditeliegenschaften auch hypothekarisch belastet sind.

Die Anwendung dieser generellen Richtwerte auf ein Objekt stimmt nur bedingt mit dem aktuellen Marktgeschehen überein. Aufgrund des hohen *Wertsteigerungspotentials* verbunden mit *hohen Eigenmittelanteilen* institutioneller Anleger[398] werden teilweise auch wesentlich *tiefere* Bruttorenditen in Kauf genommen. Dies gilt insbesondere für *städtische* Lagen mit *hohem Landanteil*[399].

9.1.2.6 Zusammenfassung

Der Zusammenhang zwischen *Wirtschaftsentwicklung*, *Geldnachfrage* und *Geldangebot* kann nicht in Form von festen Regeln ausgedrückt werden. Es ist jedoch möglich, gewisse Erfahrungen der Vergangenheit in die Modellrechnung einfliessen zu lassen. Bei den Bewertungen soll generell von *prognostischen Vorhersagen abgesehen* werden. Erhöhte Aufmerksamkeit ist hingegen der in Abschnitt 9.1.2 verlangten *wechselseitigen Abstimmung* der einzelnen Faktoren zu schenken.

9.2   Datenverwendung

9.2.1   Systematik der Interpretation

Das komplett aufgebaute Kennziffermodell dient am Ende der *Konkretisierung-/Entscheidungsphase* als Hilfsinstrument[400]. Der Entscheidungsträger wird von dieser Grundlage mit *entscheidungsrelevanter Information* bezüglich den verfolgten *Zielinhalten* versorgt. Zur Interpretation der aufbereiteten Daten müssen zwingend auch die weiteren Dimensionen des Zielsystems, nämlich *Zielausmass* und *zeitlicher Bezug*, definiert werden[401]. Dieser Abschnitt greift einige grundsätzliche Aspekte des Interpretationsvorgangs auf, ohne jedoch die Definition der beiden letztgenannten Zieldimensionen vorwegzunehmen. Das Entscheidungsinstrument bleibt damit offen für *verschiedenste* Problemstellungen.

Wesentliches Element der Interpretation ist weiterhin auch die *Überprüfung* der erarbeiteten Daten. Diese Tätigkeit bildet den ersten Schritt der Datenverwendung und wird deshalb vor den Zielkriterien behandelt.

---

398   Mit dem Wegfall der Fremdmittelverzinsung sinkt der *Liquiditätsbedarf* drastisch. Damit eröffnet sich die Möglichkeit, vermehrt auf den *Total-Return* abzustellen.

399   Da der Boden keinen Unterhaltsbedarf aufweist, fallen die Betriebsaufwendungen bei hohem Landwertanteil verhältnismässig gering aus.

400   Vgl. dazu Abbildung 40.

401   Vgl. dazu auch Abschnitt 3.3.

9.2.1.1 Überprüfung der Entscheidungsgrundlagen

Durch die breite Abstützung des Kennziffermodells auf dem Fachwissen von Bereichsspezialisten erweist sich eine detaillierte Überprüfung sämtlicher Daten durch den Entscheidungsträger als *weder sinnvoll noch möglich*. Unter Kenntnis der vernetzten Struktur von Datenkranz und Datenkern kann jedoch jederzeit eine *Verifikation der grundlegenden Zusammenhänge* erfolgen.

Ausgangspunkt der Überprüfung ist eine *Betriebsrechnung*, die sich aufgrund der ausgewiesenen Zielbeiträge in Einklang mit dem definierten Zielsystem befindet[402]. Der Ablauf der Verifikation läuft in die der Datenaufbereitung *entgegengesetzte* Richtung[403]. Die wesentlichen Ansatzpunkte liegen in den Werten der *Investitionsübersicht* und des *Marktspiegels*, die unter Abstützung auf den *Projekt-Grunddaten* hinsichtlich ihrer *Objektivität*, *Reliabilität* und *Validität* zu untersuchen sind[404].

Dieses Vorgehen ermöglicht, ausgehend von der komprimierten Darstellung der *Betriebsrechnung*, Gewissheit über die angemessene Bewertung einzelner Komponenten zu erlangen. Der Entscheidungsträger steht damit nicht einer *indifferenten Totalisierung* gegenüber, sondern verfügt über das notwendige Instrumentarium, das Zustandekommen eines Wertes jederzeit in hoher *Detailtreue* nachzuvollziehen.

9.2.1.2 Beurteilung der Zielinhalte

Unabhängig von der individuellen Ausgestaltung des Zielsystems können bezüglich einzelner Zielinhalte grundsätzlich bestimmte Anforderungen gestellt werden. Die nachfolgende Charakterisierung stützt sich in ihrer Reihenfolge auf die *Betriebsrechnung* des Kennziffermodells[405].

Cash-Flow:

> Der Cash-Flow gibt Auskunft über die *aus der Betriebstätigkeit* zufliessenden Mittel und macht damit eine Aussage über die Fähigkeit einer Unternehmung, ihre *Investitionen* zu finanzieren, ihre *Schulden* zu tilgen sowie *Gewinn* auszu-

---

402 Liegt diese Übereinstimmung *nicht* vor, erübrigt sich auch die Verifikation.

403 Vgl. dazu Abbildung 40.

404 Neben der Verwendung der in Abschnitt 9.1.1.4 erwähnten *Dokumentation* können sich ergänzend zum Modell auch *Rücksprachen* mit den Fachplanern als angezeigt erweisen.

405 Vgl. zur Berechnungsweise der einzelnen Zielbeiträge auch das Modell auf den Seiten 182 bis 185.

schütten[406]. Als Zielgrösse bleibt der Cash-Flow unbeeinflusst von *Abschreibungen* und *Rückstellungen*, muss jedoch vor einer Interpretation von Veränderungen stiller Reserven bereinigt werden[407]. Die Beurteilung aufgrund des Cash-Flow ermöglicht damit einen *Vergleich* von verschiedenen Projekten unter Ausschluss der Abschreibungs- und Eigentümerbelange.

Liquidität:

Eine ausreichende Liquidität ist das *Rückgrat* jeder Unternehmung. Diese Feststellung gilt für Immobilien in Anbetracht der *Total-Return*-Beurteilung ganz besonders. Der Ausgleich der periodisch ausgewiesenen Liquidität muss spätestens auf *Stufe Eigentümer* realisiert werden, sodass auch im schlechtesten Fall eine kontinuierliche *Zahlungsfähigkeit* erreicht wird. Das Modell wurde in diesem Sinne so ausgestaltet, dass ein negativer Fehlbetrag automatisch in Form eines notwendigen *Eigenmitteleinschusses* ausgewiesen wird.

Gewinn/Rentabilität:

Die Zielgrössen des Gewinns weisen für sich alleine betrachtet *wenig Aussagegehalt* auf. Sie werden deshalb über die *Rentabilitätsbeurteilung* direkt auf ihr Verhältnis zur Eigenfinanzierung hin untersucht. Die vier einzeln ausgewiesenen *Renditekennziffern* ergeben, entsprechend den ihnen zugrundegelegten Gewinn- bzw. Vermögenswerten, stark unterschiedliche Resultate. Im Sinne einer Vergleichsbasis werden anschliessend auch *Parallelen zu Wertpapieranlagen* gezogen.

Rendite Eigenmittel Betrieb:

Der erste Rentabilitätswert errechnet sich aus dem Verhältnis des *Gewinns Betrieb* zu den investierten Eigenmitteln, die sich aus dem *Buchwert*, abzüglich der *Fremdmittel*, ergeben. Man kann den resultierenden Wert als *klassische* Kennziffer des Renditebereichs bezeichnen. Sie entspricht in ihrer Berechnungsweise einer *Nettorendite*, deren Wert allein auf der *betrieblichen Leistungserstellung* basiert und Auskunft über die Verzinsung der *ursprünglich angelegten* Mittel gibt. Verglichen mit einer Anlage in Aktien entspricht diese Renditeberechnung dem Vergleich der *aktuellen Dividende* mit dem *ursprünglichen Kaufpreis*.

---

406 Vgl. u.a. **Boemle, M.:** Unternehmungsfinanzierung, Zürich 1979, Seite 81; **Volkart, R.:** Beiträge zur Theorie und Praxis des Finanzmanagements, Seite 208.

407 Die Problematik von stillen Reserven kann sowohl aufgrund der *Modellbetrachtung* als auch aufgrund der Tatsache, dass bei Immobilien keine mit Produktionsbetrieben vergleichbaren *Bestandesveränderungen* und *Kreditvorgänge* auftreten, vernachlässigt werden.

Rendite Eigenkapital Betrieb:

Wird anstelle des *Buchwertes* auf dem kapitalisierten *Ertragswert* basiert, bezieht sich die Aussage auf die Verzinsung der *aktuell gebundenen* Mittel. Diese Betrachtungsweise kann verglichen werden mit dem Verhältnis der *aktuellen Dividende* zum *aktuellen Börsenkurs*.

Rendite Eigenmittel Eigentümer:

Gegenüber der ersten Rentabilitätskennziffer wird hier auf der Ertragsseite die *bilanzielle Abschreibung* durch die *Fondsrechnung* ersetzt. Ein sinnvoller Vergleich mit Wertpapieren ist nicht möglich.

Rendite Eigenkapital Eigentümer:

Die Eigenkapitalrendite umfasst sowohl die gesamte *Fondsrechnung* als auch die *kalkulatorische Wertvermehrung* der Liegenschaft. Übertragen auf Wertpapiere entspricht diese Renditegrösse der Gegenüberstellung von *Dividende plus Wertsteigerung* und *aktuellem Börsenkurs*. Damit folgt die Beurteilung weitgehend dem Ansatz des *Total-Return*.

Die erzielbaren Rentabilitätswerte müssen in Zusammenhang mit dem vorherrschenden Zinsgefüge interpretiert werden. Verglichen mit dem *vorrangigen Fremdkapital* muss die *erhöhte Risikobereitschaft* der Eigenkapitalgeber mit einer entsprechend *besseren Kapitalrendite* auf Stufe Eigentümer ausgeglichen werden [408].

9.2.2 Interpretation einer Fallstudie

Mit der Interpretation anhand einer Fallstudie sollen die praktischen Einsatzmöglichkeiten des Modells aufgezeigt werden. Um eine möglichst *realistische* Simulation zu erreichen wurden die Beispieldaten von einem *existenten* Immobilienprojekt abgeleitet. Die Werte wurden derart *modifiziert*, dass die verschiedenen *Einsatzmöglichkeiten* des Kennziffermodells weitestgehend berücksichtigt werden konnten [409].

---

408 Vgl. u.a. **Gratz, E.:** Wirtschaftliche Beurteilung des Mietzinses, Seite 2. *"Nach Regel"* sollte dieser Satz um ca. *0,25 bis 0,5%* über dem Satz der letzten nachrangigen *Hypothek* liegen. Der Aufschlag muss der objektbedingten *Risikolage* entsprechen.

409 Das ursprünglich zugrundegelegte Objekt ist gekennzeichnet durch *differenzierte architektonische Lösungen* bei gleichzeitig *freibleibender Nutzflächengestaltung*. Mit einer Investitionssumme von über 250 Mio. Franken kann das Projekt für schweizerische Verhältnisse als *überdurchschnittlich* bezeichnet werden.

Die Fallstudie folgt dem *Rhythmus der Datenaufbereitung* nach Abbildung 40 bis zum Entscheidungszeitpunkt, verzichtet jedoch auf die zyklische Wiederholung einzelner Phasen. Es werden somit die *Planungs-* sowie die *Konkretisierungs-/Entscheidungsphase* durchlaufen[410].

9.2.2.1 Planungsphase

Die *Investitionsübersicht*[411] und der *Marktspiegel*[412] geben den reduzierten Informationsbestand eines frühen Projektstadiums wieder. Im Sinne einer ersten Abklärung wurden die Ausgangswerte *überschlagsmässig* in die Tabelle eingebracht. Die so *geschätzten Zahlen* sind dementsprechend auf jeweils Fr. 100'000 gerundet. Die im Modell *berechneten Zahlen* erscheinen aufgrund der zugehörigen Formeln zwar in ihrer vollen Genauigkeit, sind jedoch *vorsichtig* zu interpretieren[413].

Zur Vereinfachung der ersten Schätzung basieren die einzelnen Positionen auf *aktuellen Preisen*, d.h. auf eine Bewertung *per Bezug* wurde verzichtet. Sofern sowohl auf der Kosten- als auch auf der Ertragsseite nach *denselben Massstäben* geurteilt wird, führt dieses Vorgehen zu *keiner Verzerrung* des Gesamtbildes. Der Landwert von TFr. 35'000 entspricht in diesem Zeitpunkt dem *Buchwert*.

Das Total der *Soll-Netto-Mieten* von TFr. 11'629 wurde aus dem *Marktspiegel* in die *Investitionsübersicht* übertragen, ebenso die Angaben bezüglich *Parkplatzpreisen* (TFr. 32) und *Anzahl Parkplätzen* (940 Stück). Die *Haupt-Bruttonutzfläche* liegt noch nicht vor[414], behelfsmässig wird daher vom Flächentotal des *Marktspiegels* ausgegangen (59'358 m²).

Das Marktangebot ist in Gruppen mit vergleichbarem Ertragspotential zusammengefasst[415]. Die *Verkaufspreise* wurden mittels Kapitalisierung zu 6,75% direkt aufgrund der geschätzten Mieterträge errechnet. Der Übertrag des Kostenpreises von TFr. 181'928 aus der *Investitionsübersicht* liegt um rund TFr. 9'645 bzw. 5,6% *über* den mutmasslichen Verkaufserlösen.

---

410   Das Datenmaterial der Fallstudie befindet sich im Anhang, auf den Seiten 221 bis 231.

411   Vgl. Beispieldaten, Seite 221.

412   Vgl. Beispieldaten, Seiten 218/219.

413   So zum Beispiel die *Finanzierungskosten*, die mit TFr. 10'345 angegeben werden, aber aus den gerundeten Werten der *Positionen 1 bis 9* berechnet werden. Etwas genauer werden auch die Kosten der *Grundpfand-Errichtung* angegeben (TFr. 450), da sie nach genauen Ansätzen berechnet werden können.

414   Die Zusammenstellung der *Haupt-Bruttonutzflächen* erfolgt erst in der *Konkretisierungs-/Entscheidungsphase* anhand der *Projekt-Grunddaten*.

415   Ohne genauere Projektpläne ist eine detailliertere Abgrenzung nicht sinnvoll.

Die Interpretation des vorliegenden Datenmaterials soll Antwort geben auf die Frage, ob das rudimentär erfasste Projekt weiterverfolgt werden soll oder nicht. Vergleicht man die Kosten- mit der Ertragsseite aufgrund von *Soll-Netto-Miete* und *Kostenpreis*, wirkt auf den ersten Blick die Differenz zwischen Kostenpreis und mutmasslichen *Verkaufserlösen* störend [416]. Im Rahmen einer überschlagsmässigen Schätzung darf die Differenz von 5,6% allerdings nicht überbewertet werden. Zur Überprüfung der erarbeiteten Kennziffern eignen sich die folgenden Ansatzpunkte:

- *Landpreis:* Entspricht der Preis von Fr. 3'032/m² der aktuellen Marktsituation?

- *Baubereich:* Entsprechen die Kosten pro Kubikmeter (Fr. 315/m³) bzw. die Kosten der Umgebungsgestaltung (Fr. 303/m²) bekannten Erfahrungswerten?

- *Verhältnisse:* Stimmen die Relationen zwischen den verschiedenen Werten?

- *Ertragsbasis:* Sind die Miet- und Verkaufspreise dem Ausbaustandard und den Bedürfnissen des Marktes angemessen?

Erscheinen die so überprüften Werte realistisch, dürfte das aufskizzierte Projekt eine denkbare Basis für vertiefte Kennzifferanalysen darstellen. Zeigen sich hingegen grössere Abweichungen gegenüber vergleichbaren Objekten, ist vorgängig eine Überarbeitung angezeigt [417].

9.2.2.2 Konkretisierungs-/Entscheidungsphase

Liegt aus der Planungsphase eine in sich selbst abgestimmte Projektvariante vor, kann zur *Konkretisierung* übergegangen werden. Ausgehend von den Projektplänen werden die genauen *Flächen-* und *Volumenmasse* ausgeschieden, die in doppelter Hinsicht die *Basis* für das weitere Vorgehen darstellen: Einerseits sind die *bautechnischen Daten* ausschlaggebend für die Kostenseite des Projekts, andererseits bestimmen die *kommerziellen Daten* den realisierbaren Nutzwert. Das Ergebnis der Kon-

---

416 Die *mathematische Ursache* für die vorliegende Differenz ist in Anbetracht der Kapitalisierung offensichtlich. Übereinstimmung kann nur eintreten, wenn der Kapitalisierungssatz der in der *Investitionsübersicht* ausgewiesenen *Bruttorendite* entspricht. Vgl. zur Berechnung des Ertragswertes auch Abschnitt 4.2.1.3.

417 Eine Interpretation in Unkenntnis von *genauer Lage* und *geplantem Projekt* ist nicht realistisch. Betrachtet man die Zahlenwerte auf Seiten 221 bis 219, muss jedoch festgestellt werden, dass die m²- und m³-Preise mit Sicherheit *nicht* den heutigen Erfahrungswerten entsprechen. Das Projekt wäre demnach *vor der Konkretisierung* noch genauer zu untersuchen.

kretisierung ist eine *Betriebsrechnung*, die detailliert über die einzelnen Zielbeiträge Auskunft gibt.

Ausgehend von der *Betriebsrechnung* wird anschliessend die Interpretation der Beispieldaten stichwortartig durchlaufen [418]. Das Kennziffermodell wird auf den Seiten 222 bis 231 sinngemäss in *entscheidungsorientierter* Reihenfolge präsentiert, wobei an erster Stelle die *Betriebsrechnung* und an letzter Stelle die *Projekt-Grunddaten* stehen.

- Eine erste Kontrolle der Zielerreichung erfolgt anhand der *notwendigen Eigenmitteleinschüsse* [419]. Die Modellrechnung weist hier in den ersten drei Betriebsjahren Fehlbestände auf, die jedoch hauptsächlich durch die anfänglich eingeplanten *Leerstandsausfälle* hervorgerufen werden. Wird zusätzlich die Zuweisung in den Erneuerungsfonds berücksichtigt, verbleibt nur im ersten Jahr eine Differenz [420].

- Die ausgewiesene *Rendite Eigenkapital Eigentümer* liegt im Bereich zwischen 6% und 8% und entspricht damit der Forderung nach einer Verzinsung, die gegenüber dem Satz der Fremdmittel *höher* ausfallen sollte. Die im *ersten Jahr* ausgewiesene Rendite von 31,77% beruht auf der Differenz zwischen Kostenpreis und Ertragswert [421].

Die minimale Überprüfung der Zielbeiträge erweckt einen *positiven* Anschein. Im weiteren Verlauf der Interpretation gilt es abzuklären, ob die *Betriebsrechnung* im Einklang mit den Werten des *Datenkranzes* steht.

- Das Total der *Soll-Netto-Mieten* von TFr. 15'623 deckt sich mit den entsprechenden Positionen des *Marktspiegels* und der *Investitionsübersicht*.

- Die detaillierte Auflistung der *Ertragseinheiten* im *Marktspiegel* [422] muss sowohl in Bezug auf die *Flächenanteile* als auch hinsichtlich der *monetären Bewertung* zurückverfolgt werden.

  Gesamthaft werden im *Marktspiegel* 65'199 m² Bruttonutzfläche angeführt. Der Vergleich zu den *Projekt-Grunddaten II* zeigt eine weitgehende Flächen-

---

418 Die Interpretation folgt der in Abschnitt 9.2 erläuterten, *umgekehrten* Reihenfolge der Datenaufbereitung.

419 Vgl. dazu die *Rechnung Eigentümer* in der *Betriebsrechnung I* auf Seiten 222/223.

420 Da der Erneuerungsfonds einer langfristigen Zielsetzung folgt, könnten die vorgesehenen Beträge auch in einem *späteren* Zeitpunkt zugewiesen werden.

421 Dieser beträchtliche Unterschied könnte auf einen zu *tief* angesetzten Kapitalisierungssatz zurückzuführen sein.

422 Vgl. dazu den *Marktspiegel* auf Seiten 226/227.

kongruenz[423]. Einen Anlass zur genaueren Abklärung geben die im *Markt-spiegel* nicht aufgeführten *Fassadennutzflächen*.

Die *monetäre Bewertung* der einzelnen Mieteinheiten erfordert genauere Kenntnis des Projekts. Die individuelle Bewertung einzelner Raumeinheiten *unterstützt* die Verifikation durch die *Vereinfachung des Vergleichs* mit bekannten Marktdaten. Da die *Rendite Eigenkapital Eigentümer* direkt auf dem Ertragswert sowie der daraus abgeleiteten Wertvermehrung aufbaut, ist die Wahl des *Kapitalisierungssatzes* zur Errechnung der Verkaufspreise besonders kritisch zu überprüfen.

- Analog zur Ertragsbasis muss auch die Investitionsseite einer Überprüfung unterzogen werden. Grundsätzlich müssen die *Kubaturen und Flächen* den Angaben der *Projekt-Grunddaten I* entsprechen[424].

- Auffällig ist der grosse Unterschied zwischen dem prozentualen Anteil des *Totals Grundstücke* am Kostenpreis von 25,1% mit den 38% Landanteil nach *Lageklassenbewertung*[425].

- Die einzelnen Beträge und Kennziffern der *Investitionsübersicht* können nur aufgrund von Erfahrungswerten, Vergleichen sowie allenfalls vorliegenden Offerten kontrolliert werden.

Sofern die Quervergleiche das Bild eines *konsistenten Systems* ergeben, verlagert sich das Gewicht der restlichen Interpretation auf die nähere Untersuchung der *Betriebsrechnung*.

- Die in der *Betriebsrechnung I* eingesetzten Betriebskosten bewegen sich mit *8,2% der Soll-Netto-Mieten* in einem realistischen Rahmen[426].

- Den grössten Anteil an den liquiditätswirksamen Aufwendungen haben die *Fremdmittelzinsen*. Die Einhaltung der Liquiditätsziele setzt somit eine korrekte Wahl der Finanzierungsverhältnisse voraus[427].

---

423   In der Zusammenstellung der *Projekt-Grunddaten II* auf Seite 231 ergibt sich aus den *Hauptbruttonutzflächen* (59'034 m²), den *Nebennutzflächen* (2'203 m²) und den *Erschliessungsflächen* (3'739 m²) ein Total von 64'976 m².

424   Vgl. dazu die Daten der *Investitionsübersicht* auf Seite 229 mit denjenigen der *Projekt-Grunddaten I* auf Seite 230. Die Kubatur von Gebäude (265'195 m³) und Unterniveau-Garage (28'802 m³) sowie die Grundstücksfläche (11'545 m²) sind jeweils in beiden Datenbereichen identisch.

425   Die Lageklassenbewertung befindet sich bei den *Projekt-Grunddaten I*.

426   Vgl. u.a. **Fierz, K.**: Wert und Zins bei Immobilien, Seite 195. Fierz rechnet für die Betriebskosten einen Anteil von *8-12% des Bruttomietertrags*.

427   Der Fremdmittelbestand wird in der *Betriebsrechnung II* erfasst. Er beträgt in der Fallstudie 78% der gebundenen Mittel.

•   Die Funktion des Erneuerungsfonds wird im *Betriebsjahr 2000* gezeigt. Die *Liquidität Eigentümer* wird durch eine Entnahme aus dem Erneuerungsfonds ausgeglichen. Im Gegensatz dazu führen die 1997 einmalig anfallenden *ertragssichernden Aufwendungen* zu einem temporären Liquiditätsengpass.

Für die abschliessende Beurteilung kann bei Bedarf eine *ergänzende Simulation* mit *unterschiedlichen Annahmen* bezüglich Indizes, Zinssätzen, Finanzierungsverhältnissen, Leerständen, Ertragskapitalisierung oder Unterhaltsaufwendungen durchgeführt werden.

10. Schlussbetrachtung

Zum Abschluss soll im Sinne einer kritischen Würdigung eine Antwort auf die folgenden drei Fragen gesucht werden. Eine erste Frage betrifft den *Nutzen*, der sich aus der praktischen Anwendung des Kennziffermodells ergibt. Weiter soll auf die typischen *Probleme* des praktischen Modelleinsatzes eingetreten werden. Schliesslich werden mögliche Ansätze zur *Weiterentwicklung* der erarbeiteten Lösung aufgezeigt.

10.1 Praktischer Anwendungsnutzen des Modells

Das in Kapitel 8 dargestellte Modell wird in ähnlicher Form [428] von einer Immobiliengesellschaft praktisch eingesetzt. Grundsätzlich hat sich dabei gezeigt, dass der Entscheidungsprozess durch die *systematische Vernetzung von Kennziffern* eine *wesentliche Effizienzsteigerung* erfahren kann. Die gewonnenen Erkenntnisse werden hier stichwortartig zusammengefasst:

- In der Phase der Datenaufbereitung wird durch den Checklisten-Charakter des Modells die *exakte und vollständige Erarbeitung* sämtlicher Werte erzwungen. Das Entscheidungsinstrument weist in der Folge ein hohes Mass an *Strukturähnlichkeit* zur Realität auf.

- Aus der funktional gruppierten und reproduzierbaren Erfassung von Aufwand- und Ertragskomponenten resultiert eine *transparente Darstellung* der entscheidungsrelevanten Information.

- Die Anlehnung an standardisierte Normen der Baubranche entspricht einer praxisnahen Grundlage für die *wirtschaftliche* Beurteilung eines Projekts.

- Die Verbindung von Vollständigkeit und Vernetzung des Kennzifferfelds erlaubt die *Überprüfung der Projektkonsistenz* und begründet einen hohen Grad an *Zuverlässigkeit*.

- Die Ergänzung durch Verhältniszahlen schafft eine *Vergleichsbasis* für die Gegenüberstellung von *Projekten*.

---

428 Das praktisch eingesetzte Modell wurde optimal auf die *Organisation* und das *Rechnungswesen* der Unternehmung abgestimmt. Die Unterschiede liegen einerseits in der *Gliederung der Datenbereiche* und andererseits im *Ausweis bestimmter Zielinhalte*.

- Mit der Simulationsmöglichkeit öffnet sich das Modell einer umfassenden, *projektorientierten Umweltanalyse*.

- Der zeitraumbezogene, statisch/dynamische Aufbau der Betriebsrechnung erlaubt schon im Entscheidungszeitpunkt die Berücksichtigung der *zukünftigen Bewirtschaftung* des Objekts.

- Die Flexibilität des Modells ermöglicht seinen konsequenten Einsatz schon in der frühen Planungsphase eines Projekts. Die kontinuierliche Erfassung des Projektfortschritts mit Hilfe des einheitlichen Instruments bewirkt eine *schrittweise Erlangung der Entscheidungsreife*. Mit der laufenden Nachführung der Kennziffern während der Realisationsphase wird zudem das Bedürfnis nach einem *Kontrollinstrument* abgedeckt.

Gesamthaft kann festgestellt werden, dass die einheitliche Darstellungsweise des Kennziffermodells die entscheidungsbezogene Kommunikation [429] unterstützt und die Zeitspanne bis zur Entscheidungsreife, trotz Reduktion des Unsicherheitsfaktors, verkürzt wird.

10.2   Probleme in der praktischen Anwendung

Bei der Zusammenstellung des notwendigen Datenmaterials haben sich vor allem zwei Probleme gezeigt. Die *Beschaffung* der notwendigen Angaben erforderte ein überdurchschnittliches Mass an *Disziplin, Kooperationsbereitschaft und Arbeitszeit* [430]. Es brauchte eine gewisse Angewöhnung, bis jeder Beteiligte wusste, welche Daten in welcher Form vorliegen müssen. Durch konsequenten Einsatz des Modells und die daraus erwachsene Routiniertheit traten diese Probleme nach und nach in den Hintergrund.

Ein weiterer Problempunkt liegt in der unterschiedlichen *Interpretation* einzelner Werte. Die exakte Einhaltung der Definitionen ist eine notwendige Voraussetzung. Es erwies sich als zweckmässig, die Grundlagen der Datenaufbereitung zu archivieren. Im Falle von Unklarheiten kann so auf die Ausgangsdaten zurückgegriffen werden [431].

---

429   Dies gilt sowohl für die Kommunikation zwischen *Fachplanern und Entscheidungsträgern* wie auch innerhalb von *Entscheidungsgremien*.

430   Die Aufbereitung der Ursprungsdaten für die Fallstudie aufgrund der *bestehenden Projektakten* beanspruchte mehr als 100 Stunden.

431   Die Grundlagen Fallstudie umfassen zwei Bundesordner.

Diesen lösbaren Problemen steht ein Instrument gegenüber, welches den Nachteil vieler Entscheidungsmodelle, der unüberwindbaren Diskrepanz zwischen Problemlösungsvorschlag und praktischem Problem, eindeutig zu überwinden vermag[432].

10.3   Möglichkeiten zur Weiterentwicklung

Aufgrund der bisher verarbeiteten Objekte lassen sich noch keine Auswertungen bezüglich des *Wertbereichs* einzelner Kennziffern anstellen. Steht mit der Zeit ein umfangreicher Datenbestand zur Verfügung, lassen sich einzelne Kennziffern im Zusammenhang analysieren. Derartige Vergleichszahlen wären eine dankbare Grundlage zur Beurteilung neuer Projekte.

Die zeitraumbezogene Darstellung der Betriebsrechnung stellt eine mögliche Basis für die Ableitung eines *betriebsorientierten* Instruments zur detaillierten *Finanzplanung* dar. Im Rahmen einer längerfristigen *Bewirtschaftungsstrategie* von vielleicht dreissig Jahren könnte der Problemkreis Unterhaltsplanung/Abschreibung/Erneuerungsfonds einer differenzierten Analyse unterzogen werden[433].

10.4   Zusammenfassung

Bei jedem grösseren Immobilienprojekt handelt es sich letztlich um einen *Prototyp*, was den Investitionsentscheid, die Kontrolle des Bauverlaufs sowie auch den anschliessenden Betrieb einer Liegenschaft erheblich erschwert. Die Komplexität des sozialen und wirtschaftlichen Umfelds von Immobilien erfordert eine bewusste *Integration der Bewirtschaftungsproblematik* schon im Zeitpunkt der Projektplanung.

Mit der systematischen Analyse, Gliederung und Verknüpfung einzelner Teile kann ein wesentlicher Beitrag zur erfolgreichen Realisation von Investitionsvorhaben im Immobilienbereich geleistet werden. Die *Offenlegung* der projektspezifischen Zusammenhänge verhindert nicht zuletzt die Fehlallokation des wertvollen und lebensnotwendigen Bodens.

---

432   Vgl. u.a. **Meyer, H.**: Entscheidungsmodelle und Entscheidungsrealität, Tübingen 1978, Seite 1.

433   Ansätze zur *langfristigen Unterhaltsplanung* existieren in der Praxis. Es gibt verschiedene Beratungsinstitutionen, die sich auf das Gebiet des Gebäudeunterhalts spezialisiert haben.

ANHANG

I. Übersicht

II. Daten Fallstudie

Übersicht Planungsphase:

Übersicht Konkretisierungs-/Entscheidungsphase:

MARKTSPIEGEL

| Objekt | : Beispiel, Planungsphase | Preise per : | 1.1.1988 |
| Eigentümer | : Haus AG | bezugsbereit: | 1.1.1992 |

Verzeichnis der vermietbaren / verkaufbaren Einheiten (Preis für Kalkulation/Verkauf/Vermietung)

Basis: Vermietungs-/Verkaufspläne　　　　　Massstab 1:

Angebot		Anzahl Einh.	Brutto-nutzfläche je Einheit	Vermietung				
				pro Einheit			Total	
Code	Text			Fr./ m2/Jahr	Fr./ Monat	Fr./ Jahr	Fr./ Jahr	Anteil in %
8	Parkhaus	940	25	86	180	2,160	2,030,400	17.5%
							0	
6	UG3　Lagerflächen	1	2,050	165		338,250	338,250	2.9%
6	UG2　Lagerflächen	1	2,050	170		348,500	348,500	3.0%
6	UG1　Lagerflächen	1	1,750	180		315,000	315,000	2.7%
							0	
2	EG　Gewerbe	1	670	150		100,500	100,500	0.9%
5	EG　Warenhaus	2	1,700	375		637,500	1,275,000	11.0%
13	EG　Ausstellhallen	2	275	100		27,500	55,000	0.5%
12	EG　Warenumschlagszone	1	150				0	
							0	
2	OG　Gewerbe	4	300	270		81,000	324,000	2.8%
							0	
3	OG1　Büro	1	1,350	305		411,750	411,750	3.5%
5	OG1　Warenhaus	1	3,000	285		855,000	855,000	7.4%
							0	
3	OG2　Büro	1	1,200	315		378,000	378,000	3.3%
5	OG2　Warenhaus	1	3,000	295		885,000	885,000	7.6%
							0	
3	OG3　Büro	1	1,400	320		448,000	448,000	3.9%
5	OG3　Warenhaus	1	3,000	300		900,000	900,000	7.7%
							0	
3	OG4　Büro	1	1,350	325		438,750	438,750	3.8%
5	OG4　Warenhaus	1	2,800	310		868,000	868,000	7.5%
							0	
3	OG5　Büro	1	950	335		318,250	318,250	2.7%
5	OG5　Warenhaus	1	2,700	315		850,500	850,500	7.3%
							0	
3	OG6　Büro	1	1,250	335		418,750	418,750	3.6%
7	OG6　Wohnngen	2	129	195	2,100	25,200	50,400	0.4%
							0	
13	Fassadenwerbung	1	80	250		20,000	20,000	0.2%
							0	
11	Begegnungszone	1	1,700				0	
							0	
							0	
							0	
							0	
							0	
							0	
							0	
							0	
T O T A L　SNM		968	59,358	196			11,629,050	100.0%
Verhandlungsreserve / Rundung							0	
Werte Investitionsübersicht (SNM und Kostenpreis)							11,629,050	100.0%

Code:　1=Gastgewerbe / 2=Gewerbe / 3=Büro / 4= Atelier+Praxis / 5= Läden / 6=Lager / 7=Wohnungen / 8=Parking / 9=Abstellkeller und Estric

　　　　10=LS-Keller / 11=individuelle Balkone, Dachterrassen, Sitzplätze / 12=Mehrzweckräume / 13=andere Nutzflächen　　　Systemzeit

Abbildung 44: Fallstudie: Marktspiegel - Planungsphase

		Datenkranz					
	Datum :	12.12.87					
	erstellt von:	P. Muster					

					E I N G A B E S P A L T E N		
Verkauf		Kapitalisiert zu:	6.75%	Vermietung		Verkauf	
pro Einheit		Total		pro Einheit		pro Einheit	
Fr./ m2	Fr./ Einheit	Fr.	Anteil in %	Fr./ m2/Jahr	Fr./ Monat	Fr./ m2	Fr./ Einheit
1,280	32,000	30,080,000	17.5%		180	0	32,000
		0				0	0
2,444	5,011,111	5,011,111	2.9%	165		2,444	0
2,519	5,162,963	5,162,963	3.0%	170		2,519	0
2,667	4,666,667	4,666,667	2.7%	180		2,667	0
		0				0	0
2,222	1,488,889	1,488,889	0.9%	150		2,222	0
5,556	9,444,444	18,888,889	11.0%	375		5,556	0
1,481	407,407	814,815	0.5%	100		1,481	0
		0				0	0
		0				0	0
4,000	1,200,000	4,800,000	2.8%	270		4,000	0
		0				0	0
4,519	6,100,000	6,100,000	3.5%	305		4,519	0
4,222	12,666,667	12,666,667	7.4%	285		4,222	0
		0				0	0
4,667	5,600,000	5,600,000	3.3%	315		4,667	0
4,370	13,111,111	13,111,111	7.6%	295		4,370	0
		0				0	0
4,741	6,637,037	6,637,037	3.9%	320		4,741	0
4,444	13,333,333	13,333,333	7.7%	300		4,444	0
		0				0	0
4,815	6,500,000	6,500,000	3.8%	325		4,815	0
4,593	12,859,259	12,859,259	7.5%	310		4,593	0
		0				0	0
4,963	4,714,815	4,714,815	2.7%	335		4,963	0
4,667	12,600,000	12,600,000	7.3%	315		4,667	0
		0				0	0
4,963	6,203,704	6,203,704	3.6%	335		4,963	0
2,894	373,333	746,667	0.4%		2,100	0	373,333
		0				0	0
3,704	296,296	296,296	0.2%	250		3,704	0
		0				0	0
		0				0	0
		0				0	0
		0				0	0
		0				0	0
		0				0	0
		0				0	0
		0				0	0
		0				0	0
		0				0	0
2,902		172,282,222	100.0%				
		(9,645,778)	-5.6%				
		181,928,000	105.6%				

der letzten Berechnung: 16.06.1990/19:51:30

BKP	TITEL			HEC	BETRAG	% v.[D]	KENNZIFFERN	
INVESTITIONSÜBERSICHT								Datenkranz
Objekt	: Beispiel, Planungsphase		Bauzeit	: 36 Monate			Datum	: 12.12.87
Eigentümer	: Haus AG		bezugsbereit	: 1.1.1992			erstellt von	: P. Muster
Beträge in TFr.							Budget per:	1.1.1988

BKP	TITEL			HEC	BETRAG	% v.[D]	KENNZIFFERN	
0	GRUNDSTÜCKE							
	Vorstudien zum Grundstückerwerb			KR				
	Land	m2:	11,545	FB	35,000	22.7%	Fr./m2	3032
	Nebenkosten (Notariat, Steuern, Provisionen)			KR				
	Quartierplan	per:		FB/KR				
	Erschliessung	per:		FB/KR				
	Betriebskosten	bis:		KR				
	Verzinsung	Satz:	Monate:	FB	0			
[A]	**GRUNDSTÜCKE**		Total		35,000	22.7%	Fr./m2	3032
1	VORBEREITUNGSARBEITEN (BKP)			KR/GU-2	5,000	3.2%		
	Total [A] + 1				40,000	25.9%	Fr./m2	3465
2	GEBÄUDE (BKP)							
	Gebäude inkl. Untergeschosse	m3 SIA:	295,000	KR/GU-2	93,000	60.3%	Fr./m3	315
	UN-Garage (als sep. Bauwerk)	m3 SIA:		KR/GU-2			Fr./m3	
	Total GEBÄUDE	m3 SIA:	295,000	KR/GU-2	93,000	60.3%	Fr./m3	315
3	BETRIEBSEINRICHTUNGEN (BKP)			KR/GU-2				
4	UMGEBUNG (BKP)	m2:	3,300	KR/GU-2	1,000	0.6%	Fr./m2	303
5	BAUNEBENKOSTEN (BKP, ohne 10 und 11)			KR/GU-2	4,500	2.9%	% von 2	4.8%
	TEUERUNG	Satz:	Monate:	KR/GU-2			% von [B]	
[B]	**DIREKTE BAUKOSTEN (BKP)**		Total 1 bis 5	KR/GU-2	103,500	67.1%		
6	GU-HONORAR (bei Risikoübernahme)			KR	2,000	1.3%	% von [B]	1.9%
8	SPEZIELLE ENTWICKLUNGSKOSTEN			KR	500	0.3%		
9	AUSSTATTUNG			KR	100	0.1%		
10	FINANZIERUNG	Satz: 6.50%	Monate: 36	FB	10,345	6.7%		
	Grundpfand-Errichtung			FB	450	0.3%		
11	BAUHERRENVERTRETUNG			KR	1,200	0.8%		
12	ERSTVERMIETUNGSHONORAR	% SNM:	7.00%	KR	814	0.5%		
	Nebenkosten (Prospekt, Inserate etc.)			KR	300	0.2%		
[C]	**INDIREKTE BAUKOSTEN**		Total 6 bis 12	KR	15,709	10.2%		
[D]	*ANLAGE-SELBSTKOSTEN*		Total 0 bis 12	FB/KR	154,209	100.0%		
13	RISIKO UND VERDIENST			FB	16,090	10.4%		
	Leerstand	% SNM: 50.00%	Monate: 24	FB/KH	11,629	7.5%		
14	VERKAUFSPROVISION			KR			% von [E]	
	Nebenkosten (Prospekt, Inserate etc.)			KR				
15	STEUERN, GEBÜHREN			FB			% von [E]	
[E]	*KOSTENPREIS*		Total 0 bis 15	FB/KR	181,928	118.0%		
	BRUTTORENDITE (SNM / Kostenpreis [E])				6.39%		SNM:	11,629
	Durchschnittl. Kostenpreis pro m2 Haupt-BNF				2,552	Fr.	m2:	59,500
	Preis pro Parkplatz innen				32	TFr.	Anzahl PP:	940
	Preis pro Parkplatz aussen					TFr.	Anzahl PP:	

Systemzeit der letzten Berechnung: 16.06.1990/19:48:26

Abbildung 45: Fallstudie: Investitionsübersicht - Planungsphase

BETRIEBSRECHNUNG I

| Objekt : Beispiel, Entscheidungsphase | | | | | Nutzung : Gemischt | | |
| Eigentümer : Haus AG | | | | | Baujahr : 1989 bis 199 | | |

	Soll per: 1,992			Anpas-	Soll-Werte		Hochrechnun
	1. Jahr : 1,992			sungs-		in %	
alle Beträge in TFr.		Index	Faktor	in TFr.	d. SNM	1992

RECHNUNG BETRIEB

	Gastgewerbe	KP	0.8		376	2.4%	376
	Gewerbe	KP	0.8		1,253	8.0%	1,253
	Büros	KP	0.8		9,165	58.7%	9,165
	Atelier / Praxis	KP	0.8		514	3.3%	514
	Läden	KP	0.8		567	3.6%	567
	Lager	KP	0.8		1,921	12.3%	1,921
	Wohnungen	KP	0.4				0
	Parking	KP	0.8		1,419	9.1%	1,419
	Individuelle Erschliessungsflächen	KP	0.8		406	2.6%	406
A	TOTAL Soll-Netto-Mieten (SNM)				15,623	100.0%	15,623
	- Ertragsminderung Leerstand				0		1,562
	+ Ertrag NK/Extern/IV	KP	0.8				
B	TOTAL Einnahmen				15,623	100.0%	14,060
	Leerstände in % der SNM				0.0%		10.0%
	Einnahmeminderung Eigenmiete				47	0.3%	47
	Hauswarts-Personalkosten	KP	1.0		285	1.8%	285
	Energiekosten	KP	1.0		85	0.5%	85
	Reparatur + Unterhalt	BK	1.0		114	0.7%	114
	NK / STEG-Beiträge	KP	1.0				0
	Versicherungen, Gebühren, Abgaben	KP	1.0		85	0.5%	85
	Zusätzliche direkte Fremdkosten	KP	1.0		171	1.1%	171
	Baurechtszins						0
	Verwaltungshonorar in % der SNM: 3.5%				547	3.5%	547
		KP	1.0				0
C	TOTAL Betriebskosten				1,287	8.2%	1,287
	ERFOLG Betrieb B - C				14,336	91.8%	12,774
	- Fremdmittelzinsen				12,375	79.2%	12,375
	- Erneuerungsfonds STEG						
	CASH-FLOW unternehmensbezogen				1,961	12.6%	399
	- a.o. Unterhalt (bauliche Investitionen)						
	- ertragssichernde Aufwendungen						
D	LIQUIDITÄT Betrieb				1,961	12.6%	399
	± Korrektur Aufwand Betrieb				0		0
	- bilanzielle Abschreibung Satz: 0.5%				992	6.3%	992
E	GEWINN Betrieb				969	6.2%	(593)

RECHNUNG EIGENTÜMER   ausgehend von Liquidität Betrieb

	- Einnahmeminderung Eigenmiete				47	0.3%	47
	- Zuweisung Erneuerungsfonds				1,500	9.6%	1,562
	+ Entnahme Erneuerungsfonds für a.o. Unterhalt				0		0
	+ Verzinsung Erneuerungsfonds Satz: 5.00%				0		0
	± andere gewinnwirksame Mittelflüsse				(469)	-3.0%	(469)
	- Renovation						
	+ notwendiger Eigenmitteleinschuss				55	0.3%	1,679
	± Veränderung 1. Hypothek						
	± Veränderung 2. Hypothek						
	LIQUIDITÄT Eigentümer				0		0
	± Korrektur Aufwand Betrieb				0		0
	± Korrektur Eigentümer				(101)		(1,726)
	+ kalkulatorische Wertvermehrung				28,925	185.1%	28,925
F	GEWINN Eigentümer				28,823	184.5%	27,199

Abbildung 46: Fallstudie: Betriebsrechnung I - Entscheidungsphase

		Datenkern
	Datum :	1.3.1988
	erstellt von:	P.Muster

1993	1994	1995	1996	1997	1998	1999	2000	2001
385	395	404	414	424	434	444	455	466
1,283	1,314	1,346	1,378	1,411	1,445	1,480	1,515	1,552
9,384	9,610	9,840	10,077	10,318	10,566	10,820	11,079	11,345
527	539	552	565	579	593	607	622	637
581	595	609	624	639	654	670	686	702
1,968	2,015	2,063	2,113	2,163	2,215	2,269	2,323	2,379
0	0	0	0	0	0	0	0	0
1,453	1,488	1,523	1,560	1,597	1,636	1,675	1,715	1,756
416	426	436	447	458	469	480	491	503
15,998	16,382	16,775	17,177	17,590	18,012	18,444	18,887	19,340
480	164	168	0	0	0	0	0	0
0	0	0	0	0	0	0	0	0
15,518	16,218	16,607	17,177	17,590	18,012	18,444	18,887	19,340
3.0%	1.0%	1.0%						
48	49	50	52	53	54	55	57	58
294	302	311	321	330	340	351	361	372
88	90	93	96	99	101	105	108	111
119	124	130	136	142	148	155	162	169
0	0	0	0	0	0	0	0	0
88	90	93	96	99	101	105	108	111
176	181	187	192	198	204	210	217	223
0	0	0	0	0	0	0	0	0
560	573	587	601	616	630	646	661	677
0	0	0	0	0	0	0	0	0
1,324	1,362	1,401	1,442	1,483	1,526	1,571	1,616	1,663
14,194	14,856	15,206	15,736	16,106	16,485	16,873	17,271	17,677
12,375	12,375	12,343	12,310	12,278	12,245	12,213	12,180	12,148
1,819	2,481	2,863	3,426	3,829	4,240	4,661	5,091	5,529
							3,500	
				1,500				
1,819	2,481	2,863	3,426	2,329	4,240	4,661	1,591	5,529
0	0	0	0	0	0	0	(3,500)	0
992	992	992	992	992	992	992	1,009	1,009
827	1,489	1,871	2,434	1,337	3,249	3,669	4,081	4,520
48	49	50	52	53	54	55	57	58
1,600	1,638	1,677	1,718	1,759	1,801	1,844	1,889	1,934
0	0	0	0	0	0	0	3,500	0
78	158	240	324	410	498	588	680	599
(480)	(491)	(503)	(515)	(528)	(540)	(553)	(567)	(580)
231	40	0	0	101	0	0	0	0
	(500)	(500)	(500)	(500)	(500)	(500)	(500)	(500)
0	0	372	965	0	1,843	2,296	2,759	3,057
0	0	0	0	0	0	0	(3,500)	0
(279)	411	450	448	346	446	445	(3,057)	442
6,817	6,981	7,148	7,320	7,496	7,675	7,860	8,048	8,241
6,539	7,392	7,970	8,733	7,842	9,964	10,600	4,250	11,740

BETRIEBSRECHNUNG II

Objekt	: Beispiel, Entscheidungsphase		Nutzung :	Gemischt
Eigentümer	: Haus AG		Baujahr :	1989 bis 199

			Soll TFr.	Soll in % v. 2	Hochrechnun 1,992
INVESTITION					
	Land		56,743	22.2%	56,743
	betriebsnotwendiger Eigenmitteleinschuss, nicht renovationsbedingt, kumuliert		55		1,679
1	Baukosten kumuliert, inklusive Renovationen und a.o. Unterhalt		198,382	77.8%	198,382
2	TOTAL gebundene Mittel Betrieb		255,125	100.0%	255,125
3	+ Erneuerungsfonds kumuliert				1,562
4	TOTAL gebundene Mittel Eigentümer		255,125	100.0%	256,687
BEWERTUNG					
5	bilanzielle Abschreibung kumuliert				992
6	BUCHWERT	2-5	255125	100.0%	254,133
7	ERTRAGSWERT:	SNM kapitalisiert zu %: 5.50%	284,050	111.3%	284,050
8	kalkulatorische Wertvermehrung		28,925	11.3%	28,925
9	Landwert	7-1	85,668	33.6%	86,660
FINANZIERUNG					
10	1. Hypothek		125,000	49.0%	125,000
11	2. Hypothek		75,000	29.4%	75,000
12	EIGENMITTEL Betrieb	6-10-11	55,125	21.6%	54,133
13	EIGENKAPITAL Betrieb	7-10-11	84,050	32.9%	84,050
14	EIGENMITTEL Eigentümer	4-5-10-11	55,125	21.6%	55,695
15	EIGENKAPITAL Eigentümer	7+3-10-11	84,050	32.9%	85,612
RENDITEN					
	Brutto Betrieb	A/2	6.12%		6.12%
	Eigenmittel Betrieb	E/12v	(ACHTUNG:		-1.10%
	Eigenkapital Betrieb	E/13v (v=Vorjahr)	Werte erstes		-0.71%
	Eigenmittel Eigentümer	(F-8)/14v	Jahr separat		-3.10%
	Eigenkapital Eigentümer	F/15v	betrachten!)		31.77%
WIRTSCHAFTSINDIKATOREN					
	Landesindex der Konsumentenpreise	(Veränderung gegenüber Vorjahr)			
	Zürcher Index der Wohnbaukosten	(Veränderung gegenüber Vorjahr)			
	Zinssatz für 1. Hypotheken		6.00%		6.00%
	Zinssatz für 2. Hypotheken		6.50%		6.50%

Abbildung 47: Fallstudie: Betriebsrechnung II - Entscheidungsphase

								Datenkern
						Datum :	1.3.1988	
						erstellt von:	P.Muster	
1,993	1,994	1,995	1,996	1,997	1,998	1,999	2,000	2,001
56,743	56,743	56,743	56,743	56,743	56,743	56,743	56,743	56,743
1,910	1,950	1,950	1,950	2,051	2,051	2,051	2,051	2,051
198,382	198,382	198,382	198,382	198,382	198,382	198,382	201,882	201,882
255,125	255,125	255,125	255,125	255,125	255,125	255,125	258,625	258,625
3,162	4,800	6,478	8,195	9,954	11,756	13,600	11,989	13,923
258,287	259,925	261,603	263,320	265,079	266,881	268,725	270,614	272,548
1,984	2,976	3,968	4,960	5,951	6,943	7,935	8,945	9,954
253,141	252,149	251,157	250,165	249,174	248,182	247,190	249,680	248,671
290,867	297,848	304,996	312,316	319,812	327,487	335,347	343,395	351,637
6,817	6,981	7,148	7,320	7,496	7,675	7,860	8,048	8,241
94,469	102,442	110,582	118,894	127,381	136,049	144,900	150,458	159,709
125,000	125,000	125,000	125,000	125,000	125,000	125,000	125,000	125,000
75,000	74,500	74,000	73,500	73,000	72,500	72,000	71,500	71,000
53,141	52,649	52,157	51,665	51,174	50,682	50,190	53,180	52,671
90,867	98,348	105,996	113,816	121,812	129,987	138,347	146,895	155,637
56,303	57,449	58,635	59,861	61,128	62,437	63,790	65,169	66,594
94,029	103,148	112,474	122,012	131,766	141,743	151,947	158,884	169,559
6.27%	6.42%	6.58%	6.73%	6.89%	7.06%	7.23%	7.30%	7.48%
1.53%	2.80%	3.55%	4.67%	2.59%	6.35%	7.24%	8.13%	8.50%
0.98%	1.64%	1.90%	2.30%	1.17%	2.67%	2.82%	2.95%	3.08%
-0.50%	0.73%	1.43%	2.41%	0.58%	3.74%	4.39%	-5.95%	5.37%
7.64%	7.86%	7.73%	7.76%	6.43%	7.56%	7.48%	2.80%	7.39%
3.00%	3.00%	3.00%	3.00%	3.00%	3.00%	3.00%	3.00%	3.00%
4.50%	4.50%	4.50%	4.50%	4.50%	4.50%	4.50%	4.50%	4.50%
6.00%	6.00%	6.00%	6.00%	6.00%	6.00%	6.00%	6.00%	6.00%
6.50%	6.50%	6.50%	6.50%	6.50%	6.50%	6.50%	6.50%	6.50%

Systemzeit der letzten Berechnung: 16.06.1990/19:55:01

MARKTSPIEGEL

Objekt	: Beispiel, Entscheidungsphase				Preise per :	Bezug		
Eigentümer : Haus AG					bezugsbereit:	1.1.1992		

Verzeichnis der vermietbaren / verkaufbaren Einheiten (Preis für Kalkulation/Verkauf/Vermietung)

Basis: Vermietungs-/Verkaufspläne   Massstab 1: [100]

Angebot		Anzahl	Brutto-	Vermietung				
		Einh.	nutzfläche	pro Einheit		Total		
Code	Text		je Einheit	Fr./ m2/Jahr	Fr./ Monat	Fr./ Jahr	Fr./ Jahr	Anteil in %
6	UG4 Disponibel	1	2,450	140		343,000	343,000	2.2%
6	UG3 Disponibel	1	2,412	132		318,384	318,384	2.0%
8	UG3 Parking	208	26	75		1,950	405,600	2.6%
13	UG3 Individuelle Erschliessung	1	164	34		5,576	5,576	0.0%
6	UG2 Disponibel	1	2,768	138		381,984	381,984	2.4%
8	UG2 Parking	198	26	75		1,950	386,100	2.5%
13	UG2 Individuelle Erschliessung	1	195	34		6,630	6,630	0.0%
6	UG1 Disponibel	1	6,184	142		878,128	878,128	5.6%
13	UG1 Individuelle Erschliessung	1	219	34		7,446	7,446	0.0%
5	EG Ladengeschäfte	1	720	788		567,360	567,360	3.6%
12	EG Anlieferung/Umschlag/Portier	1	761	439		334,079	334,079	2.1%
1	EG Restaurant/Passage	1	1,195	315		376,425	376,425	2.4%
2	EG Gewerbe	1	985	506		498,410	498,410	3.2%
2	EG Gewerbe	1	464	788		365,632	365,632	2.3%
13	EG Individuelle Erschliessung	1	503	113		56,839	56,839	0.4%
3	OG1 Büros	1	985	440		433,400	433,400	2.8%
2	OG1 Gewerbe	1	1,236	315		389,340	389,340	2.5%
13	OG1 Individuelle Erschliessung	1	343	113		38,759	38,759	0.2%
3	OG2 Büro	1	4,485	371		1,663,935	1,663,935	10.7%
8	OG2 Parking	43	26	90		2,340	100,620	0.6%
13	OG2 Individuelle Erschliessung	1	404	113		45,652	45,652	0.3%
11	OG2 Terrasse	1	271	125		33,875	33,875	0.2%
3	OG3 Büro	1	4,159	387		1,609,533	1,609,533	10.3%
8	OG3 Parking	90	26	90		2,340	210,600	1.3%
13	OG3 Individuelle Erschliessung	1	812	113		91,756	91,756	0.6%
3	OG4 Büro	1	4,610	425		1,959,250	1,959,250	12.5%
8	OG4 Parking	45	26	73		1,898	85,410	0.5%
13	OG4 Individuelle Erschliessung	1	413	113		46,669	46,669	0.3%
13	OG4 Mehrzweckraum	1	437	135		58,995	58,995	0.4%
3	OG5 Büro	1	4,245	435		1,846,575	1,846,575	11.8%
8	OG5 Parking	90	26	68		1,768	159,120	1.0%
13	OG5 Individuelle Erschliessung	1	451	113		50,963	50,963	0.3%
3	OG6 Büro	1	3,712	445		1,651,840	1,651,840	10.6%
8	OG6 Parking	50	23	62		1,426	71,300	0.5%
13	OG6 Individuelle Erschliessung	1	425	113		48,025	48,025	0.3%
13	OG6 Mehrzweckraum	1	210	416		87,360	87,360	0.6%
13	OG6 Individuelle Erschliessung	1	215	38		8,170	8,170	0.1%
11	OG6 Terrasse	1	92				0	
							0	
							0	
							0	
							0	
TOTAL SNM		755	65,199	240			15,622,740	100.0%
Verhandlungsreserve / Rundung							740	0.0%
Werte Investitionsübersicht (SNM und Kostenpreis)							15,622,000	100.0%

Code: 1=Gastgewerbe / 2=Gewerbe / 3=Büro / 4= Atelier+Praxis / 5= Läden / 6=Lager / 7=Wohnungen / 8=Parking / 9=Abstellkeller und Estric

10=LS-Keller / 11=individuelle Balkone, Dachterrassen, Sitzplätze / 12=Mehrzweckräume / 13=andere Nutzflächen   Systemzeit

Abbildung 48: Fallstudie: Marktspiegel - Entscheidungsphase

		Datenkranz						
	Datum :	1.3.1988						
	erstellt von:	P. Muster						

					EINGABESPALTEN			
Verkauf		Kapitalisiert zu:	5.50%		Vermietung		Verkauf	
pro Einheit		Total			pro Einheit		pro Einheit	
Fr./	Fr./	Fr.	Anteil		Fr./	Fr./	Fr./	Fr./
m2	Einheit		in %		m2/Jahr	Monat	m2	Einheit
2,545	6,236,364	6,236,364	2.2%		140		2,545	
2,400	5,788,800	5,788,800	2.0%		132		2,400	
1,364	35,455	7,374,545	2.6%		75		1,364	
618	101,382	101,382	0.0%		34		618	
2,509	6,945,164	6,945,164	2.4%		138		2,509	
1,364	35,455	7,020,000	2.5%		75		1,364	
618	120,545	120,545	0.0%		34		618	
2,582	15,965,964	15,965,964	5.6%		142		2,582	
618	135,382	135,382	0.0%		34		618	
14,327	10,315,636	10,315,636	3.6%		788		14,327	
7,982	6,074,164	6,074,164	2.1%		439		7,982	
5,727	6,844,091	6,844,091	2.4%		315		5,727	
9,200	9,062,000	9,062,000	3.2%		506		9,200	
14,327	6,647,855	6,647,855	2.3%		788		14,327	
2,055	1,033,436	1,033,436	0.4%		113		2,055	
8,000	7,880,000	7,880,000	2.8%		440		8,000	
5,727	7,078,909	7,078,909	2.5%		315		5,727	
2,055	704,709	704,709	0.2%		113		2,055	
6,745	30,253,364	30,253,364	10.7%		371		6,745	
1,636	42,545	1,829,455	0.6%		90		1,636	
2,055	830,036	830,036	0.3%		113		2,055	
2,273	615,909	615,909	0.2%		125		2,273	
7,036	29,264,236	29,264,236	10.3%		387		7,036	
1,636	42,545	3,829,091	1.3%		90		1,636	
2,055	1,668,291	1,668,291	0.6%		113		2,055	
7,727	35,622,727	35,622,727	12.5%		425		7,727	
1,327	34,509	1,552,909	0.5%		73		1,327	
2,055	848,527	848,527	0.3%		113		2,055	
2,455	1,072,636	1,072,636	0.4%		135		2,455	
7,909	33,574,091	33,574,091	11.8%		435		7,909	
1,236	32,145	2,893,091	1.0%		68		1,236	
2,055	926,600	926,600	0.3%		113		2,055	
8,091	30,033,455	30,033,455	10.6%		445		8,091	
1,127	25,927	1,296,364	0.5%		62		1,127	
2,055	873,182	873,182	0.3%		113		2,055	
7,564	1,588,364	1,588,364	0.6%		416		7,564	
691	148,545	148,545	0.1%		38		691	
		0						
		0						
		0						
		0						
		0						
		0						
4,357		284,049,818	100.0%					
		28,924,818	10.2%					
		255,125,000	89.8%					

der letzten Berechnung: 16.06.1990/19:58:55

INVESTITIONSÜBERSICHT					Datenkranz

Objekt	: Beispiel, Entscheidungsphase	Bauzeit	: 36 Monate	Datum	: 1.3.1988
Eigentümer	: Haus AG	bezugsbereit	: 1.1.1992	erstellt von	: P. Muster

Beträge in TFr.				Budget per:	Bezug

BKP	TITEL		HEC	BETRAG	% v.[D]	KENNZIFFERN	
0	GRUNDSTÜCKE						
	Vorstudien zum Grundstückerwerb		KR				
	Land	m2: 11,545	FB	47,000	20.8%	Fr./m2	4,071
	Nebenkosten (Notariat, Steuern, Provisionen)		KR				
	Quartierplan	per:	FB/KR				
	Erschliessung	per:	FB/KR	578	0.3%		
	Betriebskosten	bis:	KR				
	Verzinsung	Satz: 6.50% Monate: 36	FB	9,165	4.0%		
[A]	**GRUNDSTÜCKE**	Total		56,743	25.1%	Fr./m2	4,915
1	VORBEREITUNGSARBEITEN (BKP)		KR/GU-2	6,875	3.0%		
	Total [A] + 1			63,618	28.1%	Fr./m2	5,510
2	GEBÄUDE (BKP)						
	Gebäude inkl. Untergeschosse	m3 SIA: 265,195	KR/GU-2	110,000	48.6%	Fr./m3	415
	UN-Garage (als sep. Bauwerk)	m3 SIA: 28,802	KR/GU-2	8,731	3.9%	Fr./m3	303
	Total GEBÄUDE	m3 SIA: 293,997	KR/GU-2	118,731	52.4%	Fr./m3	404
3	BETRIEBSEINRICHTUNGEN (BKP)		KR/GU-2	2,414	1.1%		
4	UMGEBUNG (BKP)	m2: 3,256	KR/GU-2	1,434	0.6%	Fr./m2	440
5	BAUNEBENKOSTEN (BKP, ohne 10 und 11)		KR/GU-2	6,173	2.7%	% von 2	5.2%
	TEUERUNG	Satz: Monate:	KR/GU-2	6,560	2.9%	% von [B]	4.6%
[B]	**DIREKTE BAUKOSTEN (BKP)**	Total 1 bis 5	KR/GU-2	142,187	62.8%		
6	GU-HONORAR (bei Risikoübernahme)		KR	1,700	0.8%	% von [B]	1.2%
8	SPEZIELLE ENTWICKLUNGSKOSTEN		KR	5,500	2.4%		
9	AUSSTATTUNG		KR	800	0.4%		
10	FINANZIERUNG	Satz: 6.00% Monate: 40	FB	15,019	6.6%		
	Grundpfand-Errichtung		FB	400	0.2%		
11	BAUHERRENVERTRETUNG		KR	3,030	1.3%		
12	ERSTVERMIETUNGSHONORAR	% SNM: 3.50%	KR	547	0.2%		
	Nebenkosten (Prospekt, Inserate etc.)		KR	500	0.2%		
[C]	**INDIREKTE BAUKOSTEN**	Total 6 bis 12	KR	27,496	12.1%		
[D]	***ANLAGE-SELBSTKOSTEN***	Total 0 bis 12	FB/KR	226,426	100.0%		
13	RISIKO UND VERDIENST		FB	22,356	9.9%		
	Leerstand	% SNM: 15.00% Monate: 12	FB/KR	2,343	1.0%		
14	VERKAUFSPROVISION		KR	1,000	0.4%	% von [E]	
	Nebenkosten (Prospekt, Inserate etc.)		KR	200	0.1%		
15	STEUERN, GEBÜHREN		FB	2,800	1.2%	% von [E]	
[E]	***KOSTENPREIS***	Total 0 bis 15	FB/KR	255,125	112.7%		
	BRUTTORENDITE (SNM / Kostenpreis [E])			6.12%		SNM:	15,623
	Durchschnittl. Kostenpreis pro m2 Haupt-BNF			3,781	Fr.	m2:	59,034
	Preis pro Parkplatz innen			34	TFr.	Anzahl PP:	938
	Preis pro Parkplatz aussen				TFr.	Anzahl PP:	

Systemzeit der letzten Berechnung: 16.06.1990/20:00:34

Abbildung 49: Fallstudie: Investitionsübersicht - Entscheidungsphase

PROJEKT-GRUNDDATEN I   (bautechnische Daten)   Datenkranz

Objekt :	Beispiel, Entscheidungsphase	Lage : Kern-/Gewerbezone	Datum : 1.3.1988
Eigentümer:	Haus AG	Baujahr : 1989 - 1992	erstellt von : P. Muster

ALLGEMEINE OBJEKTMERKMALE

ART DES GEBÄUDES

Einfamilienhaus	
Reihenhaus	
Mehrfamilienhaus	
- mit Mietwohnungen	
- geeignet für Stockwerkeigentum	
Bürohaus	X
Gewerbehaus	X
Gastgewerbebau	X
Ladenbau	X
Parking	X

QUALITÄTSSICHERUNG

Wärmeschutz (nach SIA 180/4 oder 180/1):		
Energiekennzahl		MJ/m2 a
K-Wert:		W/m2 K
Schallschutzmassnahmen (nach SIA 181):		
keine		
Mindestanforderungen		
erhöhte Anforderungen	X	

LAGEKLASSE nach Nägell: LK: 5.00   Landanteil: 38.00%

GRUNDLAGEN GEMÄSS BAUORDNUNG   HEC

Grundstück Kataster-Nr.	GB	0000	
Grundstücksfläche	GB	11,545 m2	
davon anrechenbar	GB	11,483 m2	99.5%
Bauzone	GB	Kern-/Gewerbezone 1C	
Ausnützungsziffer (AZ)	GB	2.85	
zulässige Bruttogeschossfläche		32,727 m2	

BRUTTOGESCHOSSFLÄCHEN

realisierte Bruttogeschossfläche (BGF)		68,514 m2	100.0%
davon anrechnungspflichtig		32,399 m2	47.3%
davon UG	P	m2	0.0%
davon OG	P	32,399 m2	47.3%
davon nicht anrechnungspflichtig		36,115 m2	52.7%
davon UG	P	25,131 m2	36.7%
davon OG	P	10,984 m2	16.0%

KUBATUR   Kubikmeter umbauter Raum (SIA 116):

Untergeschosse UG	P	61,797 m3	21.0%
Obergeschosse OG	P	203,398 m3	69.2%
Total Gebäude inklusive Untergeschosse		265,195 m3	90.2%
Unterniveaugarage (als separates Bauwerk)	P	28,802 m3	9.8%
TOTAL Gebäude		293,997 m3	100.0%

GEBÄUDEHÜLLE

Fassadenflächen

Exposition	Total		Brand-mauern	geschl. Flächen	Türen,Tore Fenster	langfrist. Werbung	Plakat-anschlag	Schaufenst. Vitrinen	andere
Nord	6,938	m2		3,750	2,450	30		103	605
	28.5%		0.0%	15.4%	10.1%	0.1%	0.0%	0.4%	2.5%
Ost	7,036	m2		4,699	2,011	50		276	
	28.9%		0.0%	19.3%	8.3%	0.2%	0.0%	1.1%	0.0%
West	4,129	m2		2,465	1,641				23
	17.0%		0.0%	10.1%	6.8%	0.0%	0.0%	0.0%	0.1%
Süd	6,206	m2		4,163	1,551				492
	25.5%		0.0%	17.1%	6.4%	0.0%	0.0%	0.0%	2.0%
Total	24,309	m2	0	15,077	7,653	80	0	379	1,120
	1		0.0%	62.0%	31.5%	0.3%	0.0%	1.6%	4.6%

Dachflächen

	Total		flach				schräg	
			begrünt		nicht begrünt			
			begehbar	n. begehbar	begehbar	n. begehbar	Fenster	Fest
	8208	m2	1326		1149	3958	1739	36
	100.0%		16.2%	0.0%	14.0%	48.2%	21.2%	0.4%

Systemzeit der letzten Berechnung: 16.06.1990/20:03:37

Abbildung 50: Fallstudie: Projekt-Grunddaten I - Entscheidungsphase

PROJEKT-GRUNDDATEN II (kommerzielle Daten) Datenkranz

| Objekt | : | Beispiel, Entscheidungsphase | Lage | : | Kern-/Gewerbezone | Datum | : | 1.3.1988 |
| Eigentümer | : | Haus AG | Baujahr | : | 1989 - 1992 | erstellt von | : | P. Muster |

REALISIERTE BRUTTONUTZFLÄCHEN (BNF)

| | | | Flächenaufteilung | | | | Total | |
| | | innerhalb | | ausserhalb | | | | |
	HEC	UG m2	OG m2	gedeckt m2	offen m2		m2	in %
GRUNDSTÜCK (Geländeaufteilung)								
Gebäudegrundfläche	P			8,289			8,289	71.8%
individuelle Anteile Garten/Umgebung	VP						0	
Kinderspielplätze	P						0	
Autoabstellplätze Anzahl:	VP						0	
Lagerflächen	VP						0	
Fahrwege	P				663		663	5.7%
Gehwege	P				676		676	5.9%
allgemeine Umgebung	P				1,917		1,917	16.6%
TOTAL BNF Grundstück		0	0	8,289	3,256		11,545	100.0%
				71.80%	28.20%			
GEBÄUDE (Gliederung nach Nutzung)								
HAUPTNUTZFLÄCHEN		20,884	36,377	0	1,773		59,034	86.2%
Gastgewerbefläche	VP						0	
Gewerbeflche	VP		4,055		65		4,120	6.0%
Bürofläche	VP		22,868		1,126		23,994	35.0%
Atelier-/Praxisfläche	VP						0	
Ladenfläche	VP						0	
Lagerfläche	VP	5,903	156				6,059	8.8%
Wohnfläche	VP		257		582		839	1.2%
zusätzl. Dachschrägen unter 1,2 m	VP						0	
Parkingflächen Anzahl: 938	VP	14,981	9,041				24,022	35.1%
	VP						0	
NEBENNUTZFLÄCHEN		0	1,595	410	198		2,203	3.2%
Lagerfläche	VP						0	
zusätzl. Dachschrägen unter 1,2 m	VP						0	
Parkingflächen Anzahl:	VP						0	
Abstellkeller/Estrich	VP						0	
LS Keller Personen: m2:	VP						0	
individuelle Dachterrasse, Balkone	VP						0	
Sitzplätze/Vorplätze	VP						0	
Mehrzweckräume	VP						0	
Anlieferungsflächen	VP			410	198		608	0.9%
Begegnungszonen	VP		1,595				1,595	2.3%
ALLGEMEINE NUTZFLÄCHEN		1,059	5,590	0	0		7,249	10.6%
Erschliessungsflächen	VP	630	3,109				3,739	5.5%
technische Räume	VP	957	1,995				2,952	4.3%
Nebenräume	VP	72	486				558	0.8%
	VP						0	
TOTAL BNF Gebäude		22,543	43,562	410	1,971		68,486	100.0%
		32.92%	63.61%	0.60%	2.88%			
FASSADE								
Reklame	VP				80		80	17.4%
Schaufenster / Vitrinen	VP			210	169		379	82.6%
TOTAL BNF Fassade		0	0	210	249		459	100.0%
				45.75%	54.25%			

RELATIVE WERTE

Landanteil 1 (Land/Haupt BNF Gebäude)	:	19.6%
Landanteil 2 (Land/ BNF Gebäude)	:	16.9%
m2 Parking BNF / Parkplatz	:	26 m2
Wirkungsgrad 1 (zulässige BGF/Haupt BNF Gebäude)	:	55.4%
Wirkungsgrad 2 (zulässige BGF/BNF Gebäude)	:	47.8%

Systemzeit der letzten Berechnung: 16.06.1990/20:03:37

Abbildung 51: Fallstudie: Projekt-Grunddaten II - Entscheidungsphase

III. Zahlenmaterial

Jahr	Zürcher Index der Wohnbaukosten	Landesindex der Konsumenten-preise	Durchschnittliche Rendite von Bundesobliga-tionen	Zinssatz für erste Hypotheken (alte)	Kassenobligati-onen	Zinsen für Spareinlagen
	1939=100	1939=100				
1939	100.0	100.0				
1940	112.4	110.0				
1941	129.6	127.0				
1942	146.0	141.0				
1943	152.4	148.0				
1944	157.9	151.0				
1945	163.7	152.0				
1946	176.7	151.0				
1947	194.2	158.0				
1948	197.1	163.0				
1949	189.4	162.0				
1950	179.5	159.1				
1951	197.3	166.7				
1952	203.8	171.0				
1953	197.5	169.8				
1954	193.3	171.0				
1955	201.1	172.6				
1956	206.4	175.2				
1957	212.9	178.6				
1958	215.7	181.9				
1959	218.3	180.7				
1960	227.0	183.3	3.02	3.76	3.35	2.71
1961	243.7	186.7	2.98	3.76	3.34	2.73
1962	260.9	194.8	3.12	3.76	3.39	2.75
1963	284.1	201.5	3.54	3.78	3.63	2.79
1964	302.1	207.7	4.07	4.22	4.34	2.98
1965	311.3	214.8	3.98	4.42	4.36	3.21
1966	318.6	225.0	4.53	4.59	4.61	3.33
1967	320.4	234.1	4.55	4.78	4.85	3.58
1968	324.2	239.8	4.33	4.90	4.85	3.60
1969	344.6	245.7	5.25	5.02	5.13	3.71
1970	384.2	254.6	5.70	5.43	5.63	4.00
1971	427.3	271.3	4.99	5.54	5.13	4.25
1972	470.6	289.4	5.27	5.50	5.00	4.15
1973	512.8	314.7	6.31	5.55	5.38	4.15
1974	548.7	345.4	7.17	6.49	7.50	4.98
1975	517.0	368.7	5.93	6.60	5.82	4.88
1976	505.4	375.0	4.46	5.67	4.01	3.63
1977	524.3	379.8	3.78	5.04	3.77	3.02
1978	533.1	383.8	3.03	4.31	2.52	2.35
1979	560.6	397.7	4.04	4.02	3.50	2.03
1980	610.6	413.7	4.63	4.49	4.75	2.76
1981	667.9	440.6	5.39	5.65	6.58	3.54
1982	689.4	465.5	4.23	5.98	4.40	4.03
1983	667.4	479.2	4.53	5.49	4.66	3.51
1984	670.2	493.2	4.77	5.49	5.03	3.51
1985	685.0	510.2	4.52	5.49	4.77	3.51
1986	708.4	514.0	4.14	5.48	4.56	3.52
1987	723.4	521.4	4.05	5.23	4.58	3.29
1988	756.7	531.2	4.23	5.00	4.38	3.02
1989			5.16	5.53	5.44	3.53

Quellen: Vgl. Fussnoten 382 bis 390.

IV. Literaturverzeichnis

Albach, H.: Die degressive Abschreibung, Wiesbaden 1967.

Ammann, R.: Der Wohnungsbau in der Schweiz: Wie lange noch so stabil?, in: SHZ Nr. 4 vom 26.1.1989, Seite 65.

Amstadt, G.: Immobilien als Anlageobjekte, Dissertation, Winterthur 1969.

Arthur Andersen AG (Hrsg.): Finanzplatz Schweiz: Perspektiven - Herausforderung - Chancen, Zürich 1986.

Ballmann, W.: Beitrag zur Klärung des betriebswirtschaftlichen Investitionsbegriffs und zur Entwicklung einer Investitionspolitik der Unternehmung, Mannheim 1954.

Baumgartner H./Zeller, R.: Immobilienfonds geraten ins Visier der Strafverfolgung, in: FuW Nr. 85, Zürich 1988, Seite 21.

Blohm, H./Lüder, K.: Investition, München 1974.

Blohm, H./Lüder, K.: Investition, München 1988. Zitate ohne Jahrgang beziehen sich auf diese Ausgabe.

Boemle, M.: Unternehmungsfinanzierung, Zürich 1979.

Bohnenblust, P.: Eine neu Etappe?, in: Immobilien 86, in: MFuW Nr. 71 vom 10.9.1986, Seiten 6 - 7.

Bösch, P./Diggelmann, H.: Planen und Bauen im überbauten Gebiet, Nutzung von Baulücken, Nutzung von bestehenden Bauten, in: NZZ Nr. 59 vom 12.3.1990, Seite 33.

Brunner, E.: Anlagestrategien für die 90er Jahre: Flexibles Handeln, in: Kapitalanlagen 89/90, in: MFuW Nr. 97 vom 13.12.1989, Seiten 13 - 15.

Büchenbacher, Ch.: Bald günstige Hypotheken von Pensionskassen, Zürichsee-Zeitung Nr. 21 vom 26.1.1990, Seite 11.

Bundesamt für Statistik (Hrsg.): Statistisches Jahrbuch der Schweiz 1989, Zürich 1989.

Bundesamt für Wohnungswesen (Hrsg.): Die regionalisierten Perspektiven des Wohnungsbedarfs 1995, Schriftenreihe Wohnungswesen, Band 36, Bern 1987.

Bundesamt für Wohnungswesen (Hrsg.): Siedlungswesen in der Schweiz, Schriftenreihe Wohnungswesen, Band 41, Bern 1988.

Bundesamt für Wohnungswesen (Hrsg.): Wohnen in der Schweiz, Auswertung der Eidgenössischen Wohnungszählung 1980, Schriftenreihe Wohnungswesen, Band 34, Bern 1985.

Büschgen, H.E.: Betriebliche Finanzwirtschaft, Unternehmensinvestitionen, Taschenbücher für Geld, Bank und Börse, Band 88, Frankfurt am Main 1981.

Büttler, H.: Eine empirische Untersuchung der privaten und öffentlichen Brutto-Bauinvestitionen der Schweiz sowie des Boden- und Wohnungsmarkts von Bern, Zürich und Basel in den Jahren 1948-1971, Bern 1975.

Camenzind, M.: Am Lac Léman ist alles different, SHZ-Serie Regionale Immobilienmärkte VIII, in: SHZ Nr. 9 vom 2.3.1989, Seiten 11 - 12.

Coenenberg, A.: Jahresabschluss und Jahresabschlussanalyse, München 1976.

CRB, Schweizerische Zentralstelle für Baurationalisierung (Hrsg.): Baukostenplan, Zürich 1989.

Eekhoff, J.: Wohnungs- und Bodenmarkt, Tübingen 1987.

Ernst, U.: Stand und Entwicklung der personellen Einkommens- und Vermögensverteilung in der Schweiz, Bundesamt für Konjunkturfragen (Hrsg.), Studie Nr. 8, Bern 1983.

Fierz, K.: Wert und Zins bei Immobilien (Darstellung der ökonomischen Grundlagen für die Bewertung von Anlagen, Bauten und Grundstücken samt Diskussion an einigen Fällen aus der Praxis), Zürich 1984.

Fischer, J.: Heuristische Investitionsplanung, Entscheidungshilfen für die Praxis, Reihe: Grundlagen und Praxis der Betriebswirtschaft, Band 42, Berlin 1981.

Frehner, E.: Produktionswirtschaft, in: Borkowsky, R./Moosmann, R. (Hrsg.), Kleiner Merkur, 2. Band Betriebswirtschaft, Zürich 1982, Seiten 151 - 200.

Frischmuth, G.: Daten als Grundlage für Investitionsentscheidungen, Diss., Berlin 1969.

Gäfgen, G.: Theorie der wirtschaftlichen Entscheidung - Untersuchungen zur Logik und ökonomischen Bedeutung des rationalen Handelns, Tübingen 1968.

Gerber, M.: Verfassungsinitiative für eine Sperrfrist zur Bekämpfung der Spekulation, in: Monatsschrift der Zürcher Hauseigentümer, Dezember 1988, Zürich, Seiten 444 - 446.

Gertsch, H.: Sachenrecht, in: Borkowsky, R./Moosmann, R. (Hrsg.), Kleiner Merkur, 1. Band Recht, Zürich 1984, Seite 59 - 88.

Giger, H.: Das schweizerische Volksvermögen, Gesellschaft zur Förderung der Schweizerischen Wirtschaft (Hrsg.), in: wf Dokumentationsdienst Nr. 5 vom 31.1.1977, Seiten 8 - 12.

Giondow, M.: Bewertung von Immobilien - Vermehrte Transparenz durch PC-Einsatz, in: Der Schweizerische Treuhänder 4/87, Seiten 138 - 142.

Götte, H./ Gratz, E.: Aktienkurse fallen - Leerwohnungsbestand steigt, in: Der Schweizerische Hauseigentümer Nr.1 vom 1.1.1988, Seite 1.

Gratz, E.: Bäume wachsen nicht in den Himmel, in: Immobilien 88, in: MFuW Nr. 84 vom 26.10.1988, Seiten 32 - 35.

Gratz, E.: Die Folgen der Preisspirale - Stagnierendes Handelsvolumen, in: SHZ Nr. 12 vom 23.3.1989, Seite 73.

Gratz, E.: Wirtschaftliche Beurteilung des Mietzinses, in: Der Schweizerische Hauseigentümer Nr. 1 vom 1.1.1988, Seiten 2 - 4.

Grimm, E.: Ein mühsamer Weg, in: Immobilien 88, in: MFuW Nr. 84 vom 26.10.1988, Seiten 18 - 19

Guggenheim, Th.: Staatliche Anreize zur Förderung des Wohneigentums, in: Immobilien Markt Dezember 1989 / Januar 1990, Seite 29.

Gutenberg, E.: Grundlagen der Betriebswirtschaftslehre, 1. Band: Die Produktion, Berlin/Heidelberg/New York 1971.

Gutenberg, E.: Unternehmensführung - Organisation und Entscheidung, Wiesbaden 1962.

Haasis, H.-A.: Bodenpreise, Bodenmarkt und Stadtentwicklung, Reihe: Beiträge zur Kommunalwissenschaft, Band 23, München 1987.

Haefeli, M.: Die Bewertung von Liegenschaften - eine verantwortungsvolle Tätigkeit, in: Immobilien Markt Nr. 3/1990, Seite 45.

Hägi, A.: Die Bewertung von Liegenschaften, Zürich 1971.

Halbherr, P./Meier, P.: Gründe für den Strukturwandel auf dem Hypothekarmarkt, in: NZZ Nr. 40 vom 17./18.2.1990, Seite 33.

Hasler, N.: Anlagefonds: Aktienfonds schlugen Immobilienfonds, in: Kapitalanlagen 89/90, in: MFuW Nr. 97 vom 13.12.1989, Seite 103 - 105.

Heinen, E.: Grundlagen betriebswirtschaftlicher Entscheidungen, Das Zielsystem der Unternehmung, Wiesbaden 1971.

Heinen, E.: Industriebetriebslehre, Wiesbaden 1983.

Heinhold, M.: Arbeitsbuch zur Investitionsrechnung, München 1980.

Hirshleifer, J.: Investment, Interest and Capital, Englewood Cliffs 1970.

Höfliger, M.H.: Flächenverbrauch für Wohnzwecke und Raumplanung - dargestellt am Beispiel der Stadt Zürich, Dissertation, Zürich 1982.

Hornung, D.: Prognose der Wohnungsnachfrage für das Jahr 1990, Grüsch 1985.

Hörschgen, H.: Grundbegriffe der Betriebswirtschaftslehre II, Sammlung Poeschl P 83/II, Stuttgart 1979.

Hübschle, J./Gurtner, P.: Gesamtübersicht über Gebäude, Wohnungen und Haushalte, in: Wohnen in der Schweiz, Auswertung der Eidgenössischen Volkszählung 1980, Schriftenreihe Wohnungswesen, Band 34, Bundesamt für Wohnungswesen (Hrsg.), Bern 1985, Seiten 9 - 72.

Hürlimann, W.: Exakte Hilfsmittel der Unternehmensführung, In: Technische Rundschau, Bern/Stuttgart 1971, Seite 52.

Isler, A.: Immobilien - Wie eh und je?, in: Immobilien 87, in: MFuW Nr. 70 vom 9.9.1987, Seiten 6 - 7.

Joye, D./Sauer, J.J./Bassand, M.: Wer zügelt und warum?, in: Wohnen in der Schweiz, Auswertung der Eidgenössischen Volkszählung 1980, Schriftenreihe Wohnungswesen Band 34, Bundesamt für Wohnungswesen (Hrsg.), Bern 1985, Seite 241 - 265.

Kienast, R.: Aktienanalyse - Möglichkeiten rationaler Anlageentscheidungen, Bern 1977.

Kneschaurek, F.: Entwicklungsperspektiven der Bauwirtschaft, insbesondere des Wohnungsbaus in der Schweiz und im Kanton Tessin, Studie der Banca della Svizzera Italiana, Lugano 1986.

Koch, H.: Grundlagen der Wirtschaftlichkeitsrechnung, Wiesbaden 1970.

Kopp, E.: Ansprüche an ein knappes Gut, in: Immobilien 88, in: MFuW Nr. 84 vom 26.10.1988, Seiten 8 - 11.

Krasensky, H.: Zur Einführung in die Betriebswirtschaft, Festschrift zum 60. Geburtstag von L.L. Illetschko, Wiesbaden 1963.

Krulis-Randa, J.: Die menschliche Arbeit als Bestandteil der Unternehmungsstrategie, in: Die Unternehmung Nr. 2/1983, Seiten 140 - 146.

Kunz, B.R.: Grundriss der Investitionsrechnung, Eine Einführung in Theorie und Praxis, Bern/Stuttgart 1984.

Küsgen, H.: Planungsökonomie - was kosten Planungsentscheidungen?, Arbeitsberichte zur Planungsmethodik 3, Stuttgart/Bern 1970.

Laager, F.: Die Bildung problemangepasster Entscheidungsmodelle, Schriftenreihe des betriebswirtschaftlichen Instituts der ETH Zürich, Band 4, Zürich 1974.

Le Coutre, W.: Grundzüge der Bilanzkunde - Eine totale Bilanzlehre, Teil 1, Bücher der Wirtschaft, Band 10, Wolfenbüttel 1949.

Lendi, M.: Freiräume als Notwendigkeit, in: Immobilien 88, in: MFuW Nr. 84 vom 26.10.1988, Seiten 14 - 15.

Lendi, M.: Lebensraum Technik Recht, Schriftenreihe zur Orts-, Regional- und Landesplanung Band 38, Zürich 1988.

Lendi, M.: Zukunftsperspektiven des Raumplanungs- und Baurechts, Vor der Revision des Bundesgesetzes über die Raumplanung, in: NZZ Nr. 21 vom 26.1.1990, Seiten 65 - 66.

Lendi, M./Elsasser, H.: Raumplanung in der Schweiz, Eine Einführung, Zürich 1986.

Lücke, W.: Investitionslexikon, München 1975.

Mag, W.: Entscheidung und Information, Reihe: Vahlens Handbücher der Wirtschafts- und Sozialwissenschaften, München 1977.

Maurer, J.: Nur immer neue Flächen für neue Bedürfnisse?, in: NZZ Nr. 22 vom 27.1.1989, Seiten 65 - 66.

Messmer, S.: Bodenrelevante Erlasse der Schweiz: Ein Überblick, Schlussbericht zum Pilotprojekt "Gesetze" des NFP 22, Bern 1985.

Meyer, H.: Entscheidungsmodelle und Entscheidungsrealität, Tübingen 1978.

Müller, H.H./Capitelli, R./Granziol, M.J.: Optimale Portefeuilles für institutionelle Anleger, in: ZOR - Zeitschrift für Operations Research, Band 28, Würzburg 1984, Seiten B 163 - B 176.

Müller-Hedrich, B.W.: Betriebliche Investitionswirtschaft, Die Betriebswirtschaft - Studium + Praxis, Band 15, Stuttgart 1990.

Naef, J.: Moderne Formen der Wohnbaufinanzierung aus bankwirtschaftlicher Sicht, Bern 1976.

Nägeli, W./Hungerbühler, J.: Handbuch des Liegenschaftenschätzers, Zürich 1988.

Nordmann, A.: Zielsetzungen der Schweizerischen Maschinenindustrie, Eine empirische Erhebung, Dissertation, Bern 1974.

o.V.: Ausländischer Grundstückerwerb stabilisiert sich auf tieferem Niveau, in: NZZ Nr. 178 vom 3.8.1988, Seite 15.

o.V.: Bodenpolitischer Boomerang?, in: FuW Nr. 78 vom 7.10.1989, Seite 13.

o.V.: Debatte in den eidgenössischen Räten, Bekämpfung der Bodenspekulation, in: NZZ Nr. 58 vom 10.3.1989, Seite 25.

o.V.: Der Boden - ein Gut (fast) wie jedes andere, Eine Handvoll ordnungspolitischer Betrachtungen, in: NZZ Nr. 65 vom 18./19.3.1989, Seite 33.

o.V.: Die dringlichen Bundesbeschlüsse zum Bodenrecht im Wortlaut, in: NZZ Fernausgabe Nr. 235 vom 11.10.1989, Seite 31.

o.V.: Die dringlichen Bodenbeschlüsse zum Bodenrecht im Wortlaut, in: NZZ Nr. 235 vom 10.10.1989, Seite 25.

o.V.: Die Wohnbautätigkeit im Jahr 1989, Nur bescheidene Zunahme im Kanton, Statistisches Amt der Stadt Zürich, in: NZZ Nr. 55 vom 7.3.90, Seite 59.

o.V.: Ende der Preisspirale, in: Der Schweizerische Hauseigentümer Nr. 4 vom 15.2.1990, Seite 1.

o.V.: Gablers Volkswirtschaftslexikon, Wiesbaden 1983.

o.V.: Zürcher Wohnungsbau 1989, Weniger Wohnungen - mehr Einfamilienhäuser, in: Monatszeitschrift der Zürcher Hauseigentümer März 1990, Seite 93.

Ramisberger, M.: Raumplanung - wozu?, Sinn und Struktur von Zielbestimmung und Planungsgrundsätzen des Bundesgesetzes über die Raumplanung, Dissertation, Bern/Frankfurt am Main/New York 1986.

Rohr, R.: Die Steuern des Immobilienbesitzers, in: Immobilienmarkt Dezember 1989 / Januar 1990, Seiten 30 - 32.

Rohr, R.: Tatsachen und Meinungen zur Bodenfrage, Aarau/Frankfurt am Main/Salzburg 1988, Seite 20.

Rohr, R.: Unnötige Barrieren, in: Immobilien 88, in: MFuW Nr. 84 vom 26.10.1988, Seiten 24 - 25.

Rohr, R.: Wohneigentumsförderung: 17 Jahr, doch nichts geschah, in: SHZ Nr. 12 vom 23.3.1989, Seite 77.

Roth, A.: Die Liegenschaftenschätzung, Der Schweizerische Hauseigentümer Nr. 1 vom 1.1.1988, Seite 5.

Rühli, E.: Unternehmungsführung und Unternehmungspolitik, Band 1, Bern/Stuttgart 1985.

Rühli, E.: Unternehmungsführung und Unternehmungspolitik, Band 2, Zürich 1978.

Schlesinger, H.: Vermögensbildung und Vermögensverteilung in der Bundesrepublik Deutschland, in: Vermögensbildung, Vermögensverteilung und Kapitalmarkt, Schriftenreihe des Instituts für Kapitalmarktforschung an der J.W.Goethe-Universität, Frankfurt am Main: Kolloquien - Beiträge, Band 9, Frankfurt am Main 1974, Seiten 7 - 30.

Schneeweiss, H.: Entscheidungskriterien bei Risiko, Reihe Oekonometrie und Unternehmensforschung VI, Berlin/Heidelberg/New York 1967.

Schneider, D.: Geschichte betriebswirtschaftlicher Theorie, Allgemeine Betriebswirtschaftslehre für das Hauptstudium, München/Wien 1981.

Schneider, D.: Investition und Finanzierung, Opladen 1974.

Schneider, D.: Investition und Finanzierung, Wiesbaden 1980, Nachdruck 1986. Zitate ohne Jahrgang beziehen sich auf diese Ausgabe.

Schoch, C.: Eine Verkaufssperre gegen die Bodenspekulation?, in: NZZ Nr. 13 vom 17.1.1989, Seite 25.

Schweizerische Bankgesellschaft (Hrsg.): SBG Wirtschafts-Notizen, März 1990.

Schweizerische Bankgesellschaft (Hrsg.): Schweizer Aktienführer 1988/89, Zürich 1989.

Schweizerische Bankgesellschaft (Hrsg.): Wirtschaftsstudien, Katalognummer MD39.

Schweizerische Kreditanstalt (Hrsg.): Schweizerische Wirtschaftszahlen, Heft 62 der Schweizerischen Kreditanstalt, ohne Erscheinungsort, 1980.

Schweizerische Nationalbank (Hrsg.): Monatsberichte, diverse.

Schweizerischer Hauseigentümerverband (Hrsg.): Buchhaltung für die Liegenschaft, Zürich 1986.

Schweizerischer Ingenieur- und Architekten-Verein (Hrsg.): SIA Normenwerk, Zürich. die Normen werden laufend auf den aktuellen Stand gebracht.

Siegrist, F.: Die Sündenböcke?, in: Immobilien 88, in: MFuW Nr. 84 vom 26.10.1988, Seiten 22 - 23.

Siegwart, H./Kunz, B.R.: Brevier der Investitionsplanung, Der Prozess der Beschaffung von Produktionsanlagen, Schriftenreihe: Praktische Betriebswirtschaft, Band 10, Bern/Stuttgart 1982.

Statistisches Amt der Stadt Zürich (Hrsg.): Landesindex der Konsumentenpreise.

Statistisches Amt der Stadt Zürich (Hrsg.): Statistisches Jahrbuch der Stadt Zürich, Zürich 1987.

Statistisches Amt der Stadt Zürich (Hrsg.): Zürcher Index der Wohnbaukosten nach Hauptgruppen.

Süchting, J.: Finanzmanagement, Wiesbaden 1976.

Thommen, J.-P.: Betriebswirtschaftslehre, Band 1: Unternehmung und Umwelt - Marketing, Zürich 1989.

Thommen, J.-P.: Betriebswirtschaftslehre, Band 3: Personal - Organisation - Führung, Zürich 1989.

Thommen, J.-P.: Managementorientierte Betriebswirtschaftslehre, Schriftenreihe der Schweizerischen Treuhand- und Revisionskammer, Band 82, Zürich 1988.

Trechsel, F.: Investitionsplanung und Investitionsrechnung, Umfassendes theoretisches und praktisches Konzept mit Anleitungen und Beispielen, Schriftenreihe "Planung und Kontrolle der Unternehmung", Bern/Stuttgart 1973.

Ulrich, H.: Die Unternehmung als produktives soziales System, Schriftenreihe "Unternehmung und Unternehmungsführung", Band 1, Bern/Stuttgart 1970.

Ulrich, H.: Unternehmungspolitik, Schriftenreihe Unternehmung und Unternehmungsführung, Band 6, Bern/Stuttgart 1978.

Van de Velde, L.: Renovieren und sanieren, Ewig währt am längsten, in: FuW Nr. 78 vom 5.10.1988, Seite 39.

Verein zur Herausgabe von Immobilienfachbüchern (Hrsg.): Die Bewertung von Liegenschaften, Genf 1981 (Titel der amerikanischen Originalausgabe: The Appraisal Of Real Estate, 7. Auflage, Chicago 1978).

Volkart, R.: Beiträge zur Theorie und Praxis des Finanzmanagements, Schriftenreihe der Schweizerischen Treuhand- und Revisionskammer, Band 73, Zürich 1987.

Volkart, R.: Investitionsentscheidung und -rechnung in schweizerischen Grossunternehmen, in: Der Schweizer Treuhänder 4/87, Seiten 143 - 150.

Warnez, P.: Entscheidungen bei Unsicherheit, Dissertation, Zürich 1984.

Wissenschaftlicher Rat der Dudenredaktion (Hrsg.): Bedeutungswörterbuch, Der grosse Duden, Band 10, Mannheim 1970.

Wittmann, W./Grochla, E. (Hrsg.): Handwörterbuch der Betriebswirtschaft, Stuttgart 1969.

Wüest, H./ Gabathuler, C.: Bauliche Ressourcen und ihre Benützung, Lagebeurteilung und mögliche Veränderungspotentiale, ETH-Forschungsprojekt MANTO, Spezialstudie 2.23, Zürich 1984.

Zürcher, W.: Sachwerte als Kapitalanlage von Versicherungsunternehmungen, Dissertation, Zürich/St.Gallen 1955.

Zwahlen, B.: Die einkommenssteuerrechtliche Behandlung von Liegenschaftenkosten, Dissertation, Basel 1986.

V.   Stichwortverzeichnis

ERGÄNZUNGSTEIL

Investitionsvorschau

1.   Überleitung

Der anlässlich der Zweitauflage neu eingebrachte Teil "Investitionsvorschau" ist eine nahtlose Erweiterung des vorgestellten Kennziffermodells. Die im Hauptteil dargestellten Zusammenhänge behalten ihre Gültigkeit und bleiben als Grundlage unverändert. Die hier vorgestellte Investitionsvorschau ist eine Weiterentwicklung der bisherigen Betriebsrechung. Deren Elemente wurden überarbeitet und durch neue Teile ergänzt. Das aktualisierte Instrument kann damit die bisherige Funktionalität weiterhin abdecken. Es ersetzt die Betriebsrechnung und fügt sich als *neuer Datenkern* in das bestehende Modell ein.

Die Anpassungen basieren weitgehend auf den in der Praxis gesammelten Erfahrungen. Durch die zusätzlich eingebrachten Informationselemente wird die Aussagekraft gegenüber der ursprünglichen Fassung erheblich verbessert. Aus den praktischen Erfahrungen in der Arbeit mit dem Kennziffermodell konnten wesentliche Erkenntnisse gewonnen werden, welche neben der *inhaltlichen Vertiefung* auch eine *Erweiterung des Einsatzbereichs* ermöglichen. Die wichtigsten Merkmale der Überarbeitung sind:

- Optimierung der inhaltlichen Aspekte (entscheidungsorientiert)

- Verbreiterung des Einsatzbereichs

- Optimierung der Verständlichkeit

- Begriffliche Anpassungen an aktuelle Entwicklungen

- Optimierung der Ergonomie[434]

Auf den folgenden Seiten wird zunächst auf das sich verändernde Umfeld des Immobiliengeschäfts eingetreten. Schwerpunkt des Nachtrags bildet das Kapitel *Erweiterter Modellansatz*, welches die Weiterentwicklung im Detail erklärt.

---

434 Unter dem Begriff "Ergonomie" werden nur praktische Belange verstanden, die in der Anwendung wichtig sind. Auf *technische Belange* wird jedoch bewusst nicht eingetreten. Für den gedanklichen Ansatz ist es nämlich unerheblich, welche Tabellenkalkulation oder Datenbank zur Verarbeitung herbeigezogen wird.

2. Veränderung des Umfelds

Der markante Wandel des Immobilienmarkts, der Mitte 1990 seinen Anfang nahm, wirkt sich nachhaltig auf die damit zusammenhängende Investitionstätigkeit aus. Der Angebotsmarkt ist einem Käufermarkt gewichen.

Es ist nicht Thema dieser Arbeit, die Veränderung der wirtschaftlichen Rahmenbedingungen zu analysieren oder gar künftige Entwicklungen zu prognostizieren [435]. Von Interesse sind hingegen die direkten Auswirkungen der neuesten Entwicklungen auf die Entscheidungshilfsmittel. In diesem Sinne widmet sich dieses Kapitel einigen konkreten Fragestellungen, die in den letzten vier Jahren an Aktualität gewonnen haben und sich entweder inhaltlich oder anwendungsseitig auf das Modell auswirken.

2.1 Immobilienmarkt

2.1.1 Statik und Dynamik [436]

Durch ihre Langlebigkeit binden Immobilien Mittel über weite Zeiträume. Der vordergründige Gegenwert dieser Mittel sind Sachwerte: Einerseits der Boden, anderseits die darauf stehenden Gebäude. Sowohl der Boden als *unbewegliches Gut*, beziehungsweise als *Potentialfaktor ohne Wertverzehr*, wie auch eine qualitativ hochwertige *Gebäudesubstanz* werden traditionell als unveränderliche also als *statische* Werte empfunden.

Ein Grund dafür liegt in der Tatsache, dass für uns eine Existenz ohne die schützende Struktur einer soliden Gebäudehülle kaum mehr vorstellbar ist. Der hohe Anteil von Altbauten, die als Zeugen vergangener Zeit häufig nicht wegzudenken sind und grosszügig unter Schutz gestellt werden, bestätigt das traditionelle Empfinden. Aus ökono-

---

435 Zu dieser Fragestellung kann auf eine Studie der Schweizerischen Bankgesellschaft verwiesen werden. Vgl. dazu **o.V.:** Im Spannungsfeld von Zinsen und Einkommen - SBG-Studie zu den Schweizer Immobilienpreisen, in: NZZ Nr. 299 vom 22.12.94, Seite 23.

436 vgl. **Ackeret, Ch.:** Risiken im Lebenszyklus von Immobilien, in: NZZ Nr. 266 vom 15.11.1993, Seite B 41.

mischer Sicht sind den *statischen* Faktoren der Investition alle Vorgaben zuzurechnen, welche für längere Zeit unveränderlich sind. Grundsätzlich müssen somit mindestens folgende Punkte aufgeführt werden: Standort (direkt damit verbunden auch die Infrastruktur), Rohbau und dominante Ausbauten[437].

Dieser langfristigen *Statik der Investition* steht die kurzfristigere *Dynamik der Nutzung* gegenüber. Innerhalb der von den statischen Faktoren gesetzten Grenzen, kann die Nutzung eines Objekts variieren. Daraus folgt, dass bei kleinerem Gewicht der statischen Komponente, die Flexibilität erhöht wird. In einem ausgewogenen Konzept bleibt damit die Reaktionsfähigkeit gegenüber Veränderungen der Nachfrageseite erhalten. Die Bereitstellung einer erhöhten Flexibilität allein ist aber noch kein Garant für die nachhaltige Ertragssicherung. Die Anpassung an die sich ändernden Marktbedürfnisse erfordert vielmehr eine aktive Bewirtschaftung von Immobilien aufgrund einer ausformulierten Marketingstrategie[438].

Die Abgrenzung von *statischen* und *dynamischen* Faktoren zeigt sich auch in der Modellrechnung. Im Kennziffermodell erfolgt die Aufbereitung der statischen Faktoren im *Datenkranz*. Ist ein Projekt abgeschlossen, bleiben diese Daten für längere Zeit unverändert. Der *Marktspiegel* bildet die Schnittstelle zur Betriebsrechnung. Die darin enthaltene monetäre Bewertung der Nutzflächen wird den dynamischen Komponenten zugeordnet, während die Flächenangaben eher statistisch sind[439]. Die *Betriebsrechnung* des Kennziffermodells schliesslich umfasst grösstenteils Werte mit dynamischer Prägung.

Um eine weitergehende Berücksichtigung der dynamischen Komponente zu ermöglichen, werden in der Investitionsvorschau weitere Elemente der Marketingstrategie aufgegriffen. Von entscheidender Bedeutung ist dabei der *Unterhaltsaspekt*[440]. Sollen Aussagen über die Konsequenzen unterschiedlicher Nutzungen gemacht werden, sind auch deren Auswirkungen auf die *Instandhaltungs- Instandsetzungs- und Erneuerungsaufwendungen* zu berücksichtigen. Hier wird deutlich, wie entscheidend es auch im

---

437 Mit zunehmendem Kostenanteil für technische Anlagen verschärft sich die Problematik der statischen Faktoren auch dann, wenn diese Installationen jederzeit ersetzt werden können. Ein Ersatz von Anlagen vor Ablauf ihrer technischen Lebensdauer führt zu übermässigem Abschreibungsbedarf.

438 In Zeiten ungebremsten Nachfrageüberhangs erlangt die aktive Einflussnahme nicht dieselbe Bedeutung. Die weniger harmonischen Angebote profitieren von der Tatsache, dass für Raumbedürfnisse praktisch keine Substitutionsmöglichkeit vorhanden sind.

439 Auch die Zuordnung der Nutzflächen in vermarktbare Einheiten muss in gewissem Sinn als dynamisch betrachtet werden. Der Charakter der Flächeneinheiten wird vom Gebäudekonzept bestimmt.

440 Vgl. auch Abschnitt 10.3, Seite 211.

Immobiliengeschäft ist, über eine klar festgehaltene Marketingstrategie zu verfügen. Die Aussagen der erweiterten Modellrechnung sind nur dann schlüssig, wenn ausgewogene und realistische Nutzungskonzepte als Vorgabe dienen.

2.1.2 Investitionsverhalten

Die zu Anfang dieses Kapitels erwähnten Veränderungen auf dem Immobilienmarkt stehen in einem komplexen Umfeld von Politik, Gesellschaft und Finanzwelt. Einige aktuelle Stichworte dazu sind:

● Umwelt- und Energiebewusstsein

● Gebäudebewirtschaftung

● Qualitätssicherung

● Produktehaftung

Parallel zur rückläufigen Entwicklung der Marktverhältnisse erlangen diese Umfeldfaktoren zunehmende Bedeutung in der langfristigen Beurteilung einer Liegenschaft. Der Investor sieht sich, bei verschlechterter Ertragslage, einer erstarkten Erwartungshaltung des Abnehmers gegenübergestellt. Der Druck, leerstehende oder renovationsbedürftige Flächen einer neuen Nutzung zuzuführen, steht im Zeichen von *Kosten- und Zeitdruck*. Soll das Risiko einer Investition unter diesen Voraussetzungen nicht überproportional anwachsen, bleibt nur die Möglichkeit, auch bei der Erarbeitung von Entscheidungsgrundlagen neue Wege zu suchen. Dass der Markt dies erkannt hat, verdeutlichen zwei Trends:

● Die Verfügbarkeit von Marktinformationen verbessert sich. Mit zunehmender Transparenz wird nicht nur die Positionierung von neuen Projekten unterstützt. Die Verfügbarkeit von Informationen wirkt auch einer Anheizung der Preise entgegen [441].

---

441 Mehrere Publikationen befassen sich regelmässig mit der Entwicklung des Immobilienmarkts. Vgl. dazu beispielsweise **Egli, T. und Kyburz, R.:** Büromarktbericht für den Lebensraum Zürich, Publikation durch Casatip/Spaltenstein Immobilien AG, Zürich 1994. Oder auch **Wüest & Partner:** Immobilienmarkt Schweiz Marktbericht Mitte 1994, Verlag FuW, Zürich 1994.

- Das Angebot an Instrumenten zur Beurteilung von Immobilien wird laufend erweitert. Ganz besonders deutlich ist das im Bereich der Gebäudebewirtschaftung und Bauerneuerung zu beobachten [442].

Die generelle Ernüchterung durch einen Markteinbruch wie zu Beginn der neunziger Jahre wird mittelfristig einem neu gewonnenen Vertrauen weichen. Die eben erwähnten Trends unterstützen diesen Vorgang, können aber auch einen Beitrag zur Stabilisierung leisten. Insbesondere erlaubt der Einsatz dieser Mittel, sich auch auf eine ungünstige Marktentwicklung vorzubereiten [443].

2.2   Konsequenzen für das Modell

2.2.1   Praxiserfahrungen aus dem Modelleinsatz

Wie bereits in der Überleitung erwähnt, dominieren die in der Praxis gesammelten Erfahrungen die im nachfolgenden Kapitel 3.1 diskutierten Modifikationen. Neben den inhaltlichen Aspekten sind jedoch auch einige Feststellungen zur praktischen Anwendung des Modells aus der Sicht des Entscheidungsträgers von Bedeutung.

Die Erfahrungen zeigen, dass ein komplexes Instrument wie die hier vorgestellte Investitionsvorschau den individuellen Bedürfnissen des Unternehmens angepasst werden muss. Die Ursachen für diese Feststellung sind vielseitig, im Vordergrund stehen jedoch organisatorische und strategische Überlegungen. Als typische Anpassungsbedürfnisse sind stellvertretend zu nennen:

- Begriffliche und inhaltliche Abstimmung auf bereits vorhandene Instrumente (Verminderung von Widersprüchen und Missverständnissen)

---

442   Wertvolle Beiträge sind hier insbesondere auch durch das *Impulsprogramm Bau - Erhaltung und Erneuerung*, initiiert durch das Bundesamt für Konjunkturfragen, zustande gekommen.

443   Angesprochen sind hier insbesondere Simulationen beziehungsweise Szenarien, welche Antwort auf Fragestellungen des Investors geben. Fragen dieser Art könnten beispielsweise sein:
  - Wann wird die Liquidität kritisch, wenn sich die Fremdmittelzinsen über längere Zeit bei acht Prozent einpendeln und das Objekt zehn Prozent tiefere Mieterträge erwirtschaftet?
  - Können wir das Objekt in einer rezessiven Phase mit erhöhtem Leerstand halten?
  - Ein älteres Objekt soll liquidiert werden. Kann durch vorgängige Instandstellung ein zehn Jahren mit einem deutlich besseren Verkaufserlös gerechnet werden?

- Organisatorische Vorkehrungen zur Einbettung in die bestehenden Strukturen (Anwendungstraining, Pilotprojekte, Hilfsmittel wie Formulare und Anwendungsrichtlinien, Projektorganisation, Ablauforganisation etc.)

- Ergänzung des Zielkriterienkatalogs durch intern übliche Kenngrössen oder Ableitung neuer Zielkriterien

Der blosse Einsatz eines standardisierten Instruments (in Form eines kompletten Softwarepakets) hat sich als unrealistisch erwiesen. Aus den praktischen Erfahrungen kann jedoch der Schluss gezogen werden, dass sich der Aufwand zur Anpassung an unternehmensspezifische Vorgaben in einem vernünftigen Rahmen bewegt. Voraussetzung dafür ist jedoch u.a. eine klare Definition der Ausgangslage, etwa durch die hier vorgeschlagene Investitionsvorschau.

Umgekehrt wird generell unterschätzt, dass das Arbeiten mit komplexen Modellen eine systematische Erarbeitung der jeweiligen *Philosophie* voraussetzt. Das Know- how muss gezielt anhand von laufenden Projekten erarbeitet werden. Erst dieser Prozess versetzt den Anwender in die Lage, mit dem Entscheidungsinstrument effizient zu arbeiten.

Die Konsequenz aus diesen Feststellungen zeigt sich in der praktischen Anwendung. Für Organisationen mit grösseren Immobilienbeständen oder grossem Projektvolumen steht der Aufwand bei der Einführung des Instrumentariums in einem attraktiven Verhältnis zum Nutzen. Für einzelne Objekte jedoch drängt sich eher die Beanspruchung der Modellrechnung als Dienstleistung auf. Somit steht für jeden Entscheidungsträger und jedes Projekt ein geeigneter Weg offen.

2.2.2   Neue Anforderungen

Im Laufe der vergangenen Jahre konnten etliche neue Erfahrungen aus der Projektarbeit in das Kennziffermodell einfliessen. Neben den Bedürfnissen in der Projektentwicklung hat dabei der Gedanke einer gesamtheitlichen Bewirtschaftung zunehmend Gewicht erhalten. Die wesentlichen Änderungen liegen in folgenden Bereichen:

- Der Betrachtungshorizont wurde von zehn auf dreissig Jahre erweitert, um auch die aperiodischen Mittelflüsse in der langfristigen Bewirtschaftung zu erfassen. Um bei unterschiedlichen Fragestellungen die jeweils angemessene Information vermitteln zu können, sind die zusätzlichen zwanzig Jahre zwar als Option vorgesehen, aber nicht als Standard vorgeschrieben.

- Für Renovationsobjekte wird als Quervergleich ein zusätzlicher Bereich für die vergangenen zehn Jahre eingefügt (als Option).

- Mit der erweiterten Berücksichtigung der Unterhaltsproblematik kann die Investitionsvorschau zur Überprüfung und Optimierung der Marketingstrategie herbeigezogen werden.

- Die Verständlichkeit der Eigentümerrechnung wurde durch die Ausgliederung der Mittelbewegungen verbessert. Damit wird auch die Beurteilung von Finanzierungsvorgängen übersichtlich.

- Die Zusammenfassung aller Elemente in einem Instrument verhindert Doppelspurigkeiten und erlaubt eine effiziente Datenpflege.

Im folgenden Kapitel werden nur diejenigen Anpassungen diskutiert, die von allgemeinem Interesse sind. Die Betrachtung konzentriert sich auf die erweiterte Funktionalität der *Betriebsrechnung* (Datenkern) und die neu hinzugekommenen *Hilfsrechnungen* (Datenkranz). Auch im Bereich der anderen Elemente des Datenkranzes (Investitionsübersicht, Marktspiegel und Projekt-Grunddaten) wurden Modifikationen vorgenommen. Diese sind allerdings nicht sinnverändernd. Auf eine Auflistung wird daher bewusst verzichtet.

3.   Erweiterter Modellansatz

3.1   Inhaltliche Ergänzungen

3.1.1   Finanzplanung

Mit der Erweiterung des Betrachtungshorizonts von zehn Jahren in der "Betriebsrechnung" auf *dreissig* Jahre in der "Investitionsvorschau" gewinnt der Liquiditätsausweis und somit auch die Finanzplanung an Bedeutung. Die Finanzierungsbelange waren bisher in der *Eigentümerrechnung* integriert. Im erweiterten Modell erfolgt ihre Betrachtung in einem gesonderten Bereich. Diese Anpassung entspricht zwei Bedürfnissen der Praxis:

- Die bisherige Integration der Finanzierungsfragen in den Eigentümerbereich führte häufig zu Verwirrungen, insbesondere bei Projekten, die keine eigentümerspezifischen Belange, wohl aber Finanzierungsfragen zu berücksichtigen hatten.

- Der zweite Aspekt betrifft die Funktion des Instandsetzungsfonds (bisheriger Begriff: Erneuerungsfonds). Bei einer aktiven Führung des Fonds wird durch die neue Positionierung deutlich, dass es sich hier um ein Mittel zur langfristigen Glättung der Finanzierungsbewegungen handelt.

Der Bereich *Finanzplanung* erlaubt, Veränderungsbedürfnisse in der Finanzstruktur frühzeitig zu erkennen. In der Simulation zeigen sich einerseits die Auswirkungen der künftigen Investitionstätigkeit auf den Mittelbedarf; zusätzlich werden aber auch die langfristigen Konsequenzen der dadurch ausgelösten Finanzierungstätigkeit berücksichtigt [444].

---

444   Beispiel: Im Zuge einer grösseren Unterhaltsarbeit kann der Liquiditätsbedarf nicht aus den laufenden Einnahmen gedeckt werden. Die fehlenden Mittel werden durch eine Aufstockung der Fremdmittel beschafft. Da die Bereiche *Finanzplanung, Finanzierung* und *Fremdmittelzinsen* miteinander verknüpft sind, werden die aus der Veränderung resultierenden, zusätzlichen Zinsbelastungen in den Folgejahren im Modell sofort ersichtlich.

Der Bereich *Finanzplanung* schafft damit Raum für Szenarien zur aktiven Mittelbewirtschaftung. Er unterstützt den Eigentümer bei der Suche nach der optimalen Finanzierung, wobei individuelle Präferenzen vorbehaltlos einfliessen können.

3.1.2   Unterhalt und Erneuerung

Die ursprüngliche Ausrichtung des Kennziffermodells auf den Einsatz im Bereich der Projektentwicklung rechtfertigte eine allgemein gehaltene Berücksichtigung der Belange *Unterhalt und Erneuerung*. Steht die Renditerechnung im Vordergrund, kann nämlich über das Mittel der Abschreibung ein ausreichender Grad an Genauigkeit erreicht werden. Mit der Forderung, das Instrument "Betriebsrechnung" auch auf langfristige Bewirtschaftungsaspekte und die damit verbundene Frage der Finanzierungstätigkeit anzuwenden, gewinnt jedoch die Unterhalts- und Erneuerungsproblematik an Gewicht. Die Finanzplanung bildet den Schlusspunkt einer langen Kette von Abhängigkeiten. Ihre Aussage steht und fällt mit der Zuverlässigkeit dieser vorgelagerten Elemente. In der bisherigen Betriebsrechnung wurden die entsprechenden Positionen zwar berücksichtigt, die Problematik der Datenaufbereitung blieb allerdings ausgeklammert.

Die Bestimmung der notwendigen Folgeinvestitionen im baulichen Bereich kann in zwei Teilproblematiken unterteilt werden: Die *Zusammenstellung* der notwendigen aperiodischen Arbeiten und deren *Quantifizierung*. Voraussetzung für die Erarbeitung beider Informationsbereiche ist eine auf die Marketingzielsetzung abgestimmte, klar definierte *Unterhalts- und Erneuerungsstrategie*. Der letztgenannte Aspekt ist langfristig von entscheidender Bedeutung: Die Unterhalts- und Erneuerungstätigkeit ist ein bestimmender Faktor zur Sicherstellung der auf dem Markt angebotenen Nutzwerte und muss unter diesem Aspekt optimiert werden.

Die Berücksichtigung dieser Erkenntnis im Modell folgt den selben Grundsätzen, die auch zur Hochrechnung von Ertrag angewendet werden. Es lässt sich zwar nicht voraussagen, welche Arbeiten in zwanzig Jahren ausgeführt und welche Kosten anfallen werden. Erfahrungswerte und Materialkenntnisse erlauben jedoch realistische Annahmen über den notwendigen Unterhalt. Die Beurteilung der Unterhaltsbedürfnisse kann damit bereits im Zeitpunkt der Entscheidungsfindung erfolgen. Für die Kalkulation werden die einzelnen Arbeiten nach folgenden Kriterien beurteilt:

- Auszuführende Arbeit

- Jahr der nächsten Fälligkeit

- Wiederholungsrhythmus in Jahren

- Kosten im Beurteilungszeitpunkt

- Charakter der notwendigen Arbeiten: Werterhaltung, Wertvermehrung oder gemischt

Der Aufwand zur Beschaffung dieser Angaben kann stark variieren. Im Idealfall können die Angaben von den zuständigen Verwaltern aus den Akten abgeleitet werden. Unter Umständen ist aber auch eine gezielte Zustandsaufnahme und -beurteilung erforderlich [445]. Der Detaillierungsgrad der Analyse richtet sich nach der erwarteten Präzision der Resultate. Es ist damit denkbar, dass einzelne Unterhaltspositionen in zweckmässigen Paketen zusammengefasst werden [446].

Der *Charakter* der Unterhaltsaufwendungen muss abgegrenzt werden, um die Auswirkungen wertvermehrender Investitionen auf die Ertragslage zu berücksichtigen. Die *Unterhaltsintervalle* werden bestimmt durch die zu erwartende Lebensdauer einzelner Gebäudebestandteile und sind naturgemäss lang. Für den rechnerischen *Gewinnausweis auf Jahresbasis* wird man daher, auch bei exakter Planung, weiterhin auf das Hilfsmittel der kontinuierlichen Abschreibung zurückgreifen.

3.1.3 Betriebs- und eigentümerspezifische Belange

Gelangen die Positionen *ertragssichernde Aufwendungen (Betrieb)* oder *andere gewinnwirksame Mittelflüsse (Eigentümer)* zur Anwendung, stellt sich die selbe Problematik wie bei den anderen Zahlenreihen der Hochrechnung: Im Hochrechnungsbereich sollten möglichst wenige Eintragungen von Hand erfolgen, da hier immer hochgerechnete Werte zur Anwendung gelangen müssen. Aufgrund dieser Überlegung wurden entsprechende Bereiche eingefügt, die sowohl periodische als auch aperiodische Mittelflüsse zulassen.

---

445 Die Problematik von Gebäudeunterhalt und -sanierung hat in den vergangenen Jahren verstärkt Beachtung gefunden. Verschiedene Methoden werden heute als Dienstleistung oder in Form von Softwarelösungen angeboten. Besonders wertvolle Anregungen, aber auch konkrete Instrumente, sind aus dem bereits erwähnten "IP Bau" hervorgegangen. Vgl. dazu **Bundesamt für Konjunkturfragen:** Gebäudebewirtschaftung - Methoden des baulichen Unterhalts und der Erneuerung, Bern 1992.

446 Die Zusammenfassung von Einzelpositionen zu Paketen ist der Normalfall, da viele Arbeiten in einem direkten Zusammenhang zueinander stehen und nicht separat zur Ausführung gelangen. Eine "aktive Paketbildung" zur Reduktion der Details macht umgekehrt nur bedingt Sinn. Die definitive Terminierung einzelner Positionen wird in der Praxis von weiteren Faktoren beeinflusst.

3.2   Einordnung im bestehenden Konzept

Die Integration der ergänzten Wertebereiche folgt der bestehenden Systematik. Der Bereich der *Finanzplanung* ist ein wichtiges Element zur Beurteilung der Zielkonformität. Seine Position ist sinngemäss in der Betriebsrechnung.

Die Informationselemente von Unterhalt und Erneuerung beziehungsweise der betriebs- und eigentümerspezifischen Belange wurden in eine Hilfsrechnung ausgegliedert. Rechnerisch orientiert sich diese an der Betriebsrechnung. Konzeptionell nimmt sie jedoch eine Mittenstellung ein: Sie wird einerseits dominiert von den statischen Faktoren des Datenkranzes, muss umgekehrt aber auf die Nutzung abgestimmt werden.

Das in Abbildung 22 (Seite 122) dargestellte Modellkonzept wird daher im Datenkranz um einen inneren Datenkranz *Hilfsrechnungen* ergänzt. In der schematischen Konzeptdarstellung bleibt die Betriebsrechnung als Datenkern unverändert, wenn auch ihr Inhalt gründlich überarbeitet wurde.

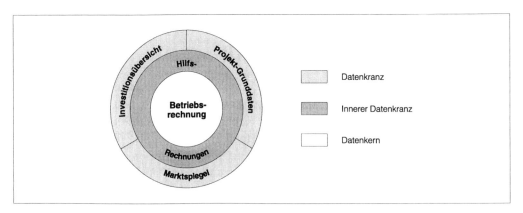

Abbildung 52: Schematische Darstellung des erweiterten Modells

Die Ergänzung des Datenkranzes folgt dem ursprünglichen Gedanken, wonach die qualitative Aussage der Betriebsrechnung mit zunehmender Verdichtung der Ausgangsdaten erhöht wird. Inhaltlich wird das in Abbildung 23 (Seite 123) skizzierte Feld von Kennziffern damit durch folgende Wertgruppen erweitert (Zusammenfassung):

Hilfsrechnungen	**Betriebsrechnung**
• Instandsetzung • Erneuerung • Ertragssichernde Aufwendungen • Andere gewinnwirksame Mittel- flüsse	• Finanzplanung • 10 Jahre Rückblick • 20 Jahre Ausblick (zusätzlich)

Abbildung 53: Inhaltliche Ergänzungen der Kennziffern

Aus technischer Sicht sind die Hilfsrechnungen eng mit der Betriebsrechnung verbunden [447] und wurden daher dem Layout der Betriebsrechnung angegliedert. Es muss allerdings betont werden, dass dem *Marktspiegel* bei der Beurteilung der Situation ein ähnlicher Stellenwert zukommt.

3.3   Einsatzvarianten

Die durch die Erweiterung des Einsatzbereichs bewirkte Verbreiterung der Informationsbasis, verbunden mit der Ausdehnung des Zeithorizonts um zehn Jahre in die Vergangenheit und zwanzig Jahre in die Zukunft, wirft eine neue Problematik auf. Der Gesamtumfang des Datenkerns mit den daran angegliederten Hilfsrechnungen hat eine Grösse angenommen, die nicht mehr übersichtlich ist.

In der praktischen Anwendung kann die Sicht jedoch auf ausgewählte Informationsbereiche eingeschränkt werden. Entsprechend dem Einsatzbereich kann mit der Beschränkung auf drei Standardauswertungen eigentlich jede Fragestellung abgedeckt werden:

---

447   Dies betrifft insbesondere die Kalkulation der *aperiodischen Mittelflüsse*. Diese müssen nicht nur hochgerechnet, sondern auch selektiv auf bestimmte Jahre umgelegt werden.

	Hochrechnung	Rückblick + Hochrechnung	Investitionsvorschau
Zeithorizont	10 Jahre voraus	10 Jahre zurück 10 Jahre voraus	30 Jahre voraus
Papierformat	A4 Hoch	A4 Quer	A4 Quer
Anwendungs-bereich (typisch)	Projektentwicklung	Umbau- und Renovations-projekte	Bewirtschaftung, Finanzierung, Konzeptüberprüfung

Abbildung 54: Auswertungen der Betriebsrechnung

Die *Investitionsvorschau* nimmt insofern eine Sonderstellung ein, als sie auch im fort-geschrittenen Planungsstadium von Neubau- und Umbau- bzw. von Renovationsprojek-ten angewendet werden kann.

Während der Aufbauphase steht zur Bearbeitung des Datenkerns auch die *Gesamtan-sicht* zur Verfügung. Der freie Zugriff auf alle Bereiche erlaubt dem erfahrenen Be-nutzer, seine Arbeit effizient und in voller Transparenz zu bewältigen. Um dem Leser einen Einblick in sämtliche Bereiche zu ermöglichen, werden Datenkern und Hilfsrech-nungen in Abschnitt 4. ebenfalls in der *Gesamtansicht* gezeigt. Zur Erhaltung der Les-barkeit erfolgt jedoch im Hochrechnungsbereich ein Zeitsprung.

4.   Investitionsvorschau im Detail

Die folgenden Seiten zeigen die Ausschnitt aus der Gesamtansicht der Investitionsvorschau:

Betriebsrechnung I: Seiten 262/263

Betriebsrechnung II: Seiten 264/265

Hilfsrechnung: Seiten 266/267

BETRIEBSRECHNUNG I

Objekt	:	Musterliegenschaft										
Eigentümer	:	M. Uster										

Auswertung:	Gesamtansicht				Anpas-	Rückblick / IST-Werte					Werte Soll/Basis	
Soll per	:	1994			sungs-							in %
1. Jahr	:	94	alle Beträge in TFr.	Index	Faktor	84	85	86	....	93	in TFr.	d. SNM

RECHNUNG BETRIEB

				Index	Faktor	84	85	86	....	93	Soll TFr.	% SNM
	Wohnungen			KP	40%	10	10	10	....	8	12	8.0%
	Büros			KP	80%	37	32	38	....	43	46	30.4%
	Gewerbe			KP	80%							
	Atelier/Praxis			KP	80%							
	Gastgewerbe			KP	100%	87	82	93	....	80	91	60.1%
	Läden			KP	80%							
	Lager			KP	80%							
	Parking			KP	80%							
	Gartenanlage			KP	80%	2	2	2	....	2	2	1.6%
	TOTAL SOLL-Netto-Mieten (SNM)					137	127	144	....	134	152	100.0%
	Ertragsminderung Leerstand										0	
	Ertragsminderung Miete-Reduktion											
	Ertragsminderung Miete-Verluste											
	TOTAL IST-Netto-Mieten					137	127	144	....	134	152	100.0%
	Ertrag Abgabe Baurecht											
	Ertrag Amort. Nutzerausbauten											
	TOTAL Ertrag aus Nutzung					137	127	144	....	134	152	100.0%
	Einnahmen Kostenbeiträge / extern diverse			KP	80%							
A	TOTAL Ertrag/Einnahmen					137	127	144	....	134	152	100.0%
	Leerstandentwicklung in % der SNM					0.00%	0.00%	0.00%	....	0.00%		
	Energiekosten			BK	100%	17	57	33	....	7	6	4.0%
	Instandhaltung / Reparatur und Unterhalt			KP	100%	11	14	13	....	8	8	5.4%
	NK / STEG / MEG-Beiträge			KP	100%	6	6	6	....	6	6	4.0%
	Versicherungen, Gebühren, Abgaben			KP	100%							
	Zusätzliche direkte Kosten			KP	100%	3	3	6	....	11	12	7.9%
	Verwaltungshonorar	in % der SNM:									0	
	IV Interne Verrechnung / Hauswart			KP	100%							
				KP	100%							
B	TOTAL Betriebskosten					37	81	58	....	32	32	21.3%
	ERFOLG Betrieb	A - B				100	46	86	....	102	119	78.7%
	Fremdmittelzinsen					-30	-30	-26	....	-19	-17	-11.1%
	Baurechtszinsen			KP	100%							
	Zinsen Diverse											
	Zwischentotal					70	16	60	....	83	103	67.7%
	Instandsetzungsfonds STEG											
	Instandsetzung (a.o. Unterhalt/bauliche Investitionen)	vgl. Hilfsrechnung				0	0	-63	....	-40		
	Ertragssichernde Aufwendungen	vgl. Hilfsrechnung				0	0	0	....	0	-5	-3.3%
	LIQUIDITÄT Betrieb (Betriebssaldo)					70	16	-3	....	43	98	64.4%
	Aufrechnung: Instandsetzung (periodenfremd)					0	0	63	....	40	0	
	Aufrechnung: Andere etragssich. Aufwendungen (periodenfremd)					0	0	0	....	0	5	3.3%
	Ordentliche bilanzielle Abschreibung	Satz:	3.00%			-41	-21	-41	....	-26	-35	-23.0%
	a.o. bilanzielle Wertkorrekuren	Aktivierung Immobilien und Mobilien				0	0	63	....	0		
C	GEWINN / VERLUST Betrieb (bilanzieller Wert vor Steuern)					29	-5	83	....	58	68	44.6%

RECHNUNG EIGENTÜMER   ausgehend von Liquidität Betrieb

						84	85	86	....	93	Soll	% SNM
	Einnahmenminderung Eigenmiete											
	Andere gewinnwirksame Mittelflüsse	vgl. Hilfsrechnung				-5	-5	-5	....	-8	-10	-6.6%
	Erneuerung (wertverm., inkl. Nachrüstung und Anpassung)	vgl. Hilfsrechnung										
	POSITION Eigentümer					65	11	-8	....	34	88	57.8%
	Aufrechnung: Instandsetzung (periodenfremd)					0	0	63	....	40	0	
	Aufrechnung: Eigenmiete & Erneuerung (liquiditätsneutral/gewinnwirksam)					0	0	0	....	0	0	
	kalkulatorische Wertveränderung (aus Ertragswert)					-	-123	199	....	-27	210	138.8%
D	GEWINN / VERLUST Eigentümer (kalkulatorischer Wert)					65	-112	254	....	47	298	196.5%

FINANZPLANUNG   Ausgehend von Position Eigentümer (ohne Fondsäufnung ist die Fondsrechnung rein kalkulato

						84	85	86	....	93		
	Zuweisung Instandsetzungsfonds	Position Eigentümer zu	:	100%		-95			....	-49		
	Entnahme Instandsetzungsfonds						60	4	....			
E	Verzinsung Instandsetzungsfonds	Satz:	3.00%			2	5	3	....	3		
	POSITION nach Fondsrechnung					-29	76	0	....	-11		
	± Veränderung Eigenmittel	per Ende Jahr				30	5	1	....	11		
	± Veränderung 1. Hypothek	per Ende Jahr					-80					
	± Veränderung 2. Hypothek (und weitere)	per Ende Jahr				-1	-2					
	KONTROLLE					0	0	0	....	0		

© COMTEC Engineering, Dr. B. Schütz, CH-8703 Erlenbach

| | | | | | | | Nutzung : | Gemischt | | | | | Datum : | 28.12.94 |
| | | | | | | | Baujahr : | 1905 | | | | | erstellt von : | P.M |

Hochrechnung / Annahmen

1994	1995	1996	1997	1998	1999	2000	2001	2002	2003	2004	2005	2006	2007	2008	....	2024
12	12	12	13	13	13	13	14	14	14	14	14	14	15	16	....	19
46	47	48	49	52	53	54	56	57	58	60	61	63	64	70	....	102
0	0	0	0	0	0	0	0	0	0	0	0	0	0	0	....	0
0	0	0	0	0	0	0	0	0	0	0	0	0	0	0	....	0
91	94	97	99	105	108	111	115	118	122	125	129	133	137	149	....	239
0	0	0	0	0	0	0	0	0	0	0	0	0	0	0	....	0
0	0	0	0	0	0	0	0	0	0	0	0	0	0	0	....	0
0	0	0	0	0	0	0	0	0	0	0	0	0	0	0	....	0
2	2	3	3	3	3	3	3	3	3	3	3	3	3	4	....	5
152	156	160	164	172	177	182	187	192	197	202	207	213	219	238	....	366
0	0	0	0	0	0	0	0	0	0	0	0	0	0	0	....	0
-7	-2	-1	-1													
			-15					-18					-21			
144	154	159	148	172	177	182	187	174	197	202	207	213	198	238	....	366
144	154	159	148	172	177	182	187	174	197	202	207	213	198	238	....	366
0	0	0	0	0	0	0	0	0	0	0	0	0	0	0	....	0
144	154	159	148	172	177	182	187	174	197	202	207	213	198	238	....	366
6	6	7	7	7	7	8	8	9	9	9	10	10	11	11	....	22
8	8	9	9	9	10	10	10	10	11	11	11	12	12	12	....	20
6	6	6	7	7	7	7	7	8	8	8	8	9	9	9	....	15
0	0	0	0	0	0	0	0	0	0	0	0	0	0	0	....	0
12	12	13	13	14	14	14	15	15	16	16	17	17	18	18	....	29
0	0	0	0	0	0	0	0	0	0	0	0	0	0	0	....	0
0	0	0	0	0	0	0	0	0	0	0	0	0	0	0	....	0
0	0	0	0	0	0	0	0	0	0	0	0	0	0	0	....	0
32	33	34	35	37	38	39	40	42	43	45	46	48	49	51	....	86
112	121	125	113	136	139	143	146	132	154	157	161	165	149	188	....	280
-17	-17	-17	-17	-17	-17	-17	-17	-17	-17	-17	-17	-17	-17	-17	....	-17
95	104	108	96	119	122	126	129	115	137	141	145	149	132	171	....	263
-45	0	0	-299	-33	-51	0	0	-280	0	0	0	0	-606	-52	....	0
-6	-6	-6	-6	-79	-6	-7	-7	-7	-7	-7	-8	-8	-8	-107	....	-13
45	98	102	-209	6	65	119	123	-172	130	133	137	141	-482	12	....	249
45	0	0	299	33	51	0	0	280	0	0	0	0	606	52	....	0
6	6	6	6	79	6	7	7	7	7	7	8	8	8	107	....	13
-35	-34	-33	-32	-31	-30	-29	-28	-27	-27	-26	-25	-24	-23	-20	....	-14
60	70	75	64	88	92	97	101	88	110	115	120	124	109	148	....	249
0	0	0	0	0	0	0	0	0	0	0	0	0	0	0	....	0
-10	-10	-11	-11	-11	-12	-12	-12	-13	-13	-13	-14	-14	-15	-15	....	-24
0	0	0	-114	0	0	0	0	0	0	0	0	0	-390	0	....	0
35	88	91	-334	-5	53	107	110	-184	117	120	123	127	-886	-3	....	225
45	0	0	299	33	51	0	0	280	0	0	0	0	606	52	....	0
0	0	0	114	0	0	0	0	0	0	0	0	0	390	0	....	0
210	47	49	50	99	54	56	57	59	60	62	64	66	67	230	....	114
290	135	140	129	127	159	163	168	155	177	182	187	192	177	279	....	339

)risch)

1994	1995	1996	1997	1998	1999	2000	2001	2002	2003	2004	2005	2006	2007	2008	....	2024
-39	-93	-100	0	0	-55	-110	-117	0	-121	-128	-135	-143	0	0	....	-263
0	0	0	323	3	0	0	0	174	0	0	0	0	685	0	....	0
4	5	8	11	2	1	3	6	10	5	8	12	16	21	0	....	37
0	0	0	0	0	0	0	0	0	0	0	0	0	-181	-3	....	0
0	0	0	0	0	0	0	0	0	0	0	0	0	-181	-3	....	0

BETRIEBSRECHNUNG II

Objekt : Musterliegenschaft
Eigentümer : M. Uster

In der Spalte "Formeln" wird die Berechnungsweise der Zielbeitragsgrössen erläutert: Die Labels beziehen sich auf die Zahlen in der Vorspalte. Ein "v" hinter der Zahl bedeutet: Wert aus dem Vorjahr.

			Rückblick / IST-Werte				Werte Soll/Basis	
	Formeln	84	85	86	....	93	in TFr.	in % von "4"
INVESTITION								
1 Land — Anfangsbestand, Zukäufe und Verkäufe			0	0	....	0		
2 Gebäude — Anfangsbestand, Zukäufe und Verkäufe		1'297	0	0	....	0		
3 Baukosten kumuliert, inklusive Instandsetzung, Erneuerung, Ergänzungen			0	63	....	40		
4 TOTAL gebundene Mittel Betrieb		1'297	1'297	1'361	....	1'651	1'651	100.0%
5 Instandsetzungsfonds kumuliert		155	95	91	....	144	144	8.7%
6 TOTAL gebundene Mittel Eigentümer		1'453	1'392	1'452	....	1'795	1'795	108.7%
BEWERTUNG								
7 Ordentliche bilanzielle Abschreibung, kumuliert			21	61	....	237	237	14.4%
8 a.o. bilanzielle Wertkorrekturen, kumuliert			0	-63	....	-103	-103	-6.3%
9 BUCHWERT		1'297	1'277	1'299	....	1'164	1'164	70.5%
10 ERTRAGSWERT: "SNM" kapitalisiert zu %: 8.50%		1'613	1'490	1'689	....	1'572	1'783	108.0%
11 kalkulatorische Wertveränderung gegenüber Vorjahr		-	-123	199	....	-27	210	12.7%
12 kalkulatorischer Landwert	10-9	316	213	390	....	409	619	37.5%
FINANZIERUNG								
13 1. Hypothek Bestand Ende Jahr		546	466	466	....	280	280	17.0%
14 2. Hypothek (und weitere) Bestand Ende Jahr		80	79	79	....	65	65	3.9%
15 EIGENMITTEL Betrieb	9-13-14	672	732	755	....	819	819	49.6%
16 FIGENKAPITAL Betrieb	10-13-14	988	946	1'145	....	1'228	1'438	87.1%
17 EIGENMITTEL Eigentümer	9+5-13-14	827	827	846	....	963	963	58.3%
18 EIGENKAPITAL Eigentümer	10+5-13-14	1'143	1'041	1'236	....	1'372	1'582	95.8%
RENDITEN								
Brutto Betrieb	"SNM"/4	10.6%	9.8%	10.6%	....	8.1%	9.2%	
Eigenmittel Betrieb	C/15v	-	-0.7%	11.3%	....	6.8%		
Eigenkapital Betrieb	C/16v	-	-0.5%	8.7%	....	4.6%		
Eigenmittel Eigentümer	(D-11-Abschreib.+E)/17v	-	-15.5%	33.9%	....	2.7%		
Eigenkapital Eigentümer	(D+E)/18v	-	-9.4%	24.8%	....	3.8%		
WIRTSCHAFTSINDIKATOREN								
Landesindex der Konsumentenpreise Veränderung zu Vorjahr					....			
Zürcher Index der Wohnbaukosten Veränderung zu Vorjahr					....			
Landesindex der Konsumentenpreise kumuliert (Basis=SOLL)								
Zürcher Index der Wohnbaukosten kumuliert (Basis=SOLL)								
Zinssatz für 1. Hypotheken Rückblick: Mittlerer Wert über alle Hypotheken		4.83%	4.83%	4.69%	....	5.39%	6.00%	
Zinssatz für 2. Hypotheken (und weitere)								

© COMTEC Engineering, Dr. B. Schütz, CH-8703 Erlenbach

| Nutzung : Gemischt | | | | | | | Datum : | 28.12.94 |
| Baujahr : 1905 | | | | | | | erstellt von : | P.M |

	1994	1995	1996	1997	1998	1999	2000	2001	2002	2003	2004	2005	2006	2007	2008	....	2024
									Hochrechnung / Annahmen								
	0	0	0	0	0	0	0	0	0	0	0	0	0	0	0	....	0
	0	0	0	0	0	0	0	0	0	0	0	0	0	0	0	....	0
	45	0	0	413	33	51	0	0	280	0	0	0	0	996	52	....	0
	1'696	1'696	1'696	2'109	2'142	2'193	2'193	2'193	2'473	2'473	2'473	2'473	2'473	3'469	3'521	....	5'094
	183	276	376	53	50	105	215	332	157	279	407	542	685	0	0	....	1'512
	1'879	1'972	2'072	2'162	2'192	2'298	2'408	2'525	2'631	2'752	2'880	3'016	3'158	3'469	3'521	....	6'606
	272	306	339	371	402	432	461	489	516	543	568	593	618	641	664	....	948
	-103	-103	-103	-103	-103	-103	-103	-103	-103	-103	-103	-103	-103	-103	-103	....	-103
	1'129	1'095	1'062	1'030	999	969	940	912	885	858	832	807	783	760	737	....	453
	1'783	1'830	1'879	1'929	2'028	2'082	2'138	2'195	2'254	2'314	2'376	2'440	2'506	2'573	2'803	....	4'301
	210	47	49	50	99	54	56	57	59	60	62	64	66	67	230	....	114
	654	735	817	899	1'028	1'112	1'197	1'283	1'369	1'456	1'544	1'633	1'723	1'814	2'066	....	3'849
	280	280	280	280	280	280	280	280	280	280	280	280	280	280	280	....	280
	65	65	65	65	65	65	65	65	65	65	65	65	65	65	65	....	65
	784	750	718	686	655	625	596	568	540	514	488	463	439	415	392	....	108
	1'438	1'486	1'534	1'585	1'683	1'737	1'793	1'850	1'909	1'970	2'032	2'096	2'161	2'229	2'459	....	3'957
	967	1'027	1'094	739	705	730	811	899	698	792	895	1'005	1'124	415	392	....	1'620
	1'621	1'762	1'910	1'638	1'733	1'842	2'008	2'182	2'067	2'248	2'439	2'638	2'846	2'229	2'459	....	5'469
	8.9%	9.2%	9.4%	7.8%	8.0%	8.1%	8.3%	8.5%	7.7%	8.0%	8.2%	8.4%	8.6%	6.3%	6.8%	....	7.2%
	-	8.9%	10.0%	9.0%	12.8%	14.1%	15.5%	17.0%	15.5%	20.4%	22.4%	24.5%	26.9%	24.8%	35.6%	....	203.6%
	-	4.9%	5.0%	4.2%	5.6%	5.5%	5.6%	5.6%	4.8%	5.8%	5.8%	5.9%	5.9%	5.0%	6.6%	....	6.5%
	-	11.1%	11.3%	9.9%	13.2%	18.5%	18.8%	18.0%	15.2%	22.3%	20.8%	19.5%	18.3%	15.5%	61.7%	....	26.5%
	-	8.7%	8.4%	7.4%	7.8%	9.2%	9.0%	8.7%	7.5%	8.8%	8.5%	8.2%	7.9%	6.9%	12.5%	....	7.4%
		3.00%	3.00%	3.00%	3.00%	3.00%	3.00%	3.00%	3.00%	3.00%	3.00%	3.00%	3.00%	3.00%	3.00%	....	3.00%
		4.50%	4.50%	4.50%	4.50%	4.50%	4.50%	4.50%	4.50%	4.50%	4.50%	4.50%	4.50%	4.50%	4.50%	....	4.50%
	100.0%	103.0%	106.1%	109.3%	112.6%	115.9%	119.4%	123.0%	126.7%	130.5%	134.4%	138.4%	142.6%	146.9%	151.3%	....	242.7%
	100.0%	104.5%	109.2%	114.1%	119.3%	124.6%	130.2%	136.1%	142.2%	148.6%	155.3%	162.3%	169.6%	177.2%	185.2%	....	374.5%
		6.00%	6.00%	6.00%	6.00%	6.00%	6.00%	6.00%	6.00%	6.00%	6.00%	6.00%	6.00%	6.00%	6.00%	....	6.00%

F:\U\BS\NOT\KENNZIFF.MOD\AUFLAGE.2\DEMO.XLS - 01.01.95/18:44:12 Seite 2

HILFSRECHNUNGEN

Objekt : Musterliegenschaft
Eigentümer : M. Uster

Details: Instandsetzung

	Index	Alle xx Jahre		Nächste Fälligkeit	Kosten SOLL
		100 = Einmalig			
Budget regelmässige Arbeiten im 5-Jahresturnus	BK	5		1997	42
Budget regelmässige Arbeiten im 10-Jahresturnus	BK	10		1999	41
	BK				
	BK				
	BK				
Restaurant	BK	30		1997	100
Lüftungsanlage	BK	30		1997	120
Einbauten Kegelbahn	BK	10		2002	35
WC-Anlagen	BK	25		2015	90
	BK				
Garten	BK	10		1998	10
	BK				
Küche, Geschirrspüler	BK	10		1998	18
Küche, allg.	BK	20		2002	120
	BK				
Allg., Sanitäre Anlagen Wohnungen	BK	40		2007	120
Allg., Aussenrenovation Fassade (Ant. werterhaltend)	BK	40		2007	180
Allg., Heizung	BK	15		2010	50
	BK				
	BK				
Dudget 1994	BK	100		1994	45

TOTAL Instandsetzung (werterhaltend)

Details: Erneuerung

	Index	Alle xx Jahre		Nächste Fälligkeit	Kosten SOLL
Anpassungen Technik und Ausstattung	BK	30		1997	100
Allg., Treppenhaus und Wohnung	BK	40		2007	100
Allg., Aussenrenovation Fassade (Ant. wertvermehrend)	BK	40		2007	120
	BK				
	BK				
	BK				
	BK				
	BK				
	BK				
	BK				
	BK				
	BK				
	BK				
	BK				
	BK				
	BK	·			
	BK				

TOTAL Erneuerung (wertvermehrend, inkl. Nachrüstungen und Anpassungen)
Umlage auf SNM Folgejahr zu: 70%   beim Zinssatz von: 5.00%

Details: Ertragssichernde Aufwendungen

	Index	Alle xx Jahre		Nächste Fälligkeit	Kosten SOLL
Werbung und PR	KP	100%		3	
Planung und Entscheidungsgrundlagen	KP	100%		3	
	KP	100%			
	KP	100%			
	KP				
	KP				
	KP				
Pächterwechsel Gasthof	KP	10		1998	65

TOTAL andere gewinnwirksame Mittelflüsse   5

Details: Andere gewinnwirksame Mittelflüsse

	Index	Alle xx Jahre		Nächste Fälligkeit	Kosten SOLL
Rente vormaliger Eigentümer	KP	100%		3	
Steuern Verein	KP	100%		8	
	KP	100%			
	KP	100%			
	KP				
	KP				
	KP				
	KP				

TOTAL andere gewinnwirksame Mittelflüsse   10

Nutzung :	Gemischt	Datum :	28.12.94
Baujahr :	1905	erstellt von :	P.M

Hochrechnung / Annahmen

1994	1995	1996	1997	1998	1999	2000	2001	2002	2003	2004	2005	2006	2007	2008	....	2024
....	....	....	48	....	....	....	....	60	....	....	....	....	74	....	....	....
....	....	....	....	....	51	....	....	....	....	....	....	....	....	....	....	....
....	....	....	....	....	....	....	....	....	....	....	....	....	....	....	....	....
....	....	....	114	....	....	....	....	....	....	....	....	....	....	....	....	....
....	....	....	137	....	....	....	....	....	....	....	....	....	....	....	....	....
....	....	....	....	....	....	....	....	50	....	....	....	....	....	....	....	....
....	....	....	....	....	....	....	....	....	....	....	....	....	....	....	....	....
....	....	....	....	12	....	....	....	....	....	....	....	....	....	19	....	....
....	....	....	....	21	....	....	....	....	....	....	....	....	....	33	....	....
....	....	....	....	....	....	....	....	171	....	....	....	....	....	....	....	....
....	....	....	....	....	....	....	....	....	....	....	....	....	213	....	....	....
....	....	....	....	....	....	....	....	....	....	....	....	....	319	....	....	....
....	....	....	....	....	....	....	....	....	....	....	....	....	....	....	....	....
....	....	....	....	....	....	....	....	....	....	....	....	....	....	....	....	....
45	....	....	....	....	....	....	....	....	....	....	....	....	....	....	....	....
....	....	....	....	....	....	....	....	....	....	....	....	....	....	....	....	....
45	0	0	299	33	51	0	0	280	0	0	0	0	606	52	....	0
....	....	....	114	....	....	....	....	....	....	....	....	....	177	....	....	....
....	....	....	....	....	....	....	....	....	....	....	....	....	213	....	....	....
....	....	....	....	....	....	....	....	....	....	....	....	....	....	....	....	....
....	....	....	....	....	....	....	....	....	....	....	....	....	....	....	....	....
....	....	....	....	....	....	....	....	....	....	....	....	....	....	....	....	....
....	....	....	....	....	....	....	....	....	....	....	....	....	....	....	....	....
....	....	....	....	....	....	....	....	....	....	....	....	....	....	....	....	....
....	....	....	....	....	....	....	....	....	....	....	....	....	....	....	....	....
....	....	....	....	....	....	....	....	....	....	....	....	....	....	....	....	....
....	....	....	....	....	....	....	....	....	....	....	....	....	....	....	....	....
....	....	....	....	....	....	....	....	....	....	....	....	....	....	....	....	....
....	....	....	....	....	....	....	....	....	....	....	....	....	....	....	....	....
....	....	....	....	....	....	....	....	....	....	....	....	....	....	....	....	....
....	....	....	....	....	....	....	....	....	....	....	....	....	....	....	....	....
....	....	....	....	....	....	....	....	....	....	....	....	....	....	....	....	....
....	....	....	....	....	....	....	....	....	....	....	....	....	....	....	....	....
0	0	0	114	0	0	0	0	0	0	0	0	0	390	0	....	0
0	0	0	4	0	0	0	0	0	0	0	0	0	14	0	....	0
3	3	3	3	3	3	3	3	3	3	3	3	4	4	4	....	6
3	3	3	3	3	3	4	4	4	4	4	4	4	4	5	....	7
....	....	....	....	....	....	....	....	....	....	....	....	....	....	....	....	....
....	....	....	....	73	....	....	....	....	....	....	....	....	....	98	....	....
6	6	6	6	79	6	7	7	7	7	7	8	8	8	107	....	13
3	3	3	3	3	3	3	3	3	3	3	3	4	4	4	....	6
8	8	8	8	8	9	9	9	10	10	10	10	11	11	11	....	18
....	....	....	....	....	....	....	....	....	....	....	....	....	....	....	....	....
....	....	....	....	....	....	....	....	....	....	....	....	....	....	....	....	....
....	....	....	....	....	....	....	....	....	....	....	....	....	....	....	....	....
10	10	11	11	11	12	12	12	13	13	13	14	14	15	15	....	24

Berichtigungen

Seite 23   In Abbildung 1 sind zwei Zeilen falsch positioniert: Das Stichwort *"Organisation"* gehört auf die Zeile *"Sinnvolle Gliederung ..."*, das Stichwort *"Rechnungswesen"* auf die Zeile *"Erfassen und Auswerten ..."*.

Seite 33   Fussnote 39 sollte auf *Abschnitt 2.1.2* verweisen.

Seite 123   Die Beschriftung von Abbildung 23 lautet richtig: *Inhaltliche Gliederung der Kennziffern.*

Seite 146   In der Mitte der Seite wird ein Abschnitt mit "?" referenziert. Der Verweis sollte auf *Abschnitt 6.2* zeigen.

Seite 172   Die Seitenreferenz in der Mitte des Abschnitts 8.2 bezieht sich auf *Seiten 176 bis 185*.

Beat Schütz, Dr. oec., wurde am 29. Mai 1959 in Zollikon/ZH geboren. 1978 schloss er in Zürich das Gymnasium mit der Matura Typus B ab. Das anschliessende Studium der Wirtschaftswissenschaften an der Universität Zürich wurde durchzogen von Militärdienst und längeren Praktika in Informatik-, Versicherungs- und Beratungsunternehmen. 1985 erfolgte die Promotion zum Lizentiaten der Wirtschaftswissenschaft (Betriebswirtschaftliche Richtung).

Das Doktorandenstudium wurde begleitet von einer mehrjährigen praktischen Tätigkeit in der Immobilienbranche. Mit dem erfolgreichen Abschluss seiner Arbeit im Fach der Investitionslehre (Fachgebiet Betriebswirtschaftslehre II) promovierte er 1990 zum Doktor der Wirtschaftswissenschaft. Ergänzend zur wissenschaftlichen Arbeit beschäftigte sich der Autor in den vergangenen Jahren vermehrt mit Problemstellungen der führungstechnischen / organisatorischen Integration von Informatiklösungen im unternehmerischen Umfeld und übt heute eine selbständige Beratungstätigkeit in diesem Bereich aus.